KB177082

전쟁과 평화 학술총서 Ⅱ-1

책임과 변명의 인질극

사할린한인 문제를 둘러싼 한·러·일 3국의 외교협상

전쟁과 평화 학술총서 II-1

책임과
변명의
인질극

사할린한인 문제를 둘러싼
한·러·일 3국의 외교협상

이연식·방일권·오일환 저
(ARGO인문사회연구소)

채륜

1945년 종전 후 무려 반세기에 걸쳐 가라후토·사할린의 한인들은 자신의 처지를 비관하면서도 한편으로는 끊임없이 분노하며 투쟁해왔다. 또한 한반도와 일본에서도 그들의 가족과 지원자, 그리고 동포들은 그들을 돕고자 백방으로 노력하였다. 과연 무엇이 이들에게 그토록 치열한 슬픔과 분노, 그리고 오랜 싸움을 강요했던 것일까. 또 그 안에는 동시대 동북아의 어떠한 정치구조와 국제관계, 그리고 국가의 논리가 개입된 것일까.

이에 대한 설명은 결코 간단한 문제가 아니다. 필사적으로 자신이 처한 상황을 타개하고자 발버둥 치던 당사자들에게는 당시 이러한 구조가 제대로 보일 리가 없었고, 그로 인해 문제 해결은 더욱 어려움에 처했다. 또 영주귀국 등으로 상징되는 「문제 해결」 이후로도 한동안 관련 공문서관의 기밀자료는 접근이 어렵거나 원천적으로 불가능했다. 여기에 사람들의 무관심과 연구자의 게으름으로 인해 이 문제를 둘러싼 역사는 선명하게 밝혀진 바가 없었다. 본래 여러 나라가 이 사안에 개입되었고, 이 문제는 이들 국가의 재편과 변천 과정에서 발생하였기 때문에 전체적인 구조를 파악하기란 매우 어려운 일이었다.

이 책은 「사할린 잔류 한인문제」와 관련해 동북아시아의 관계국 전체를 시야에 두면서 러시아, 일본, 한국에서 발굴한 공문서를 바탕으로 지금까지 알려지지 않았던 사실들을 실증적으로 제시하고 있다. 덕분에 우리는 이제 사할린 잔류 한인 당사자와 관계자들의 슬픔과 분노, 그리고 투쟁의 의미를 비로소 이해할 수 있는 실마리를 얻게 되었다.

역사 연구자로서 나는 이러한 사료를 기초로 한 역사적 사실의 검증과 확정, 그리고 특정 국가와 민족의 입장을 넘어선 역사 이해야말로 동북아시아의 평화와 민족 간의 우호를 이끌어 내는 힘의 원천이라고 믿고 있다. 이 책은 평소에 사할린한인 문제에 별다른 관심이 없었다고 할지라도 "식민지배와 전쟁, 그리고 냉전은 우리에게 무엇을 의미하는가", 또 "국가란 어떤 존재인가"에 관해 고민해 본 독자라면 누구에게나 크게 시사하는 바가 있을 것이다. 모쪼록 이 책이 여러 나라의 많은 사람들에게 두루 읽히기를 바란다. 아울러 동료 연구자로서 어려운 환경 속에서도 글로벌 융복합 연구를 표방하며 학문을 통한 국제 간 협력과 우호를 지향하는 아르고인문사회연구소의 건승을 진심으로 기원한다.

2018년 3월 1일
도노무라 마사루(外村大, 도쿄대학교 교수)

음험한 섬, 사할린

　사할린, 이젠 듣기만 해도 이내 가슴이 먹먹해지는 화두가 되었다. 적어도 필자가 사할린과 인연을 맺기 전까지 그곳은 그저 낯설고 멀게만 느껴지던 그야말로 '음험'하기만 한 섬이었다. 조금 더 솔직히 말하자면 사할린한인 문제는 16주 동안 이루어지는 대학교 교양강의에서 1~2시간 정도 구색 맞추기로 할애했던, 내 연구 테마와는 상관없는 그저 그런 이야깃거리에 불과했다. 그때까지 사할린은 막연히 일제강점기에 끌려간 동포들이 백발이 다 되도록 억울하게 발이 묶여있던 곳, 1980년대 미소 간의 냉전구도 속에서 애꿎게도 대한항공 민간 여객기가 소련 공군기에 의해 격추당한 곳이라는 이미지가 전부였다. 돌이켜보면 필자 역시 2004년 무렵부터 그곳의 역사를 공부하고 현장을 답사하기 전까지는 해방 후 수십 년동안 반공독재와 '관변 유사 민족주의'의 그림자가 짙게 드리운 대한민국의 메타 내러티브meta narrative로부터 완전히 자유롭지는 못했다. 학창시절 담임선생님 손에 이끌려 자의 반, 타의 반으로 나가게 된 교육청 주관 "칼KAL기 폭파사건 규탄 웅변대회"를 위해 "천인공노할…"로 시작되는, 지금 생각해보면 다소 식상하고 너저분한 문구 투성이 원고를 밤새워 외우던 일이 마치 엊그제 같다.

　그렇다. 사할린은 약 1세기에 걸쳐 켜켜이 쌓인 식민지배, 남북분단과 동서냉전, 민족이산의 상흔들이 곳곳에 지독하게도 배어있는 또 다른 한국근현대사의 현장이었다. 또한 그곳은 한국, 북한,

일본, 러시아, 미국의 이해관계가 첨예하게 맞물려 있는 복잡한 외연을 지닌 곳이기도 했다. 사할린은 새로운 연구테마를 모색 중인 연구자라면 분명 누구라도 한 번쯤은 도전해보고 싶은 지역, 무궁무진한 '이야기보따리'가 고스란히 간직된 매력적인 섬이었다. 하지만 풍부한 이야깃거리 만큼이나 여러 층위에 걸쳐 복잡하게 얽힌 그 이야기의 '실타래'를 푸는 작업은 결코 녹록지 않았다. 한국에서 이렇다 할 사할린한인 관련 연구서가 아직까지 본격적으로 나오지 못한 이유가 무엇이겠는가. 원천적인 사료접근의 한계, 연구 안팎으로 끊임없이 작용하는 압도적인 정치와 외교라는 자장磁場, 그리고 이 모든 장애물을 헤치고 어렵사리 연구서를 내었다고 할지라도 그 가치를 제대로 인정해 주지 않는 척박한 우리 사회의 지적 풍토와 더불어 애초부터 출간에는 관심조차 보이지 않는 출판시장의 한계라는 현실적 제약 등 구질구질한 '핑계'를 대자면 끝이 없을 듯하다.

그럼에도 불구하고 우리사회에는 여전히 학문적으로 검증도 되지 않은 선험적 테제들이 난무하고 있다. 가령 영주귀국으로 인해 사할린한인 문제는 이제 완전히 역사의 뒤안길로 사라졌다는 인식이 그 대표적인 사례이다. 심지어 정부 당국도 지난 반세기 동안 우리가 과연 이 문제를 얼마나 진지하게 다뤄왔는지에 대한 깊은 성찰도 없이 현실정치나 외교 논리를 앞세워 납득할 수 없는 정책들을 양산하고 있다. 그럴 때마다 총체적인 '국가전략과 철학의 부재'를 느끼곤 한다. 문제는 여기서 그치지 않는다. 그 틈을 비집고 온오프라인에 걸쳐 전문가를 자처하는 사람들이 넘쳐난다. 이 문제를 너무나도 무책임하게 사회적으로 제기·유통·소비하고 있다는 느낌을 지울 수 없다. 그 결과 사회적으로 이 문제를 공유하고 함께 고민해보지도 못한 상황에서, 문제의 본질에 채 접근해보기도 전에 공연히 "또 해묵은 사할린 타령이야?"라는 사회적·학문적 피로감만 가중시키고 있다. 이러한 일련의 세태를 지켜보며 대략 5년 전부터 뜻을 같이하는 연구자들이 모여 공동연구를 진행한 결과 더 이상 좌고우면하지 말고 이 시점에서 우리가 먼저 '매'를 맞기로 했다. 단행본으로 엮기에는 여러모로 내용상 부족한 점이 많고, 그 결과 '뭇매'를 맞을 수도 있다. 하지만 독자들이 휘두른 그 회초리의 '끝자락'에서 최소한의 애정과 앞으로 더 잘해보라는 응원의 메시지를 어떻게든 확인할 수만 있다면 그 어떤 비판이라도 함께 감수하기로 했다. 현재로서는 과연 그 결정이 진정한 용기였는지, 어설픈 만용이었는지 가늠할 길이 없다. 독자들이 머지않아 그 해답을 줄 것으로 믿는다.

지금까지 소수이기는 하지만 몇몇 연구서를 포함해 각종 르포, 증언집, 회고록, 현장보고서 등 사할린을 다룬 제법 많은 글들이 러시아, 일본, 그리고 한국에서 발표되었다. 그런데 주목할 사실은 지역을 막론하고 이 저작들을 관통하는 공통된 정서가 하나 있다는 점이다. 그것은 바로 '한恨'과 관련된 것이었다. 본래 그 땅의 주인이었던 아이누, 키랴크(니브히), 오로크인 등 선주민에게는 일본열도나 유라시아의 이방인들에게 선대의 땅을 빼앗겼다는 '상실감'이, 안톤 체호프의 눈에는 러시아 제정 말기 중앙 정치무대에서 밀려난 유형자들의 '고독과 회한'이, 그리고 일본인들에게는 러일전쟁 이래로 그곳에 문명의 씨앗을 뿌려 애써 살 만한 곳으로 만들어 놓았건만, 1945년 패전으로 허망하게 그 결실을 러시아에게 송두리째 빼앗기고 말았다는 '원통함'이 서린 곳, 그것이 바로 사할린이었다. 그렇다면 우리에게 '사할린'은 어떤 곳인가. 아마도 한국인들의 뇌리에는 앞서 본 두 가지 잔상이 짙게 드리워져 있을 것이다. 가깝게는 1983년 뉴욕을 떠나 알래스카를 거쳐 한국으로 향하던 대한항공

민항기가 소련 전투기에 의해 격추되었으나 제대로 된 항의조차 할 수 없었던 '자괴감', 멀게는 식민지 시기 강제로 동원된 동포들이 소련의 억류조치로 인해 고향으로 돌아갈 날만 손꼽아 기다리던 '망향의 한'이 깊이 서린 곳이 바로 사할린이다.

이처럼 사할린은 한때나마 그곳을 삶의 무대로 삼았던 여러 민족과 국가의 '한'들이 서로 교차하는 곳이다. 또한 현실정치나 외교는 물론이고, 이데올로기와 담론의 영역에서도 개인이나 집단의 서로 다른 '처연한 기억'을 매개로 치열한 '길항관계'가 여전히 지속되고 재생산되는 시공간이다. 식민지배, 강제동원, 세계냉전, 남북대결, 민족이산이라는 거의 1세기 동안 우리를 그토록 짓눌러온 굵직한 현안들이 한데 얽혀 기구한 수많은 사연을 빚어낸 곳이라는 한국의 내셔널 내러티브 역시 그 가운데 한줄기를 차지하고 있다. 과연 우리는 이 문제를 얼마나 냉정하게 상대화하며 바라볼 수 있을까. 우리가 지금까지 사할린한인 문제와 관련해 놓치고 있는 정말 중요한 고리는 무엇일까. 이 책을 내기로 결정한 이후로 필자들이 번번이 서로 얼굴을 붉혀가며 토론하고 고민했던 문제가 바로 이것이었다. 심지어는 발문을 쓰고 있는 지금 이 순간까지도 그 답을 얻지 못했으니 독자들에게는 그저 송구한 마음뿐이다.

반세기만에 얼굴을 내민, 조국

2005년 6월 20일, 필자는 대한민국 정부합동조사단(국무총리실 산하 일제강점하강제동원피해진상조사위원회, 외교부, 보건복지부, 한국적십자사 등)의 일원으로 그동안 말로만 듣던 사할린을 방문하게 되었다. 비행기는 인천공항을 떠난 뒤 채 3시간도 되지 않아 사할린의 주도인 유즈노사할린스크에 도착했다. 정작 이토록 가까운 곳이었거늘 동포들이 고향 땅을 밟기까지 반세기나 걸렸다니 참으

2005년 6월 21일, 사할린법률경제대학교, 강제동원 피해실태 조사
개시 기자회견

로 묘한 기분이 들었다. 따지고 보면 당시 정부합동조사단의 사할
린 방문은 '한인을 강제로 끌고 간 것은 일본이고, 고향 길을 막은
것은 소련'이라며 모든 책임을 주변국에만 돌렸던 한국정부가 해방
후 반세기만에 처음으로 동포들을 위해 그나마 '국가'로서의 의무
를 이행하기 시작한 역사적인 날이었다.

　필자는 그곳에 도착한 날부터 시작해서 귀국 후에도 한동안 '우
리 정부는 과연 그들을 위해 무엇을 하였는가?' 하는 물음이 뇌리
에서 떠나지 않았다. 그
마음은 1세들의 영주귀
국이 실현되었다는 지금
도 변함이 없다. 막연히
'그럴 만한 사정이 있었
겠지…' 하고 넘기려고도
했다. 하지만 그곳에서는
과연 지난 반세기 동안
어떤 일들이 벌어졌는지

정부합동조사단의 활동을 보도한 『사할린 타임즈』

당최 알 수가 없었다. 오랜 결벽증 탓인지 스스로 납득할 수 없는 무언가로 인해 개운치 않은 기분은 좀처럼 가시지 않았다. 아마도 이 책을 집필·기획하게 된 직접적인 계기도 바로 그 때 느낀 그 '답답한 마음'과 '무력감'을 조금이나마 떨쳐내고 싶었던 연구자로서의 부채의식 때문인 듯하다.

그 때 정부합동조사단은 강제동원 피해 신고 접수자들을 대상으로 사할린에는 어떻게 오게 되었는지, 그곳에서는 무슨 일을 하였고 일본 관헌 및 기업에게 입은 피해는 무엇인지, 종전 후 고향으로 돌아오지 못한 이유는 무엇이고 늦었지만 지금이라도 영주귀국을 희망하는지, 그밖에 여전히 해결되지 않은 문제는 무엇이고, 한국정부가 구체적으로 어떻게 해결해 주기를 바라는지 등을 조사했다. 당시 피해 신고자 1인당 조사 시간은 길어봐야 30~40분이었다. 아침 9시가 되기 전부터 길게 늘어선 줄을 생각하면 조사 시간은 어떻게든 지켜야만 했다. 그러나 필자는 정해진 조사 시간을 넘

2005년 6월 28일 유즈노사할린스크, 면담 대기자들에게 피해신고 접수 및 조사 절차를 설명하는 조사단 직원

기기 일쑤였다. 이유는 단 하나, 그들은 하나같이 가슴에 고이 묻어온 이야기를 그 자리에서 모두 털어놓으려 했고, 나는 그들의 말을 차마 자를 수 없었기 때문이다. 그 순간 깨달았다. 이들에게는 일생 동안 응어리진 그 무언가를 털어놓을 '창구'조차 없었던 것이다. 즉 자신의 이야기를 들어줄 제대로 된 '국가'가 없었다. 필자는 어르신들이 말씀하신 '나라가 없다'는 것이 구체적으로 무엇을 의미하는지를 그토록 절절하게 느껴본 적이 없었다.

조사 첫 날 상담 매뉴얼을 검토하며 나름대로 단단히 마음을 먹고 책상에 앉았다. 하지만 조사가 시작되자마자 이내 칼 한 번 휘두르지 못하고 허망하게 무장해제된 느낌이 들었다. 그들의 살아온 이야기를 한 꼭지씩 듣는 순간 과연 필자가 그동안 공부한 내용들이 얼마나 알량한 것이었는지를 되돌아보게 되었다. 책상 앞에 앉은 이들의 눈빛은 하나같이 이참에 자신이 경험한 억울한 이야기들을 먼 곳에서 온 이 '샤먼shaman'에게 모두 털어놓고야 말겠다는 기세였다. 그리고 어렵게 마친 그 '고해성사' 끝에는 무언가 마법과도 같은 사제의 '오라클oracle'을 기대하는 듯한 간절한 눈빛이 부담스럽게도 필자를 향했다. 저마다 '조선' 각 지방의 독특한 억양으로, 즉 그들이 한반도를 떠난 시점에서 그대로 박제화된 그 옛날의 우리말로 시작된 '한풀이'는 난데없이 일본어나 러시아어로 변주를 계속하며 거침없이 이어졌다. 언어의 장벽은 차치하고서라도 필자는 그러한 상황이 그저 당혹스럽고, 안쓰럽고, 민망하고, 버거웠다. 그들이 털어놓은 이야기들은 한국사를 넘어 그야말로 동북아시아의 최근 1세기 역사를 그대로 압축해 놓은 듯했다. 그들이 토로한 내용 또한 민감한 정치외교적 현안 뿐만 아니라 몇 세대에 걸친 가족사, 예기치 않았던 억울한 삶의 굴절들, 지극히 내밀하고 인간적인 고민을 담은 개인사에 이르기까지 끝없이 펼쳐졌다. 그 순간 필

가미시스카 조선인 학살사건 희생자 유가족 방문조사 때 촬영한 현관 앞에 놓인 가족사진.(2005년 6월 25일, 포로나이스크시)

자는 서품 받지 못한 미자격자이지만 어떻게든 그들을 어루만져줄 '사제'여야만 했고, 오랫동안 그들의 곁을 비웠던 국가의 '현신'이어야만 했다. 그러나 아무것도 할 수 없음에 그저 필자의 미력함을 탓할 수밖에 없었다.

아마 그들의 이야기만 그대로 엮어내어도 어지간한 전집 정도는 기획할 수 있을 듯했다. 지면 관계상 그 가운데 몇 가지만 간단히 소개하고자 한다.

1945년 8월 북사할린에서 소련군이 남진해오자 일본 경찰과 청년단이 예비검속 차원에서 국경 인근에 거주하던 조선인들을 스파이로 몰아 집단 살해한 '가미시스카 학살사건'의 한 유가족이 찾아왔다. 그녀는 자신이 만5세 때 자신이 보는 앞에서 아버지가 살해당한 이야기를 어렵사리 꺼냈다. 그런데 필자가 조사 과정에서 애써 묻어둔 기억을 헤집어놓은 탓이었는지 그녀의 얼굴에는 갑자기 경련이 일었고 마음을 추스르느라 차마 말을 잇지 못했다. 그 사건은 분명 일생의 트라우마였을 터이니 말하는 이도, 듣는 이도 모두 힘겨운 시간이었다. 결국 잔여 조사는 개별 방문을 통해 마치기로 하고 이튿날 추가 구술 채록을 위해 유가족의 집을 직접 찾아갔다. 그 때 현관 입구에 놓인 가족사진을 보고서 필자는 그녀가 왜 영주귀국을 선택하지 않았는지 단박에 이해할 수 있었다. 동양인과 서양인의 모습을 절묘하게 한 커트에 담아낸 단란한 가족사진을 보는 순간, 별다른 설명이 없어도 이들에게 1세의 영주귀국은 결국 또 다른 현실 가족의 이산을 뜻한다는 것을 이해할 수 있었다. 이들에게는 영주귀국만이 능사가 아니었다. 그녀로서는 다시는 대를 이어가며 가족의 이산을 경험하고 싶지 않았던 것이다.

정부합동조사단이 사할린 전역을 돌며 조사를 실시하고 있다는 소문이 제법 알려지자 수고한다며 텃밭에서 직접 일군 채소나 찬거리를 가져다주신 고마운 분들도 많았다.

2005년 6월 30일, 유즈노사할린스크, 노점상 할머니 구술 채록

그 가운데 피해신고 접수처 인근에서 노점상을 하시던 한 할머니는 군것질거리를 건네시며 당신이 사할린에 오게 된 경위를 상세히 들려주시기도 했다. 말씀을 듣자하니 남편이 강원도에서 결혼식을 올리자마자 돈벌이를 위해 사할린으로 떠나는 바람에 시부모님의 구박이 이만저만이 아니었다고 한다. 그래서 남편을 찾아 혈혈단신으로 부산에서 연락선을 타고 혼슈와 홋카이도를 거쳐 사할린에 왔건만, 남편이 일본인 과부와 몰래 결혼을 준비하고 있다는 사실을 알게 된 후 배신감에 치를 떨며 잔치를 위해 준비해둔 도부로쿠(탁주) 술독을 모두 부쉈다는 이야기였다. 그 후로도 할머님의 말씀은 거침이 없었다. 그 후 남편이 일하는 탄광촌 공동주택(나가야, 長屋)에 함께 살면서 그가 겪은 주변의 조선인 이야기, 일본인과의 관계, 해방 직후 귀국선을 타러 갔다가 '조선인'이라고 쫓겨난 이야기, 소련 정부 아래서 '무국적자'라며 설움 받던 이야기, 그리고 스탈린 시절 중앙아시아로 강제 이주된 연해주·사할린 출신의 한인들('큰땅배기')과 북한에서 파견된 인사가 지역사회의 지도층이나 조선인 학교 교사로 부임해 오자 대부분 남한(삼남지방) 출신이었던 기존의 사할린한인 사회와 빚게 된 소소한 갈등까지도 여과 없이 들려주셨다. 그 분들의 말씀을 듣자하니 이 조사는 한두 번으로 끝낼 일이 아니라는 생각이 들었다. 할아버지들의 증언은 대개 비장한 정치 이야기나 사건 등 큰 꼭지들을 중심으로 이루어졌다. 반면에 노점에서 접한 할머님들의 말씀과 입담은 그러한 거대담론들을 일상의 영역에서 자신이 체험한 다양한 에피소드로 조곤조곤 풀어내는 것이 마치 '서사의 마법사'를 보는 듯했다.

조국의 섣부른 물음, "귀하의 국적은 어디신지요?"

　당시 면담 항목 가운데는 "귀하의 국적은 무엇입니까?"라는 질

'귀향'의 염원이 오롯이 담긴 한인들의 '무국적(без гражданство)' 거주증명서

문이 있었다. 이 질문이 나오면 그 누구를 막론하고 하나같이 곤혹스러워하는 기색이 역력했다. 물론 한국정부 입장에서는 조사를 위해 반드시 필요한 기초 항목이었겠지만, 나는 이 질문이 어떤 이들에게는 또 다른 '고문'이 될 수도 있다는 것을 조사 첫날 단박에 깨달았다. 피해 신고자 가운데는 식민지 시기에 강제동원된 자가 아니라 1946년 이후 사할린 극동군 민정국의 요청으로 북한에서 청어잡이 등 어업계약 노동자로서 사할린에 입도한 자들도 일부 포함되어 있었다. 따라서 피해 신고자가 당국의 조사 취지에 부합되는지 여부를 확인하기 위해서는 어떻게든 물을 수밖에 없는 질문항목이기는 하였다. 개중에는 남한 지역 출신자이지만 1950년대 말부터 북한 정권이 사할린, 일본 등지에 거류하던 한인들을 상대로 적극적인 재외동포 포용정책을 천명하자, 혹여 북한을 거쳐 남한 땅으로 돌아갈 수 있을까 하여 북한 국적을 취득한 자도 적잖았

다. 특히 1950년대 말부터 1960년대 초에 재일동포의 '북송사업 (귀국사업)'이 한창 진행되던 시기에는 사할린에서도 북한 국적 신청자가 급증했고, 그로 인해 이들은 북한과 소련의 관계가 악화될 때마다 경계와 감시의 표적이 되기 일쑤였다. 또한 사할린한인 중 상당수는 자신의 정체성을 지키기 위해 줄곧 '무국적'을 고집했는가 하면, 비록 당신은 차별을 받았지만 자라나는 아이들에게는 국적에 따른 차별을 대물림하지 않기 위해 러시아 국적을 취득한 자들도 있었다.

결국 이러한 사례들을 큰 그림으로 짜맞추어본다면, 일부 극소수의 사례를 제외하고는 이들에게 '국적 조항'은 결코 대한민국에 대한 충성심이나 애국심을 가늠하는 잣대가 될 수 없었다. 오히려 원망할 대상은 이들을 그러한 상황으로 내몬 '그 시대'였고, 정작 나무랄 곳은 이들에게 어떤 도움도 되지 못한 식민지 조선과 그 후의 남북한 정부였다. 그들에게 국적을 물어야 하는 순서가 되면 언제부터인가 필자가 더 긴장하게 된 것도 바로 이러한 이유 때문이었

가와카미탄광(川上炭鉱)에 동원된 우정구씨의 면담 조사 장면

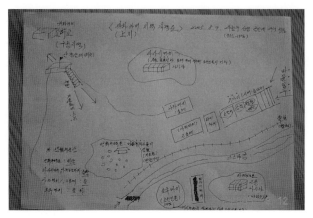

2005년 8월 9일, 신고자 증언에 따라 그린 조선인이 대거 동원된 가와카미 탄광 지역의 개요도

다. 이들에게 마음의 짐을 덜어주는 '사제'는 고사하고, 적반하장 격의 질문을 반복해야만 했던 '검열관'이 된듯하여 그 질문이 그토록 싫었다.

결국 조사관이 매뉴얼에 따라 무심코 던진 "귀하의 국적은 무엇입니까?"라는 질문은 반세기가 지나서야 어느 날 갑자기 가족들 앞에 아버지가 나타나, '왜 성씨를 내 허락도 없이 마음대로 바꿨냐!'고 다그치는 격이었다. 그것은 마치 종교 법정에서 이교도의 '신심'을 확인하기 위해 성화를 제 발로 짓밟도록 강요한 일방적인 '선의의 폭력'일 수도 있었다. 그들이 여러 국적으로 살아온 배경에는 '일본인' 세상에서 '루스키' 세상으로 천지가 개벽하는 과정에서 그 자신과 가족이 감내해야 했던 치열한 삶의 고민들, 그리고 어떻게든 살아남아 고향으로 돌아가겠다는 망향의 정서가 현실적인 실존의 문제로 자리 잡고 있었다. 그렇다면 그들이 무슨 국적으로 살아왔는가 하는 문제는 과연 어떻게 접근하는 것이 합리적일까. 어차피 '소련시절'에는 대한민국 국적을 선택할 수도 없었던 상황이었

1951년 메이데이 데모에 동원된 코르사코프의 한인들

다. 그렇다면 그것은 각 개인이 처한 상황에서 고민을 거듭하며 그나마 어렵게 선택했던, 인간이 발휘할 수 있는 '삶의 지혜'의 최대치 정도로 이해할 수는 없는 것인가. 하지만 조사단이 던진 질문의 행간에는 '그 놈의 국적'으로 인해 동포들이 굳이 겪지 않아도 되었을 온갖 말 못할 애환과 고초에 대한 너그러운 이해나 존중, 그리고 개인의 의사와 무관하게 그러한 선택의 기로에 내몰렸던 인간에 대한 최소한의 연민이나 배려 등은 조금도 담겨있지 않았다. 당시 조사단원들은 서슬 퍼런 1970년대 반공독재 하에서도 대한민국 외교부가 사할린한인들의 귀국 시에는 '소련 치하에서 취득한 국적은 문제 삼지 말자'고 한 연유를 충분히 이해하지 못하고 있던 것이다.

필자는 그 질문을 사할린에 체류하는 동안 하루에도 20~30번은 반복한 듯하다. 이유를 막론하고 반세기가 넘도록 곁을 비웠던 비정한 '국가'가 그들에게 '국적'을 물었던 것이다. 그것이 근대 국민국가의 본질이요 속성이라면 달리 할 말이 없다. 다만 그로 인해 그들이 입었을 마음의 상처를 생각하면 지금도 씁쓸하다. 당시 신고

《레닌의 길로》 편집진 기념사진, 1967년, 유즈노사할린스크

자들이 이 질문과 관련해 증빙자료로 제출한 일제 하 '구 화태기류
장', 소련 시절의 무국적자 거주증명서, 그리고 구 소련 붕괴 후 새
로 발급 받은 '러시아 국적 취득 증명서'는 각기 그 나름대로 그들
이 품어온 삶의 고민과 굴곡들을 오롯이 담아내고 있었다. 심지어
어떤 이는 이 세 장의 국적 관련 서류를 모두 제출하기도 했다. 과
연 이 대한민국에서 그에게 '기회주의자'라며 자신 있게 돌을 던질
수 있는 이는 몇이나 될까.

　2005년 6월과 8월, 두 차례 현장조사를 통해 사할린한인 문제
는 결코 영주귀국으로 끝나지 않을 것이라는 사실을 예감했다. 식
민지배 말기 한 차례 사할린으로 동원되었다가 전황이 악화되자
폐광조치와 함께 일본 본토의 가동 중인 다른 탄광으로 전환 배치
됨으로써 또 한 번 가족 간의 생이별을 경험한 자들은 심지어 온
가족이 사할린, 중앙아시아, 남한, 북한, 일본 등지로 흩어져 있다.
말하자면 광역이산, 혹은 제2차 가족이산이라는 또 다른 문제가 여전히 그늘에 가려진 상황이다. 또 사할린에서 사망한 자의 경우는 대개 한국 내 연고자가 확인되지 않아 국내의 유가족들이 현지 성묘나 국내 이장조차 할 수 없었다. 그 뿐만 아니라 피동원자의 미불임금과 각종 공탁금에 대한 보상은 여전히 이루어지지 않은 상황이고, 지금도 소송이 진행 중에 있다. 과연 사할린한인 문제의 끝은 어디인가, 원점에서 되묻지 않을 수 없다.

그 때의 강렬한 체험 탓인지는 몰라도 필자는 언젠가부터 대학원 강의의 경우 후학들에게 한 마디를 더 보태는 못된 버릇이 생겼다. 필자 역시 한국과 일본에서 수학하면서 선학들로부터, 자고로 연구자는 자신의 연구테마에 대해 애정은 갖되 일정한 거리를 두며 냉정함을 유지해야 한다고 배워왔고 지금도 그러고자 노력하고 있다. 그런데 사할린 조사 경험으로부터 깨달은 바가 있었다. 일단 자신의 연구 대상이 지역이든, 구조이든, 사람이든 철저하게 그들, 혹은 그 지역의 입장이 되어보라는 것이다. 명배우들은 작품에 들어가기 전부터 무대에서 마지막 커튼콜이 이루어지기까지 철저히 자신이 맡은 배역으로 산다고들 한다. 그 가운데 몇몇 배우들은 그 배역에서 헤어 나오지 못해 자신의 모습을 되찾기까지 상당히 애를 먹기도 한다고 들었다. 특히 캐릭터가 강한 배역의 경우 그로 인한 감정의 소모가 더욱 클 터인데, 말하자면 사할린한인 연구가 바로 그러한 사례에 해당한다. 먼저 그들의 입장에서 이 문제를 재구성해보고, 그들의 시선과 역사상을 상대화하는 과정에서 서서히 근거리와 원거리 초점을 동시에 맞추는 독수리의 눈을 갖추어나가도 늦지는 않을 듯하다. 환언하자면 연구대상과의 거리두기를 걱정하기 이전에 제대로 한 번 '진한 애정'이라도 경험해보란 말을, 이별이 두려워 사랑도 포기하는 현 세태의 후학들에게 감히 겁도 없이 꺼내게 된 것이다. 바로 이 책은 각기 다른 계기와 방식으로 사할린한

인 문제를 접했고, 한 때나마 깊은 감정을 이입했으며, 여전히 연구
자로서 부채의식을 지니고 있던 3명의 다른 전공자들이 이 문제와
거리를 두는 과정에서 체험한 서툴기 그지없는 성장통에 관한 부끄
러운 기록일지도 모르겠다.

사할린한인 문제를 매개로 한 각기 다른 전공자 3명의 공동실험

　이 책은 2004년부터 각기 다른 시기에 한국 정부 국무총리실
산하 강제동원피해진상조사위원회에서 전문위원으로서 사할린한
인 피해조사와 관련 사료의 수집·분석, 대일·대러 협상, 묘지조사
및 유골봉환 방안 등 각종 정책 결정에 관여했던 3명의 연구자가
그 동안의 연구 및 조사 결과를 바탕으로 보안의무 준수라든가 고
위 관료집단의 관행적 첨삭 및 부당한 개입 등 관변의 제약으로부
터 벗어나 이 문제를 더욱 자유롭고 체계적으로 연구하고 그 결과
를 사회적으로 공유하고자 '아르고인문사회연구소ARGO, The Lab
of Humanities & Academic Issues'를 설립하면서 함께 기획·집필하였다.
기획 초기에는 식민지 시기 한인의 동원과정, 사할린 억류시기의
생활실태, 영주귀국과정, 그리고 여전히 해결되지 않은 보상문제
등을 함께 다루고자 했다. 그러나 각 주제별로 사료의 수집 및 연구
의 진척 상황이 상이한 관계로 아쉽지만 이번에는 일단 3명이 동의
한 각국의 공문서, 특히 외교문서를 중심으로 사할린한인 문제를
둘러싼 종전 후 한국, 러시아(구 소련), 일본의 입장과 이를 바탕으
로 이루어진 다국 간의 외교 교섭과정에 초점을 맞추어 보고자 하
였다.

　먼저 제1장은 한국과 일본에서 근현대 한일관계사를 전공했고,
2005년부터 상기 정부합동조사단의 전문위원으로 현지조사에 참
여했으며, 종전 후 한일 간의 쌍방향 인구이동을 중심으로 구 일

본제국 권역 안에서 이루어진 다양한 지역의 인구이동 양상을 비교 연구해온 이연식이 담당했다. 종전 후 인구이동을 다룬 주요 연구성과로는 『조선을 떠나며』(2012, 역사비평사), 『朝鮮引揚げと日本人』(2015, 明石書店)가 있으며, 2013년부터는 일본 소피아대학교上智大에서 진행하고 있는 일본학술진흥회 공동연구蘭科研에 외국인 연구자로서 참여하면서 『帝国以後の人の移動-ポストコロニアリズムとグローバリズムの交錯点-』(蘭信三 編, 2013), 『近代の日本と朝鮮 -された側からの視座-』(君島和彦 編, 2014) 등의 공저를 발표했다. 최근에는 런던, 하이델베르크, 볼로냐 등지의 대학 및 연구소와 함께 유럽과 아시아의 종전 후 인구이동 비교연구, 난민문제displaced person & refugees 등 새로운 공동연구에 참여하고 있다.

이 장에서는 사할린한인 문제가 역사적으로 형성된 배경과 주요 쟁점들을 개괄적으로 정리했다. 구체적으로는 전후 일본사회에서 사할린 문제가 차지하는 위상과 콘텍스트를 살핌으로써 일본제국이 붕괴한 뒤 이 문제가 각 국민국가의 내셔널 내러티브로 전화하면서 발생하게 된 사안의 분절화 현상, 그로 인해 연쇄적으로 파생된 현격한 시각차, 인식의 편향성과 사각지대의 문제 등을 간략히 정리했다. 그리고 이어 세계사적 규모로 전개된 2차대전 종결후 전후 인구이동의 보편적 특징, 미소 점령지구의 판이한 귀환환경 속에서 사할린한인이 처한 집단억류 상황을 비교적 원거리에서 조망해 보았다. 아울러 종전 후 각국의 입장과 대응과정에 관한 이해를 돕기 위해 소련 점령지구 민간인 송환에 관한 초기 교섭과정, 주요 시기별 외교 교섭 환경과 주요 쟁점의 변화과정을 최대한 짧은 지면에 시계열적으로 정리했다.

제2장은 그동안 러시아 한인사 연구자로서 사할린 현지사료 수집과 분석에 매진해온 방일권이 담당했다. 그가 사할린한인과 인연

을 맺게 된 계기는 1990년대 후반 러시아에 유학하던 시절 고려인들과의 만남이었다. 그 과정에서 중앙아시아 출신의 고려인과 자신을 애써 구분하고자 하는 또 다른 러시아 한인집단의 존재를 접한 이후로 다양한 구 소련권CIS 한인집단에 대해 관심의 폭을 넓혀갔다. 강제동원피해진상규명위원회에서는 주로 노무분야 피해조사를 담당했고, 사할린한인의 강제동원 피해 규명을 위한 개인별 원사료와 더불어 일본 및 러시아에 산재한 강제동원 관련 자료의 조사 및 이관을 위해 노력했다. 강제동원 피해 당사자들의 생생한 육성을 담은 구술자료집 『검은 대륙으로 끌려간 조선인들』(2006)과 고향으로 돌아오지 못한 채 사할린에서 생을 마감한 강제동원 피해 당사자인 류시욱의 육필수기 '산중반월기'를 해제한 『오호츠크의 바람』(2014) 등이 이 시기의 활동을 바탕으로 한 성과물이다. 그 후 대학 연구소로 자리를 옮긴 후에도 그는 사할린 각지에 흩어진 한인들의 묘비 기록 조사, 사할린한인 관련 기록물 조사 및 이관 사업에 주력하면서 한국정부의 대러시아 협상에 깊이 관여했다.

이 장에서는 1945년 8월 해방 직후부터 한국전쟁 전후까지 약 5년 동안의 러시아 공문서 분석을 통해, 사할린 당국과 모스크바 중앙정부 각 부처 간에 이루어진 사할린한인 귀환 가능성에 관한 논의과정을 추적했다. 이를 통해 '노동력 활용'이 한인 억류의 주된 이유였다는 기존 가설을 원점에서 재검증하고, 러시아 내부의 논의 전개상 한인의 귀환 가능성은 시기에 따라 유동적으로 열려 있었으나 결과적으로 이루어지지 못했으며, 그 배경에는 어떤 요인들이 작용하고 있었는지를 밝히고자 했다. 이 장에서 주목해 볼 대목은 새로 발굴한 모스크바 중앙정부, 사할린 민정국과 극동 점령군 관련 자료를 바탕으로 종전 초기 점령지구 민간인의 본국 송환을 강력히 주장한 군부, 노동력 확보 및 생산력 유지를 위해 송환에 반대한 민정국, 그리고 양자 사이에서 정책 방향을 저울질하던 중앙 정부의 각기 다른 주장과 의견의 상호 조율 과정이다. 이것을 바탕으로 일본인과 한인 송환문제의 상호연관성, '북한송환론'으로 수렴된 군부의 주장과 '송환연기론'을 통해 초기 입장을 관철하고자 한 민정국의 동향, 한국전쟁 발발로 인해 논의 자체가 무기한 보류된 상황에서 한인사회가 북한국적자, 소련국적자, 무국적자로 나뉘게 됨에 따라 더욱 복잡하게 전개된 송환교섭 양상의 원형을 사안별로 정리했다. 이 성과는 러시아 측 원사료를 바탕으로 한국전쟁 이전 사할린한인의 귀환 가능성을 검증하고자 한 최초의 연구성과란 점에서 향후 한국사 연구는 물론이고 동북아 지역사 및 러일관계사 연구에도 시사하는 바가 많을 것으로 보인다. 향후 후속연구가 더욱 기대되는 글이다.

제3장은 일본에서 국제정치경제학을 전공한 오일환이 담당했다. 그는 재일동포의 '북송'을 둘러싼 다국 간의 외교협상을 주로 연구해 왔으며, 일제강제동원피해조사위원회에서는 주로 일본 외무성·후생성과 러시아정부를 상대로 강제동원 희생자의 유해조사와 유골봉환 협상을 담당했다. 현재 중앙대학교 대학원과 광운대학교에서 강의하면서 아르고인문사회연구소의 대표연구위원으로서 이 책을 기획하고 출간하기까지 많은 노력을 기울였다. 특히 이 책을 발간하기까지 한국정부의 자료가 빈약한 상황에서 한국 외교부 자료실에서 잠자고 있던 『화태교포관계자료(기밀해제본)』(1983)를 새로이 발굴함으로써 종래 1970년대 중반에 그친 한국정부의 동향 분석을 영주귀국 직전 단계인 1980년대까지 장기 고찰을 할 수 있는 기반을 제공했다. 또한 국제적십자위원회ICRC와 각 국 적십자사의 동향을 통해 각국 정부 레벨의 자료에서 확인할 수 없었던 미세한 공백들을 충실히 메워나갔다. 사할린한인 문제와 관련

해서는 《강제동원을 말하다: '제국'의 끝자락까지》(공저)와 더불어 옮긴 책으로는 《전후 일본의 역사문제》(2016) 등의 저작이 있다.

이 장에서는 주로 사할린한인 문제와 관련해 한국정부의 입장과 외교교섭 활동을 세밀히 살폈다. 특히 1950년대부터 1980년대 중반 영주귀국이 성사되기 이전까지 한국정부의 사할린한인 문제에 대한 기본인식과 내부 논의과정, 대일교섭활동, 그리고 소련·북한·국제적십자위원회에 대한 입장을 차례로 정리했다. 구체적으로는 1960년대 사할린한인 집단의 국내 수용과 비용부담에 대한 입장, 일본 정착 및 체류비 지원 요구, 1970년대 국내 수용 가능성에 대한 전향적 검토과정과 북한의 개입으로 인한 소련의 귀환운동 탄압 및 일소 간 교섭의 경색화 과정을 살폈다. 이를 통해 초기 한국 정부의 정책기조는 '모국 정착'보다는 '일본 정착'에 초점을 맞추고 있었고, 이것이 일본 정부와 갈등을 빚게 된 주된 요인이었다는 사실을 외교문서를 통해 확인했다. 아울러 1976년 이후 경색된 국제 교섭환경 외에도 사할린한인의 '국내 수용(정착)'에 대한 한국정부의 명확한 입장 표명 보류, 그리고 이에 대한 확답 자체를 회피하고자 역으로 일본정부를 상대로 구사했던 '일괄 보상(비용 지불) 요구' 등의 과도한 협상전략이 결국에는 '일본 출국을 통한 한국 귀환'의 가능성이 그나마 고조된 1970년대 전반기 한·일·소 3국간의 교섭을 연쇄적으로 어렵게 만든 요인이었음을 자료를 통해 밝혔다.

제4장은 제1장을 집필한 이연식이 담당했다. 이 장에서는 전후 일본정부가 사할린한인 문제에 어떻게 대응해왔는지를 시계열적으로 살폈다. 구체적으로는 전후 일본정부가 근본적으로 사할린한인 문제를 어떻게 인식하였는지를 살피고자 전후 줄기차게 내세웠던 '혈통·치안·본토 우선주의'에 입각한 '선택과 배제'의 논리를 분석했다. 그리고 박노학朴魯學의 일본 입국과 더불어 시작된 '귀환

촉진운동'이 일본 시민운동세력과 결합하면서 전후 일본정부의 책임문제가 일본사회 안에서 정면으로 제기된 가운데, 한일조약 체결 후 한국 및 소련과 외교 교섭에 임하게 되면서 지속적으로 견지한 '일본 정착' 및 관련 '비용 부담'에 관한 입장과 태도를 살폈다. 마지막으로는 1970년대 사할린한인 송환 관련 대소교섭의 양상과 정부 요인들의 잇따른 '도의적 책임 표명'에 이르기까지 일본정부와 의회 내부의 논의과정, 그리고 1980년대 대소 교섭 정체기에 보인 일본정부의 동향을 '의원간담회'의 결성과 영주귀국 추진과정을 중심으로 다루었다. 제4장은 제3장의 연장선에서 일본정부의 입장과 태도를 중심으로 분석했다. 따라서 제2장은 상대적으로 독립적인 내용으로 구성되었으나, 제3장과 제4장은 상호보완적 관계에 있다고 볼 수 있다.

앞서도 언급한 바 있듯이 이 책은 여러모로 보완할 점들이 남아 있다. 가령 외교 교섭의 또 다른 주요 행위자actor였던 북한의 입장을 거의 살피지 못한 점은 결정적인 한계라고 볼 수 있다. 또한 각기 다른 3명의 전공자가 한·러·일 3국의 입장을 나누어 집필하였으나, 각론에 있어서는 서로 다른 의견이나 해석이 여전히 상존하고, 단행본으로서 논지 전개의 정합성도 떨어진다는 맹점도 충분히 인식하고 있다.

그럼에도 불구하고 우리 공동 집필진은 사할린한인 문제를 조사하거나 각자 정책 제안을 준비하는 과정에서 '원사료'에 입각한 국내 연구성과의 부족으로 인해 겪었던 어려움을 상기했다. 지금도 10여 년 전 협의차 일본 외무성을 방문했을 때, 그곳 실무진들이 자료와 근거를 요구해옴에 따라 느꼈던 당혹감과 연구자로서의 굴욕감은 잊을 수가 없다. 처음에는 우리가 필요로 하는 자료를 일본에 이미 방대하게 쌓아두고 있으면서 굳이 자료와 근거를 요청하는 그들의 태도에 화가 났다. 그러나 한일 간의 과거사 협상은 그 전에 도 그러한 자료의 편재 위에서 진행되었고, 앞으로도 그러한 상황 에서 이루어질 것이다. 귀국 후 살펴보니 사할린한인에 관한 자료 는 일본 외에도 사할린 현지에 엄청난 양이 존재했다. 러시아가 아 카이브 문서를 공개한 시점이 대략 1990년대 초중반이었음을 상기 할 때 대략 10여 년 사이에 일본은 엄청난 연구 인력과 물량을 쏟 아 부어 자료를 조사하고 이관해왔다. 그렇다면 과연 같은 시기에 우리 정부와 학계는 무엇을 하고 있었는지 되묻지 않을 수 없다. 당 시 일본 실무진이 자료와 근거를 요청했을 때 그 자료들은 사할린 현지에서 복사해 이관한 자료가 근간을 이루고 있었다. 사전에 최 대한 국내의 연구성과를 수집해 보았지만 대개는 연구자들이 품앗 이하듯 서로의 논문을 재인용하거나 재가공한 자료가 대부분이었 다. 그 순간 일본 외무성 직원에 대한 분노는 어느새 우리 정부와 학계로 향하게 되었다. 비록 한계가 명확하더라도 무언가 '디딤돌' 이 될 만한 연구가 태부족인 실정이었다. 이러한 경험에 비추어 볼 때 현재로서는 여러모로 부족하고, 비록 뒤늦은 감도 있지만 지금 이라도 철저한 자료 발굴과 분석을 통해 이 문제를 객관적으로 조 망할 필요가 있다는 데에 집필진은 뜻을 같이 하였다. 이제 어렵게 나마 그 첫걸음을 내딛었으니 부족한 성과이나마 동료 연구자와 독 자들로부터 너그러운 격려와 건설적인 비판을 기대해 본다.

　마지막으로 이 부족한 글들을 어려운 출판 환경에도 불구하고 정성스레 다듬어 주신 채륜의 서채윤 사장님과 김승민 에디터, 그 리고 함께 도와주신 이한희 디자이너에게 특별히 감사의 말씀을 전하고 싶다. 또한 이 세 남편의 별난 실험을 실로 경이로운 인내심 으로 묵묵히 지켜봐 준 사모님들, 그리고 이제는 제발 우리도 읽을 수 있는 쉽고 재밌는 글을 써달라며 투정 섞인 응원을 보내준 세솔

이, 세린이, 연우, 시은이, 광은이의 따끔한 충고와 해맑은 미소가 없었더라면 이 책은 세상의 빛을 보기 어려웠을 것이다. 이들 모두에게 송구한 마음과 더불어 아빠로서 속 깊은 감사의 뜻을 전하고 싶다. 모쪼록 이러한 작업 하나하나가 영주귀국한 동포들, 아직 사할린에 남은 그들의 가족들, 그리고 그 어딘가에서 선대의 상흔을 다양한 형태로 끌어안고 있을 그 후손들에게 자그마한 위안이 되기를 바라며 두서없고 어쭙잖은 발간의 변을 가름하고자 한다.

2017년 12월,
집필진을 대표해 서초동 연구실에서
이연식 쓰다

제3장
한국: 한국의 외교적 책임과 시대적 한계(오일환)

제1장

사할린한인 문제의
역사적 배경과 주요 쟁점들

이연식

전후 일본사회에서
사할린이라는 시공간의 콘텍스트
▼

1) 정복과 개척의 대상에서 상실한 고토로

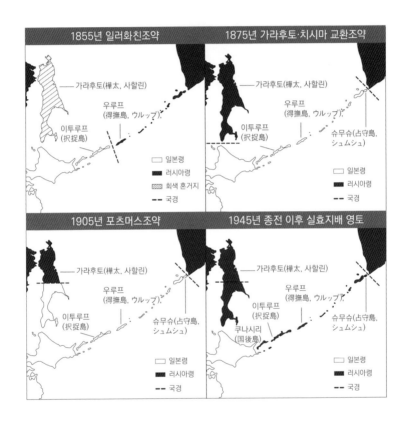

본래 홋카이도와 사할린(구 가라후토, 樺太), 그리고 캄차카반도까지 이어지는 쿠릴열도(구 치시마열도, 千島列島)는 아이누를 비롯한 선주민(에미시, 蝦夷)들의 삶터였다. 그러나 일본이 근대 국민국

가로 발돋움하는 과정에서 홋카이도 '개척'에 이어 바다 건너 북쪽 섬들에 관심을 표명하면서 비슷한 시기 그곳에 또 다른 이해관계를 지니고 있던 러시아 세력과 조우하게 되었다. 두 세력은 1855년 일 러화친조약을 체결함으로써 사할린을 '국경 없는 잡거지'로 정하는 선에서 타협을 보았다. 그러자 일본 내에서는 분쟁을 회피하기 위해 일부러 저자세를 보인 것이 아니냐는 비판이 고조되었다. 이에 일본 정부는 1875년 내부의 비판론을 무마하고자 사할린과 쿠릴 열도를 맞교환하자는 카드를 제시하였다. 때마침 러시아를 경계하던 영국의 압박도 일조한 결과 사할린은 러시아령, 쿠릴열도는 일본령으로 합의한 '가라후토樺太·치시마千島교환조약'이 체결되었다. 그 결과 두 지역에 산재하던 양 국민이 어디로 이동을 해야 할지 모르는 난감한 상황에 처하자 본래 자신의 국적을 유지한 채 거류하던 곳에서 거주권, 재산권, 영업권을 그대로 인정하자는 주장과 변경된 자국 국경으로 이동해야 한다는 주장이 혼선을 빚는 가운데 이도저도 아닌 모호한 거류환경이 만들어졌다. 이러한 상황은 1905년 러일전쟁의 결과 체결된 포츠머스조약을 통해 종결되었다. 즉 양국 간의 전쟁과 전후처리 과정을 통해 국경과 국민의 거류지가 일치하게 된 것이다. 결국 이 조약으로 북위 50도 이남은 일본령, 이북은 러시아령으로 정리되었다. 그러나 1945년에는 일본이 패전하면서 남사할린은 물론이고 쿠릴열도 전역을 모두 러시아가 점령함으로써 전후 일소 국교 재개에 즈음해서는 일본 내에서 북방영토 논쟁이 서서히 고개를 들기 시작했다. 이처럼 사할린과 그 인근 지역은 자연지리보다 인문지리가 압도적 규정성을 띠게 된 19세기 이래로 러시아와 일본이 각축을 벌인 대표적인 갈등지역으로서, 패전한 일본 입장에서는 언젠가는 되찾아야 할 '북방영토'와 짝하여 함께 연상되는 시공간이었다. 말하자면 사할린은 그곳을 실질적

1945년 8월 사할린 교전 직후 일소 간의 군사교섭

으로 개척하고 문명의 씨앗을 뿌린 장본인은 일본인이며, 언젠가는 되찾아야할 고토로서 과거 융성했던 시절에 대한 향수를 자극하는 상징과도 같은, 북방영토 논쟁이 증폭되면 될수록 더욱 빛을 발하게 되는 팔색조와 같은 토포스라고 할 수 있다. 아울러 일본이 제국의 팽창을 도모하면서 침략하거나 점령한 지역 가운데, 오랜 역사와 확고한 전근대 국가체계를 갖추고 있던 중국대륙이나 한반도에 관해서는 일본의 식민지배와 가해책임을 의식하게 되지만 상대

구 가라후토의 주도,
도요하라(유즈노사할린스크)의 시가지 모습

구 도요하라 우편국 전경

적으로 사할린과 인근지역에 대해서는 오히려 그곳의 실질적인 주인은 일본이었고, 패전이라는 어쩔 수 없는 상황에 내몰려 그곳을 내주게 되었다는 피해의식이 심상의 저류를 관통하고 있다고 볼 수 있다.

요컨대 일본 근현대사 속에서 사할린과 쿠릴 지역은 자연지리와 인문지리의 혼효混淆, 에미시 정복과 점령지의 개발 및 문명화에 대한 자긍심, 그리고 패전과 더불어 상실했지만 언젠가는 되찾

패전 이전 사할린 벌목 노동자

마오카(현 홈스크) 항구의 어선들

도마리오루(현 토마리) 제지공장 전경

미쓰이광산 가와카미
(현 시네고르스크) 탄광촌 전경

아야만 하는 땅이라는 사뭇 다른 결의 정서가 교묘히 뒤얽혀 있는
시공간이라고 할 수 있다.

2) 전후 일본에서 사할린에 대한 사회적 재현방식

패전 후 사할린에서 소야宗谷해협만 건너면 바로 갈 수 있는 일
본 홋카이도의 최북단 왓카나이稚內에는 도시 곳곳에 '가라후토樺
太'에 대한 향수를 자극하는 기념관과 전시물들이 즐비하게 들어
섰다. 그도 그럴 것이 왓카나이는 패전으로 인해 갑작스레 사할린
에서 피난 온 일본인들이 마땅히 정착할 곳이 없어 상당수가 그대
로 눌러앉은 곳이기도 하거니와, 현재는 사할린 최남단의 코르사
코프(구 일본지명 大泊, 오도마리) 사이를 직선으로 왕복하는 페리호
가 출항하는 곳이니 지금의 '사할린'을 화두로 삼아 관광객을 유치
함으로써 지역경제를 활성화해야 하는 입장에 있기도 하다. 말하자
면 이곳은 과거의 '가라후토'와 현재의 '사할린'이 같은 곳에서 공
존하는 독특한 시공간을 연출하고 있다.

이곳은 1949년 3월 현재 전체 시 인구의 약 1/6이 사할린에서
피난 온 주민으로 집계되었고, 이들은 정착 초기에 대개 미군 부대

주변에서 잡역을 통해 연명했다고 한다.[1] 그 후 상당수가 삿포로, 오타루, 하코다테 등 홋카이도 내 대도시로 이주하기도 했지만 남은 이들은 1990년대 초 소련의 붕괴와 개방정책으로 인해 사할린을 다시 방문하게 되면서 과거 가라후토에 대한 기억들을 공유하고 재현해 나가게 되었다. 주된 방식은 그들이 사할린에서 보낸 일상의 모습들과 공간에 대한 재현이었다. 아울러 그들은 앞서 살핀 사할린에 대한 전후 일본사회의 전형적인 메타 내러티브도 다양한 방식으로 재현해 내고 있다. 대표적인 것으로는 가라후토의 철도망, 제지공장, 각종 광산 등 산업시설과 주요 집주지역의 도시계획과 풍광, 그리고 학교와 병원 등 일상의 동선이 이루어진 공공시설을 들 수 있다. 즉 그곳은 일본인들이 문명의 씨앗을 뿌리고 그것을 일상에서 구현한 '우리들의 공간'이었다는 것을 어린 시절의 각종 기념사진과 일기, 손때 묻은 교과서 등을 통해 국내외의 관광객들에게 웅변하고 있었다. 전자가 주로 페리호 항구 주변의 관광객을 상대로 하는 왓카나이부항시장稚內副港市場에 자리 잡고 있는 반면에, 후자는 주로 저 멀리 사할린이 내다보이는 산 정상에 자리 잡은 왓카나이시북방기념관에서 볼 수 있다. 그 가운데 백미는 기념관이 자리 잡

왓카나이북방기념관 전망대에서 바라본 사할린

왓카나이북방기념관 내 '빙설의 문' 전시코너

아사히카와 홋카이도호국신사 내 '어머니의
상'. 패전 후 고난에 찬 피난과 전후생활을 형상
화하였다.

아사히카와 홋카이도호국신사 내 기념비. 신사
경내에 구 가라후토 영토를 그대로 본떠 조성한
연못 앞에 세워져 있다.

아사히카와 북진기념관 내 1945년 8월 가라후
토 주둔군 전투 현황 전시

아사히카와 북진기념관 전경

은 와카나이공원 곳곳에 들어선 추도기념물追悼記念物로서 특히
빙설의 문: 아홉 처자의 위령비氷雪の門·九人の乙女の慰霊碑는 전전
의 처연한 '옥쇄의 미학'을 그대로 재현하고 있다. 1945년 8월 20일
마오카(현재 홈스크)로 상륙한 소련군의 잔학상을 알리기 위해 피난
도 마다하고 우편국을 지키던 전화교환수 9명이 자신의 소임을 다
하고 결국에는 청산가리를 음독하여 장렬히 생을 마감했다는 내용

왓카나이 노스텔지어 전시관의 가라후토 전시물　왓카나이부항시장 내 도요하라중학교 재현관

이다. 물론 기념관 곳곳에 평화의 중요성과 러시아와의 친선을 강
조한 전시물도 배치되어 있기는 하지만 역시 재현의 방점은 일소중
립조약을 파기하고 남사할린을 점령한 소련의 책임, 그로 인한 무
고한 서민들의 참상에 찍히고 있다. 즉 일본제국이 사할린을 유지
하기 위해 동원했던 한인, 그리고 자신들은 돌아왔지만 그곳에 남
게 된 사람들에 대한 내용은 그 드넓은 전시관 어디에도 들어설 틈
이 없었다. 이러한 담론구조와 재현방식으로는 일본인들의 '피해
상'만이 전승될 뿐이었다.

　　이러한 담론의 재현과 유포는 패전시까지 육군 주력부대가 주
둔했던 홋카이도 정중앙의 아사히카와시에서 더욱 선명하게 확인
할 수 있다. 가령 사할린전투에 투입된 제17사단 자료를 전시하고
있는 아사히카와북진기념관旭川北鎮記念館과 그 인근의 사할린 전
투과정에서 희생된 군인이라든가 피난 과정에 사망한 민간인들을
위령하는 홋카이도호국신사北海道護国神社의 전시물들은 마치 '북
방의 야스쿠니신사'라고 불러야 할 만큼 사할린과 북방에 특화된
기념물들이었다. 곳곳에 배치된 기념물과 조경은 그 자체로 비장
미를 구현하고 있었고, 패전으로 인한 일본인의 피해상을 생생하게
전하고 있었다.

3) 사할린과 북방자료의 구축

최근 국내 사할린 연구현황과 관련해 교육부 학술정보시스템을 통해 정량분석을 시도한 연구 결과에 따르면 '사할린'이라는 주제어로 검색된 논문은 154건, 단행본과 자료집은 약 104건에 달한다고 한다.[2] 여기에 기획취재 기사라든가 개인 회고록, 그리고 구술자료 및 영상물, 번역서까지 포함한다면 아마도 관련 저작은 그 이상이 될 것이다. 이들 연구가 아카데미즘 영역에서 활성화된 시점이 1990년 한소수교 전후임을 돌이켜 볼 때 사할린과 사할린한인 문제는 실로 단기간에 관심의 대상이 되었고, 그 만큼 집중적으로 소비·유통된 관련 학계의 화두였다고 볼 수 있다.[3] 그러나 문제는 대부분의 연구가 사료 접근의 한계로 인해 2차 자료를 분석하거나 해외 연구성과를 국내에 소개하는 정도로 그치고 있다는 점이다.[4]

사할린주기록보존소(기아소) 자료조사 후 아카이브 직원과 함께 찍은 기념사진, 2014

이에 반해 일본의 경우는 소련 붕괴 후 러시아가 문호를 개방하자마자 사할린과 북방자료를 집요하게 수집하였다. 특히 사할린주역사기록보존소(Государственный исторический архив Сахалинской области,이하 '기

사할린주기록보존소에 소장된 일본점령기 문서 열람 장면

아소ГИАСО')자료의 경우는 러시아 담당직원이나 연구자도 미처 하지 못한 기관 내 자료의 목록화 작업을 자신의 필요에 따라 일본 측이 먼저 시작하였다. 기아소 자료는 원래 소련군이 노획한 후 하바롭스크, 블라디보스토크, 모스크바 등지로 옮겨 보관하던 것을 1962~1963년에 '비공개문서'로 지정해 사할린으로 다시 이관한 것이다. 소련 붕괴 후 이들 자료가 공개되자 1990년대 사할린 귀환자 단체인 전국가라후토연

일본점령기 초기 사할린자료를 대거 소장하고 있는 홋카이도도립도서관 북방자료실

사할린 및 러일관계 연구의 메카, 홋카이도대학 슬라브·유라시아연구센터

맹全国樺太連盟은 홋카이도 개척기념관의 연구자들을 파견해 수차례 예비 목록조사를 실시하여 전 일본어 문헌의 목록화 작업을 실시하였다.[5] 그리고 2000년에는 오부치小淵 국제교류기금 펠로우십 프로그램을 통해 연구자들을 유학생으로서 현지에 전격적으로 파견해 제일 먼저 기아소에서 열람 가능한 모든 일본어 문서를 대상으로 보완 목록작업을 추진함과 동시에 자료의 관리현황까지 정리하도록 하였다. 아울러 러일 간의 연구교류가 확대되면서 북방연구의 거점 대학인 오타루상과대학이라든가 홋카이도대학의 북방자료실과 슬라브·유라시아 연구센터, 홋카이도 도립도서관의 북방자료실, 하코다테시립도서관·왓카니아시립도서관 등의 사할린 관계

사료군이 크게 확충되자 관련 연구도 활성화되었다.

그러면 일본은 왜 그렇게 이들 자료에 집착하였을까. 사할린한인의 영주귀국문제와 관련해 적극적으로 나섰던 사회당의 이가라시 고조五十嵐広三 의원은 1991년 사할린주의회 의원을 만난 자리에서 기아소 3층에 구 화태청자료 중 일부가 박스에 미정리 상태로 담겨있는가 하면, 도요하라우편국 저금통장 등이 습기와 곰팡이에 훼손되자 직원들이 소각 처분하는 것을 보고 일본 측이 공동으로 자료

전후 사할린 귀환자들의 귀환 촉진 및 생활권 옹호운동에 앞장서 온 삿포로의 전국가라후토연맹 사무실

전국가라후토연맹 사무실에 전시 중인 가라후토 시절의 기증품들

정리를 돕는 방안을 제안해 자료의 멸실을 방지하고자 했다. 또한 일본외무성 러시아과를 통해 자료 정리에 필요한 복사기와 서가를 제공하도록 권고하였다.[6] 즉 1991년에 기아소 자료는 일단 공개되었지만 모든 기록물이 정비된 것은 아니었으며 일부 자료는 기아소 판단에 따라 폐기되기도 하는 상황이었다. 이것은 일본정부나 학계로서는 곤혹스러운 상황이었다. 원래 종전 이전에 생산된 화태청 공문서 가운데 소련 점령 직후 일본 본토로 반출 가능한 것들은 외무성을 거쳐 홋카이도도립문서관에 보관하고 있었다. 그리고 사할린 현지에서 폐기되고 남은 노획된 문서가 기아소에 보관 중이었으

므로 양자를 결합할 때 사할린과 북방에 관한 원자료는 비로소 완결성을 기할 수 있었기 때문이다. 이에 일본 유관 기관에서는 지속적으로 연구자와 직원을 파견해 기아소 기록물을 조사하는 한편, 전국가라후토연맹에서는 1996년부터 기아소에 보관된 모든 일본어 기록물에 대한 목록화작업을 추진하여 2000년에 기어이 완성하였다.

이러한 자료 인프라가 구축되었기 때문에 일본은 관련 사안에 대해 정책을 다면적으로 검토할 수 있었고, 관련 연구의 질도 크게 향상되었다. 가령 사할린 귀환자 문제와 관련해 최근 괄목할 만한 성과를 거두고 있는 홋카이도의 경우를 보면 귀환과정뿐만 아니라 대표적인 정착지였던 삿포로札幌와 아사히카와旭川 지역에서 귀환자들의 주택과 실업문제가 구체적으로 어떻게 발현되었고, 현재는 어떤 형태로 그 흔적이 남아 있으며, 이들은 어떻게 지역사회에 적응하게 되었는지를 치밀한 사료구사를 통해 밝혀내고 있다. 또한 이들 도시지역과 달리 한국인도 대거 동원된 바 있던 비바이시美唄市, 아시베쓰시芦別市 등의 탄광지역의 사례를 상기 도시지역과 비교하고 있다.[7] 즉 사할린에서 돌아온 일본인의 '전전戰前', '전후戰後', 그리고 '사회적 통합과정'을 다양한 자료군을 결합함으로써 통시적으로 밝히고 있다.[8] 이제는 한국의 연구도 러시아 현지자료는 물론이고 국내의 미발굴 자료를 적극적으로 활용함으로써 보다 실체에 접근할 수 있는 방향으로 전환되어야 할 시점이다.

2차세계대전의 종결과
전후 인구이동의 특징
▼

　일본제국이 탄생하고 팽창하는 과정에서 식민자인 일본인 뿐만 아니라 조선인 등의 식민지 출신자 또한 종래의 전통적인 국경을 넘어 광역에 걸친 이주와 동원을 경험하였다. 그런데 2차세계대전의 종결에 따라 일본제국은 여러 권역(새로운 국민국가)으로 해체되었고, 구 식민지·점령지에서 모든 '이동의 통제권'은 승전국인 미국과 소련 점령당국의 손에 넘어갔다. 즉 종전 후에는 미소의 분할 점령에 따라 각 단위 지역에서 이전과는 판이한 이해관계, 이념, 명분에 기초한 새로운 인구이동의 메커니즘이 만들어졌다. 이것은 지구 전

뮌헨 부근의 다하우수용소(Dachau Concentration Camp)로 끌려온 유대인과 반체제 인사로 지목된 사람들. 이곳은 최초의 나치 수용소로서 이곳의 경험을 토대로 유럽 전역으로 수용소가 확대되어 갔다. 그 결과 패전 후에는 나치에 대한 보복 심리로 인해 구 독일 영토에 살던 '독일인' 뿐만 아니라, 중세 이래 수 세기 전부터 폴란드를 비롯해 동유럽 등지에 거주하던 '독일계(ethnic Germans)' 사람들까지도 '징벌적 추방'을 당했다. 이들은 독일로 추방된 뒤 경제적 빈곤 외에도 문화적 차이로 인한 사회적 차별까지도 감수해야만 했다.

역에 걸쳐 크든 작든 영향을 미쳤지만, 특히 유럽에서는 독일제국, 아시아에서는 일본제국의 구 권역이 그로 인해 극심한 몸살을 앓게 되었다.

전후 인구이동은 형태상 구 제국 영역 안에 새롭게 구획된 '국경(경계)'를 넘나드는 이른바 국제이동과, 귀환지(정착지) 안에서 이루어진 제2, 제3의 국내이동(재이동)으로 나타났고, 이것은 경향적으로는 연속적인 양상을 띠었으나 그 안에는 일정한 비연속 국면을 내포하고 있었다. 즉 전후 인구이동은 구 거류지(동원지·이주지)에서 본토(모국·고향)로 향하는 즉각적이고 단선적인 이동이 아니라, 때로는 강압적인 '억류·송환·추방'[9]과 자발적인 '잔류·귀환·도망'의 움직임이 혼재되었으며, 구 거류지와 귀환지 양 측의 정치환경의 변화에 따라 시간의 연속·단절·지연 등을 포괄하는 보다 복합적·입체적·중층적인 흐름으로 나타났다. 이러한 복잡한 이동 양태는 결국 구 제국의 영역이 전혀 성격이 다른 새로운 점령 주체와 구 식민지의 신생 정치세력에 의해 여러 권역으로 해체되었기 때문에 나타난 현상이었다. 또한 그로 인해 전후 인구이동은 빈번히 국제적인 외교문제로 전화하기 시작했다.

종전 후 인구이동 양태를 결정한 요인은 매우 복합적이다. 그 가운데 결코 무시할 수 없는 결정적 사안이 외지에 거류하던 당사자가 '승전국민'이었는가 아니면 '패전국민'이었는가 하는 점이었다. 이것은 종전 후 유럽의 인구이동 사례를 보면 그 차이점이 보다 명확히 드러난다. 가령 인도차이나·모로코·튀니지 등에 거주하던 프랑스 식민자들은 종전 후 약 10여 년에 걸쳐 본국으로 돌아왔다. 즉 프랑스는 주택난·실업난, 치안의 혼란, 기존 주민과 유입집단 사이의 갈등과 반목 등 갑작스런 인구유입으로 인한 사회적 충격과 부담을 장기간에 걸친 귀환인구의 수용으로 상쇄할 수 있었다.

뿐만 아니라 같은 식민자라고 할지라도 승전국 출신자들은 외지에서 일군 재산의 본국 반입도 어느 정도 가능했고 대체로 평온한 귀환을 경험했다. 가령 구 식민지에 들어선 신생 알제리 정부는 '에비앙협정'에 따라 일단 공식적으로는 프랑스인에 대해 3년 동안 이중국적을 인정했으며, 본토 송환을 전제로 한 체류자에 한해서는 임시 체류기간 동안 개인의 재산권도 보장했고, 심지어 송환 때에는 이사비용과 출국 보상금까지 지원하기도 했다.[10] 물론 상기한 제도적 차원과 달리 종교와 문명 차이, 식민지배에 대한 반감으로 인한 테러행위 등 일상의 영역에서는 다양한 형태의 추방압력이 상존했다. 실제로 '프랑스인 및 유럽계 프랑스인Pied noirs(피에 누아르)', 그리고 프랑스 군대와 경찰에 복무하며 식민지배에 적극 협조한 알제리계 하르키Harkis를 상대로 한 대규모 테러가 빈발하는 등 또 다른 층위의 추방압력은 계속되었다. 이들이 조기에 프랑스로 돌아간 것은 상기한 제도적 측면보다도 현실적으로 이렇게 악화된 일상의 체류환경 때문이었다.[11] 이것은 승전국이든 패전국이든 전지구적인 탈식민 국면에서 피할 수 없는 현상이었다.

그럼에도 불구하고 패전국민의 귀환과정과 비교해 보면 이것은 그야말로 '호사스런' 식민자의 귀환이었다고 말할 수 있다. 분명히 그 배경에는 상처뿐인 영광이라고는 하지만 승전국 프랑스의 부담을 경감하고자 했던 영국과 미국의 전폭적인 지원이 결정적인 영향을 미쳤다. 아울러 어렵사리 '독립전쟁'을 통해 신국가 건설에 성공했건만 프랑스인과 친불파가 일거에 빠져나간다면 결국 그 사회를 이끌어 온 테크노크라트, 엔지니어, 기업가, 의사 등의 전문지식인 집단이 극단적으로 유출됨으로써 최소한의 사회 유지 및 국가 운영에 심대한 타격을 입을 수밖에 없었던 신생 알제리 정부의 말 못할 '속앓이' 또한 매몰차게 프랑스인을 내쫓지 못한 내적인 요인으로 동시에 작용했다.

반면에 유럽과 아시아의 패전국민은 대개 냉혹한 인구이동을 경험했다. 가령 이탈리아나 독일의 경우는 패전 후 곧바로 현지인의 보복을 피해 본토로 도망갔거나 잔류하고자 했으나 강제로 추방되었다. 이 가운데 특히 독일과 적대적 관계에 있던 소련과 폴란드에서 추방된 자들은 재산의 박탈은 물론이고 강제수용이나 집단노동 등을 경험하기도 했고, 심지어 이동 과정 내내 보복적 성격의 사적인 약탈과 폭행에도 빈번히 노출되었다.[12] 패전국의 경우는 강제로 이동하게 된 사람도 힘들었지만 해외로부터 일방적으로 추방된 사람들을 수용해야만 했던 기존 주민도 상당한 어려움을 감수해야만 했다. 예를 들어 미국, 영국, 프랑스가 점령한 서독 지역의 경우는 해외 피추방민Vertriebene[13] 외에도 동독 이탈 이주민Flüchtlinge, 동유럽 출신의 자발적인 독일계 혈통의 이주민Aussiedler과 외국계 이주민을 차례로 받아들이게 되었다.[14] 이 가운데 패전 직후 유입된 해외 피추방민Vertriebene의 경우를 보면 2차세계대전을 종결짓기 위한 포츠담회담에서 미국, 영국, 프랑스, 소련 등 점령군은 폴란드의 구 독일영토뿐만 아니라 수백 년 전부터 동유럽과 남부유럽에 흩어져 살던 '광의의 독일인'까지도 축소된 독일영토로 강제 이주시켰다. 심지어는 2차세계대전 당시 독일이 점령하지 않은 지역까지도 포함되었다. 이것은 독일이 다시는 전쟁을 도발하지 못하도록 인적 화근을 제거하겠다는 결정으로서 명백히 '징벌적 추방'의 성격을 띠었다.

1945~1949년 사이 유입된 피추방민의 규모는 도중에 사망하거나 통계에서 누락된 자를 제외하면 대략 1,400만 명으로 추정된다. 이들 가운데 약 1,000만 명이 서독 지역, 약 400만 명이 동독 지역으로 유입되었다. 집계 시점에 따라 다르겠지만 이것은 당시 독

일 인구의 약 17~20%에 해당하는 규모였다. 이들 가운데 독일-폴란드 국경조정에 따른 유입인구와 피추방민의 인구비는 대략 2:1 정도로서 이들은 대개 구 거류지에서 재산의 박탈, 강제수용과 강제노동을 경험했고, 때로는 보복적 성격의 약탈과 폭행까지도 감수해야 했다.[15] 상기 프랑스의 경우 1962년 현재 프랑스 인구 4,600만 명 대비 약 4~5%정도에 해당하는 170~220만 명 내외가 귀환인구로 추산된다. 이것을 보면 극단적인 추방의 형태도 문제였거니와, 영토도 축소된 상황에서 기존 인구 대비 유입 인구의 규모, 그리고 단기간에 걸친 인구유입으로 인해 전후 독일이 감수해야 했던 사회적 충격과 혼란은 프랑스에 비할 바가 아니었다.

　일본 역시 패전국이었으므로 기본적으로 독일 사례와 비슷한 형태의 이동을 경험하게 되지만 전후이동의 양태를 결정한 또 다른 요인, 즉 패전 당시의 거류지가 소련 점령지구인가 미군 점령지구인가 하는 문제가 같은 해외의 일본인이라고 할지라도 지역에 따라 극단적으로 상반된 귀환양상을 초래하게 되었다.

미소 점령지구의
판이한 전후 귀환환경
▼

　구 일본제국은 최소한 본토가 연합국에 의해 분할 점령된 독일과 같은 최악의 사태는 면했다. 하지만 역시 미국과 소련에 의해 분할 점령됨으로써 거류 지역에 따라서는 판이한 귀환환경이 조성되었다. 단적으로 미국은 군인·군속을 비롯해 모든 해외의 일본인을 본토로 돌려보내 일본과 구 식민지 사이의 관계를 철저히 단절하고자 했다. 이로써 다시는 일본이 식민지나 점령지를 기반으로 군국주의 국가로 부활해 감히 미국의 안보를 위협하지 못하도록 하는 데 주력했다. 따라서 1945년 종전 후 미국이 점령하였거나 강력한 영향력을 행사한 남한·중국본토(국민당 지구)·대만·태평양 지역의 일본인과 구 식민지민들은 현지에서 일군 재산은 비록 상실했지만, 적어도 소련 점령지구에 비하면 상대적으로 수월하고 안전한 본토 귀환을 보장받았다. 특히 남한이나 대만에서 돌아간 일본인은 여타 지역 귀환자들로부터 '사치스런' 귀환을 경험한 것으로 두고두고 인구에 회자되었다.

반면에 이 책에서 다루게 될 사할린을 비롯해 쿠릴·만주·북한 등 이른바 소련 점령지구에서는 일본인의 이동을 일괄 금지하였다. 뿐만 아니라 이 지역의 일본군과 민간인 남성은 소련 본토의 전후 복구사업이라든가 만주·북한 등 새로운 점령지의 주요 산업시설을 반출하는 과정에서 무상 노동력으로 징발·활용되었다. 즉 종전 후 소련 점령지의 일본인들은 기본적으로 '전리품'으로 간주되었다. 이들은 1946년 말 「소련 점령지구 일본인 송환에 관한 미소 간 협정」(1946.12.19)이 체결됨에 따라 일본으로 돌아갈 수 있는 국제법적 근거가 마련되었다.[16] 하지만 소련 점령당국은 그 후로도 '불필요한 자'들은 그대로 방치하거나 자력으로 돌아가는 것을 묵인했으나, 전문 엔지니어 등 '필요 인력'에 대해서는 상기 협정을 위반하면서까지 전후복구와 점령지구 생산시설의 반출 및 가동을 위해 의도적으로 송환을 지연시켰다. 말하자면 점령에 따른 국익을 극대화하고자 이들을 최대한 '유용留用'한 것이다.

이처럼 소련 점령지구에 거류하던 사람들은 유럽과 아시아를 막론하고 경향적으로 공통된 체류 및 귀환환경에 놓였다. 이들의 공통된 체험이란 소련군과의 직간접적인 교전, 점령 직후의 즉각적인 집단억류, 소련군과 현지인의 폭행·약탈, 남성의 대대적인 동원·징발에 따른 해외 식민자 집단의 성비 파괴와 남성부재 현상, 부녀자와 노약자의 방치, 재산 몰수와 경제활동의 제한, 일방적인 추방과 억류 등으로 집약된다.[17] 소련 점령군이 극동 지역에서 연합국 파트너였던 미국(GHQ/SCAP)은 물론이고 중립국을 통한 일체의 외교교섭을 1946년 말까지 한사코 거부한 채 점령지역의 일본인·한인의 이동을 일괄 금지한 직접적인 이유는 기본적으로 소련 본토의 전후 복구, 점령지의 생산력 유지·확보, 점령 비용의 현지조달 때문이었다. 주지하듯이 2차세계대전에서 소련은 뒤늦은 참전에도 불구하고 연합국의 일원으로서 승전국 반열에 올랐다. 하지만 그 이전부터 독일과의 오랜 전쟁으로 인해 소련은 2차대전 동안에만 무려 2천만 명 이상이 사망했다.[18] 또한 생산시설이 무참히 파괴된 결과 1940년도 대비 1945년의 국민총생산량은 17%나 감소했다. 따라서 종전 후 소련의 최우선 과제는 노동력 확보와 점령지 생산시설의 반출을 통한 자국의 경제복구였다. 게다가 당시 사할린·만주·북한 등에 진주한 소련군의 주둔 비용은 미군과 달리 대개 '현지조달' 방식을 취했다. 물론 그 조달의 대상 가운데에는 '패전국민(노동력)'도 포함되었다. 그 결과 지역을 막론하고 소련이 점령한 곳에서는 대개 노동력의 징발, 군표의 남발, 원료 및 산업시설의 반출, 식량과 재물의 약탈, 그리고 인신적 폭행이 문제가 된 것이다.[19]

소련 점령지구
거류민 송환을 위한 초기 교섭과정
▼

　이러한 소련 점령지구의 귀환환경으로 인해 패전 후 일본정부
는 진땀을 흘려야만 했다. 한 예로 일본정부는 항복 전날인 1945
년 8월 14일부터 오카모토 스에마사岡本季正 주 스웨덴 공사에게
전보를 보내 어떻게든 현지 일본인의 생명과 재산 보호를 요청하도
록 지시했다.[20] 그러나 '패전국' 일본은 이 문제에 관여할 국제법적
근거가 없다며 소련정부는 이 요구를 일축했다.[21] 이에 일본 외무대
신은 교섭 대리국인 제3국 스웨덴을 매개로 강화조약 체결 등을 통
해 양국이 외교관계를 다시 회복할 때까지 소련 측이 교전 상대국
의 이익을 보호해주기 바란다는 다소 완곡한 메시지를 전달했다.
그러나 이번에도 소련정부는 일본정부의 개입을 재차 거부했다.[22]
그러자 일본정부는 어쩔 수 없이 연합국총사령부GHQ/SCAP를 통
한 대리 교섭을 시도했다. 당시 일본 외무대신은 GHQ의 서덜랜드
참모장에게 직접 서신을 보내 다음의 3가지를 소련 측과 교섭해달
라고 간곡히 부탁했다.

　　　첫째, 일본정부와 사할린의 연락 교통을 위해 도쿄와 사할
　　　　　린의 도요하라豊原(현재 유즈노사할린스크), 도쿄와 쿠
　　　　　릴 슈무슈, 도쿄와 쿠릴 파라무시르 사이의 무전 연
　　　　　락 회복.
　　　둘째, 사할린과 쿠릴지역에서는 무장 해제한 군부대원 및
　　　　　일본인을 대상으로 일본관헌이 실시하는 송환 작업
　　　　　에 적극 협력할 것.

셋째, 사할린 남단의 오도마리大泊(현재 코르사코프)와 홋카
이도 북단의 왓카나이稚内 사이의 연락 항로 재개를
시급히 허가할 것.

1945년 8월, 남사할린 마오카항(真岡, 현재 홈스크)으로 상륙하는 소련군
(2014년, 왓카나이시 가라후토 노스텔지어 전시관 전시영상)

일본정부가 이러한 부탁을 하게 된 원인은 무엇보다도 사할린
현지의 불안한 치안상황과 교통·통신의 두절로 인한 일본인의 집단
고립과 공포감 때문이었다. 당시 일본정부가 입수한 현지 상황은
다음과 같았다.[23]

화태樺太(사할린)는 종전 직후 내지 인양(본토 귀환)을 개시
해 약 7만 5천 명 정도가 인양(소개·긴급대피)한 것으로 보
인다. 그 중에서 약 5만 명은 현재 홋카이도에 거류하고 있
다. 또한 사할린 각지에서 남단의 오도마리大泊(코르사코
프)와 도요하라豊原(유즈노사할린스크)까지 오더라도 항로
가 끊기는 바람에 그대로 눌러 앉은 자가 약 3만 5천 명 정
도이다. 이들 외에도 오가사와라호 등의 배(긴급대피선)가

해협에서 침몰해 희생자가 2만 명에 달한다. 오도마리와 시스카敷香(현재 포로나이스크 부근)의 동해안에는 매일 열차가 운행 중이다. 그러나 현재 일본인의 열차 여행은 제한되어 있어 인양에 어려움이 따른다. 통신은 8월 27일 이후로 두절되었다. (*괄호 안은 필자 의역)

그러나 소련 참전 직후 이러한 상황보고를 바탕으로 한 일본정부의 다급한 요청에도 불구하고 GHQ는 한동안 해당 지역의 일본인 문제는 소련 점령당국의 소관이라며, 대리 교섭을 완곡히 거절함으로써 일본정부의 외교적 노력은 원천 봉쇄되었다.[24]

종전 후 사할린 지역의
귀환환경
▼

이렇게 소련 점령지구 일본인 송환에 관한 일본 중앙정부의 외교적 교섭이 모두 무위로 돌아간 가운데 북위 50도 이남의 사할린·쿠릴 지역은 여타 지역보다 일본인의 본토 귀환이 더욱 더디게 진행되었다. 이 지역의 특징은 같은 소련 점령지구였던 만주나 북한과 달리 현지 인구의 절대 다수가 일본인이었다는 점이다.[25] 따라서 소련이 종전 후 점령지에서 실시한 인력관리 정책이 적나라하게 드러난 곳이기도 하다.

굳이 전통적인 설명 방식을 빌자면 소련군은 '노동력 확보'라는 관점에서 이곳의 일본인과 한인을 바라보고 있었다. 소련군은 진주

약 2주 후인 8월 23일 일본군의 무장해제를 마치자마자 소야해협宗谷海峽을 봉쇄했다.[26] 그 결과 종전 시 추산 인구 약 37만 명 가운데 바다 건너 가까운 홋카이도로 긴급히 소개한 약 7~8만 명을 제외한 나머지 약 29~30만 명이 집단억류 상태에 놓였다.

남사할린은 종전 이전 규슈九州·홋카이도北海道와 더불어 일본의 주요 에너지 생산지로서 탄광과 인조석유공장을 비롯해 산판·제지 등 다양한 생산시설이 집중되었다. 소련군은 이 시설의 재가동과 쿠릴열도·캄차카 등 북방지역 개발을 위해 일본인 노동력을 적극 투입했다. 그리고 이 지역의 고질적 문제인 노동력 부족을 메우고자 점령 후에는 소련 본토에서 이주민을 데려왔고, 1946년부터는 '모집'을 통해 심지어 북한 재류(억류) 일본인과 한인 노동자들을 추가로 투입했다. 이렇듯 노동력의 절대부족 속에서 일본인 노동력, 그 가운데 특히 전문 기술을 보유한 하이테크 엔지니어 확보를 위해 소련은 1946년 12월 미국과 일본인 송환에 관한 협정을

홋카이도 최북단 왓카나이 항구에서 바라본 소야해협과 건너편의 사할린, 2014년

체결하고도 이들의 송환을 최대한 지연시켰다. 특히 고급 기술자에게는 소련 '귀화'를 적극 장려하는 한편, '해고증명서' 발급을 거부하거나 지연시킴으로써 이들의 일본 귀환을 막고자 했다. 그러나 거듭되는 일본정부와 GHQ의 요청에 따라 일본인들은 1946년 12월부터 1949년 7월까지 본토로 돌아갔다.[27] 반면에 약 2만 5,000명 내외로 추산되는 한인들은 협정에 따른 집단송환에서 제외됨으로써 그대로 잔류하게 되었다.[28]

이처럼 패전 직후 사할린의 귀환환경과 소련 점령당국의 일방적인 한인 억류정책은 전후 일본정부로 하여금 '도의적 책임은 있지만, 법적 책임은 없다'는 면책담론의 빌미를 제공함으로써 향후 책임 소재를 둘러싼 남한·북한·미국·소련·일본 사이의 치열한 공방전을 예고했다.

식민지 시기
사할린한인의 동원피해 실태
▼

남사할린은 러일전쟁 직후인 1905년 일본이 점령한 이래 대러 전진기지라는 정치적 입지 외에도 탄광업, 제지업, 어업 등의 경제적 가치에 주목해 본토의 산업자본과 노동력을 집중 투입해 개발한 지역이었다. 특히 일본은 1930년대 중반 이후 중일전쟁 발발을 계기로 본토 및 점령지의 석탄 등 에너지 수요가 급증하자 한인 등을 동원함으로써 이 문제를 긴급히 해결하고자 했다.

조선총독부 재무국 및 제86회 제국의회 설명자료에 따르면

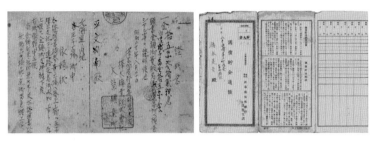

1945년 8월 20일 발급된 사할린 왕자제지 노무자의 미불금 및 퇴직금 지급의뢰서 (좌)
1944년 5월 21일 발급한 국채저금통장 (우)

1939~1944년 사이 남사할린에 동원된 한인은 1만 6,113명으로
서[29], 이들이 배치된 작업장을 산업분야별로 살피면 탄광업이 약
65%, 토목·건축이 약 34%, 금속광산이 약 1.2%로 추계되었다.[30]
실제로 동원된 한인 규모는 자료에 따라 많게는 '4만 3,000명 설'
까지 존재하지만, 공식적인 일본제국 국세조사 결과에 따르면
1935년에 7,053명, 1940년에 1만 6,056명을 기록하였고, 종전을
전후한 1943~1946년 사이에는 약간의 인구 이출입을 논외로 할
때 대략 '2만 5,000명' 내외로 수렴되었다.[31]

이와 관련해 2004년에 출범한 한국 정부 위원회(국무총리실 산
하 '일제강점하 강제동원피해 진상규명위원회'로 발족, 이후 몇 차례 조직
개편 및 개명 과정을 거쳐 최종적으로 '대일항쟁기강제동원피해조사 및 국
외강제동원희생자 등 지원위원회'는 2015년 12월로 활동을 마감)는 남사
할린에서 실제 가동된 56개 탄광 가운데 한인이 동원된 35곳을 자
료와 현장조사를 통해 확인했고, 그밖에 제지공장, 군 비행장 건설
현장 등 토목공사장의 소재도 구체적으로 정리한 바 있다. 이를 바
탕으로 2010년 12월 현재 상기 위원회는 '노무동원 피해'로 접수
된 신고 건수 9,437건 가운데 현지 사망은 약 14.9%, 행방불명은
19.4%로서 타 지역에 비해 사할린 지역이야말로 동원 후 고향으로

돌아오지 못한 한인의 비율이 월등히 높았다는 사실을 수치로 밝힌 바 있다.[32]

그럼에도 불구하고 이러한 사할린한인 문제의 원점인 '동원피해' 문제는 1990년대 이래 '모국귀환' 내지 '영주귀국'이라는 거대 이슈에 묻히고 말았다. 사할린 문제와 관련해 주요 쟁점의 변화과정을 통해 그 원인을 살펴보면 다음과 같다.

박노학의 일본 입국과
사할린재판

▼

전후 일본사회에서 사할린한인 문제는 '일소공동선언' 이듬해인 1957년에 대두한 패전 후 미송환된 일본인 억류포로, 조선인과 결혼한 일본인 부녀자와 그 가족의 귀환문제, 그리고 1958년 일본인 처를 따라 일본 본토로 입국한 박노학 등이 '화태억류귀환자동맹(나중에 화태억류귀환한국인회 등으로 개칭)'을 결성하며 전개한 귀환촉진운동이 계기가 되어 비로소 주목을 받기 시작했다.[33] 그 결과 사할린한인 문제의 초기 이슈는 '억류자의 모국귀환' 문제로 집약되었다.[34]

한국정부가 이 문제에 수동적으로나마 관여하기 시작한 것은 1965년 한일협정 체결을 전후한 시기였다. 부연하자면 이 시기는 사할린한인 문제가 한일 간 협의 과정에서 논외로 치부되자 이에 강력히 반발해[35] 1972년 국내 대구에서 '화태억류교포귀환촉진회(뒤에 중소이산가족회로 개칭)'가 결성되고, 박노학 등이 사할린에서

사할린재판 소송단, 1985년도

한인들이 일본으로 보내온 서신 등을 바탕으로 작성한 '귀환희망
자명부'를 한일 양국 정부에 전달하며 이 문제를 정면으로 제기한
시점이었다. 이후 사할린 억류자 귀환운동 단체는 한일 양국 정부
가 공동으로 미귀환자에 대해 적극적인 조치를 취하도록 촉구했으
나 양국 정부는 별다른 관심을 보이지 않았다. 그 결과 귀환운동단
체와 이를 지원하던 일본 시민운동세력은 1975년 도쿄지방재판소
에 '화태 잔류자 귀환 청구소송'을 공식적으로 제기함으로써 장기
간에 걸친 이른바 '사할린재판'을 통해 이 운동을 사회적으로 확산
시키며 먼저 일본정부를 압박했다.[36]

　당시 원고 측의 재판 청구 취지는 '일본정부'가 책임을 지고 '사
할린한인'을 '일본'으로 귀국시키라는 것이었다. 그 이유는 (1) 원고
들은 일본의 강제연행으로 남사할린으로 동원되었으나 종전 후 그
대로 방치되었다. (2) 사할린에 보내졌을 때 원고들은 일본 국적을
보유하고 있었다. (3) 따라서 원고들은 일본으로 돌아올 때까지 일

본 국적을 보유하고 있다고 볼 수 있으며, 설령 그 사이에 국적이 박탈되었다고 할지라도 종전 후 이들을 송환 대상에서 제외한 것은 위법행위이다. (4) 요컨대 일본 정부는 원고들의 '원상회복' 차원에서 이들의 귀국에 책임이 있다는 요지였다. 이 재판에서 법리를 검토하고 소송 전략을 제공하며 헌신한 오오누마 야스아키 大沼保昭는 이러한 공소 내용에 관해 비록 여러 약점이 있지만, '국적 상실'을 이유로 한인을 송환에서 배제한 일본의 책임을 추궁하는 데에는 '법률적'으로 탁월한 논리를 내포하고 있다고 평가한 바 있다.[37]

이처럼 사할린재판은 이 문제를 사회적으로 의제화하고, 사할린한인의 영주귀국이 이루어질 때까지 동원자의 원상회복에 대한 일본의 국가책임을 명징하게 제기했다. 아울러 국적에 따른 차별 철폐를 주장하며 모국 귀환 실현에 전략적으로 집중했다. 하지만 동시에 귀환문제의 원점인 식민지 시기 동원 실태의 규명은 부차적으로 다루어지게 되었다.

1944년 경남 거창에서 집단으로 징용된 사람들, 1957년 1월 1일, 사할린에서 기념촬영

일본의 교묘한
'면책담론'

▼

사할린한인 문제와 관련해 이들의 동원 책임 및 실태 규명보다는 유독 모국 귀환의 책임 소재에 세간의 이목이 집중된 데에는 일본정부의 교섭태도 또한 일정한 역할을 했다. 즉 '면책담론'에 기초한 일련의 교섭태도, 그리고 이 문제를 과거 동원에 대한 책임과 거리를 두면서 '영주귀국' 문제로 철저히 국한하고자 한 의제의 '축소화전략'이 주효했다고 볼 수 있다.

일본정부의 면책담론은 사할린재판 원고들의 문제 제기를 전면적으로 부인하는 논리였다. 핵심 내용은 다음과 같다.[38]

> (1) 긴급소개 - 1945년 8월 소련군이 남사할린으로 진군하는 가운데 화태청이 주도한 홋카이도 긴급 소개과정에서 조선인에 대한 차별은 없었다.[39]
> (2) 민족 별 처우 - 소련군은 일본인을 패전국민으로, 조선인을 해방국민으로 구분해 다루었다.
> (3) 1946년 12월 「소련 점령지구 일본인 인양에 관한 미소 간 협정」의 대상 - 당시 협정의 대상은 철저히 '일본인'으로 한정되었다. 이것은 전승국인 미소 간의 협정이므로 외교권이 박탈된 일본의 책임은 없다. 1946년 사할린의 일본인 송환 당시 정작 조선인의 승선을 배제한 것은 소련군이었다.
> (4) 소련의 한인에 대한 법적 처우 - 소련 측은 한인의 일본국적 상실이 패전과 더불어 이루어진 것으로 간주하였다.

(5) 한소 간의 미수교 문제 – 종전 후 한소 간에는 국교관계
가 부재해 사할린한인의 남한 송환은 원천적으로 불가
능했다.

(6) 소련의 조선인 노동력 활용 – 종전 후 소련 점령군은 사
할린한인을 '노동력 확보'라는 관점에서 접근했고, 남
북한의 그 어느 정부도 이들의 모국 송환을 요청하지
않았으므로 당국은 부담 없이 이들을 무상 노동력으로
활용할 수 있었다.

(7) 북한의 개입 – 북한이 뒤늦게 사할린한인을 '재외공민'
으로 선포함으로써 이들의 남한 송환을 더욱 어렵게 만
들었다.

(8) 일본의 외교적 노력 – 일본정부는 1960년대부터 소련
정부에 지속적으로 사할린한인 문제의 해결을 촉구했
으나, 사할린한인의 송환은 '일소 간의 문제'가 아니라
'조소(북한과 소련) 간의 문제'라며 일축했다.

이러한 '면책담론'은 일본정부의 대한·대소 교섭과정에서 시기
에 따라 다양한 방식으로 발현되었다. 먼저 1965년 한일협정 체
결 이전까지 사할린한인 문제에 대한 일본정부의 인식은 미귀환(억
류) 일본인의 귀국문제와 재일동포의 북송(추방) 문제가 압도적으
로 우선시된 결과, 박노학의 경우처럼 '일본인 처를 둔 한인 남성의
일본 귀국문제'로 철저히 제한되었다. 일본정부가 사할린한인 문제
에 '정책적'으로 대응하기 시작한 계기는 1965년 한일기본조약과
재일동포의 법적지위 협정 체결이었다. 즉 한일교섭 과정에서 논외
로 취급된 사할린한인들 가운데 모국 귀환을 희망하는 사람들의
명부(한국 영주 희망자 5,328명, 일본 영주 희망자 1,576명)가 한일 양

국 정부에 송달되고, 귀환운동단체들이 국제적십자위원회를 통해 인도적 송환문제를 제기한 이상 일본정부도 이 문제에 정책적으로 대응할 수밖에 없었던 것이다.

지난한 외교적 교섭과
영주귀국의 실현

▼

사할린한인의 발자취를 증언하고 있는 이희팔 화태귀환재일한국인회 회장

당시 일본정부의 정책기조는 1972년 후쿠다-그로미코 외상회담, 1973년 다나카-브레즈네프 영수회담을 계기로 '대소 교섭은 강화'하되, 한인에 대한 '일본 영토 내 수용 불가', '행정비용의 부담 거부' 원칙을 관철시키는 것이었다. 이러한 정책기조에 변화를 추동

한 것은 앞서 본 사할린재판이었다. 즉 사할린한인의 원상회복(일본 혹은 한반도 고향으로의 귀환)에 대한 인도적·도의적 책임 문제가 사회적으로 확산되자, 1976년 이나바 오사무稻葉修 법무대신은 일단 인도적 책임은 인정하되, 일본 수용 여부에 관해서는 한국정부의 확고한 차후 입국 보증, 종전 이전 일본 거류 사실의 증명, 일본 입국 희망자의 재정 신원 보증 등을 전제로 하여 '일시적 경유지'로서의 일본 입국을 검토하겠다고 태도 변화를 시사했다.[40]

그 후 1976년 소련 공군기 망명사건으로 일소관계가 급속히 경색된 가운데, 북한의 개입으로 인해 소련정부는 사할린한인 문제가 '일소 간의 문제가 아니다'는 이유로 외교 교섭을 거부했다. 그러한 가운데 일본에서는 1982년 중국 잔류 일본인 고아 문제가 사회적으로 이슈화되고, 국제인권규약의 비준과 난민조약 가입 등으로 인해 인권 문제가 외교적 과제로 대두했다. 게다가 일본 국내는 물론이고 아시아 각국으로부터 전후보상 소송이 제기되자[41] 사할린한인의 영주귀국 문제 만큼은 주도적으로 해결하려는 전향적 태도를 보였다. 그 결과 1987년 박노학 등의 귀환운동을 지원한 오오누마 야스아키, 다카기 겐이치高木健一 등을 중심으로 한 일본 시민운동단체가 적극적으로 노력해 자민당의 하라 붐베에原文兵衛, 사회당의 이가라시 고조五十嵐廣三 등의 주도로 138명의 '의원간담회'가 구성되었고, 일본정부는 일본적십자사와 외무성 등 관계 부처를 독려해 사할린한인의 한국 고향 방문과 영주귀국을 지원했다.[42]

이러한 상황에서 구 소련의 붕괴 및 페레스트로이카로 상징되는 동서 냉전의 완화, 1988년 서울올림픽을 계기로 한 한러 수교회담의 성공과 한국에 대한 긍정적인 인식 변화 등이 맞물리며 영주귀국사업이 급진전되었다. 그러나 이 과정에서도 여전히 사할린한인의 동원실태 규명과 전후보상 문제는 충분히 공론화되지 못했다.

뿐만 아니라 사할린한인 문제를 둘러싼 각국의 외교적 교섭이 도대체 어떻게 전개되었기에 반세기가 넘도록 이들이 고향으로 돌아올 수 없었는지 또한 명확하게 밝혀진 바가 없었다.

주

1 稚内市史編纂室, 『稚内市史』, 1968, 209~210쪽.

2 정하미, 「'사할린연구'의 전개와 '화태' 자료 - 인구조사와 가라후토청 경찰 자료를 중심으로」, 『일본학보』 94, 2013, pp. 252~254.

3 방일권, 「한국과 러시아의 사할린한인 연구 - 연구사의 검토」, 『동북아역사 논총』 38, 2012, pp.365~366.

4 이연식, 「화태청(樺太庁) 자료를 통해 본 일본제국의 사할린한인 동원 실태 연구」, 『일본사상』 32호, 2017, 152~153쪽.

5 小田島和平·矢野牧夫, 「サハリン国立文書館における日本文献所蔵調査」, 『1991年度'北の歴史·文化交流研究事業'中間報告』北海道開拓記念館, 1992 ; 柳下み咲, 「門戸開放2年目のサハリンを旅して図書館と文書館を見学する」『びぶろす』第43巻 第5号, 1992 ; 佐藤京子, 「サハリン州の文書館」, 『北海道立文書館研究紀要』第8号, 1993 ; 井澗裕, 「サハリン州公文書館の日本語文書」, 『アジア経済』第44巻 第7号, 2003. ; 竹内桂, 『国文学研究資料紀要』アーカイブズ研究編 2号(通巻37号), 2005 ; 矢野牧夫 外, 「'樺太'のソ連邦領土編入に関する資料 - サハリン州公文書館の調査から」, 『北海道開拓記念館研究紀要』24, 1996. 참고로 그 결과물이 全国樺太連盟, 『サハリン州公文書館所蔵日本関係文書件名目録』, 2000이다. 아울러 井澗裕, 「資料 サハリン州公文書館の日本語文書」, 『アジア経済』44巻 7号, 2003, p.64 ; 崔吉城 外, 『ロシア·サハリンにおける日本植民地遺産と朝鮮人に関する緊急調査研究』, 科研-1441015 研究成果報告書, 2004, 수집자료 해제문 참조.

6 今西一 編, 『東北アジアのコリアン·ディアスポラ -サハリン·樺太を中心に』, 国立大学法人小樽商科大学出版会, 2012, pp.50~51

7 木村由美, 「戦後樺太からの引揚者と北海道: 都市部と炭鉱都市を中心に」, 『北大史学』 54, 2014.12 ; 「'脱出'という引揚げの一方法: 樺太から北海道へ」, 『北海道·東北史研究』 9号, 2013.

8 이연식, 「종전 후 한일 양국 귀환자의 모국 정착과정 비교 연구」, 『한일민족문제연구』 31호, 2016, 176~177쪽.

9 2차대전 종결 후 유럽 내 주민교환, 이민족 추방, 민족정화 과정에 관해서는 吉川元, 『民族自決の果てに』, 有信堂, 2009, 120~121쪽.

10 松浦雄介, 「アルキとは誰か: フランスに於けるもう一つの'引揚者'問題」, 『帝国崩壊とひとの再移動』, 勉誠出版, 2011, 237~238쪽.

11 프랑스의 전후 귀환문제 속에서 피에 누아르와 하르키 문제에 관해서는 노서경, 「하르키(Harkis) 문제: 사라진 증언들」, 이민인종연구회, 『Homo Migrans』 2호, 2010.6의 23~24쪽.

12 若槻泰雄,, 1995, 『(新版)戰後引揚げの記録』, 時事通信社의 付録-1, 「第二次大戰における各国の引揚げ」 342~366쪽 ; 이연식, 「해방 직후 우리 안의 난민 이주민 문제에 관한 시론」, 『역사문제연구』 35, 2016, 125~131쪽의 제2장 2절 '전승국과 패전국의 전후 인구이동' 참조.

13 2차세계대전 이전 유럽 내 주민교환, 민족정화 과정에 관해서는 吉川元, 앞의 책, 72~73쪽 참조.

14 유입인구의 수용과 사회통합에 관해서는 박명선, 「서독의 강제이주민 통합에 관한 연구」, 『지역연구』 제5권 4호, 1996 겨울호와 허준영, 「동독이탈주민에 대한 서독의 통합정책과 한국에의 시사점: 직업통합을 중심으로」, 2011년 통일부 신진연구자 정책과제 보고서 참조.

15 독일-폴란드 사이의 독일인 추방을 둘러싼 논쟁에 관해서는 解良澄雄, 「第二次大戰後のドイツ人´追放´問題 : ポーランドに於けるその現在」, 現代歷史研究会, 『現代史研究』 46, 2000, 54~57쪽 ; 김승렬, 「독일·폴란드의 국경분쟁과 역사분쟁」, 『유럽의 영토분쟁과 역사분쟁』, 동북아역사재단, 2008, 77~80쪽 ; 한운석 외, 『가해와 피해의 구분을 넘어 - 독일·폴란드 역사화해의 길』, 동북아역사재단, 2008, 29~30 참조. 그리고 패전국 독일과 일본의 해외 귀환자에 관한 전후보상 비교는 穴戸伴久, 「戰後処理の残された課題: 日本と欧米における一般市民の戰争被害の補償」, 社会労働調査室, 『レファレンス』 2008년 12월호, 118~121쪽 참조.

16 본서 제2장 「잘못 끼운 첫 단추」의 협정 전문의 국역 대역본 참조.

17 木村英亮, 「ソ連軍政下大連の日本人社会改革と引揚の記録」, 『橫浜国立大学人文紀要』 第1類(哲学·社会科学) 第42輯, 1996.10, 25~38쪽, 柳沢遊, 『日本人の植民地経験-大連日本人商工業者の歴史-』, 青木書店, 1999,

303~311쪽

18 오오누마 야스아키, 『사할린에 버려진 사람들』, 청계연구소, 1993, 26쪽.

19 만주와 한반도의 사례는 『미군정정보보고서(G-2 Periodic Report, 이하 'G-2')』 1945.10.12, 1945.10.14, 1945.10.20, 1945.11.9, 1945.11.25, 1946.1.30, 1946.2.18, 1946.2.23, 1946.2.26, 1946.3.9, 1946.5.1, 1946.5.9. 등 참조.

20 東鄕外務大臣発在瑞典岡本公使宛電報,「日ソ間利益保護事務に関する件」, 1945.8.14.

21 在瑞典岡本公使発重光外務大臣宛電報, 1946.9.8,「在ソ邦人安否調査並に 日ソ間利益保護事務に関する件」, 당시 일본정부는 주일스웨덴 공사관 참사 관 에릭슨을 통해 주일 소련대사 말리크와 교섭을 시도하였다. 그런데 말리 크는 자신이 교섭권한이 없다며 교섭 자체를 회피하였다. 그래서 일본정부는 적십자국제위원회 주일대표부의 주노 박사에게 알선을 의뢰하였다. 그러나 주노박사 또한 국제적십자는 소련과 좋은 관계가 아니라고 하여 약간의 정보 를 얻는데 그쳤다.

22 重光外務大臣発在瑞典岡本公使宛電報, 1945.9.10, 전보의 주된 내용은 다 음과 같다. 일본의 항복으로 점령지 이익 보호문제에 관해 새로운 관점이 생 겼다는 소련정부의 견해를 일단 일본정부도 존중한다. 그러나 연합국과 강화 조약 체결 내지 외교 및 영사관계 회복에 이를 때까지는 교전 당사국이 상호 제3국을 통해 이익보호를 인정할 필요가 여전히 있다고 일본정부는 이해하 고 있다. 뿐만 아니라 제국정부로서는 제국의 이익보호 범위가 새로이 소련점 령 아래 들어간 지역, 즉 만주, 북한, 몽고, 사할린과 쿠릴까지 미치는 것으로 이해하며 이에 대한 보호를 소련정부에 요구한다는 것이었다.

23 終戰連絡中央事務局發聯合國最高司令官宛, 覚書, 1945.9.16.

24 連合国総司令部発帝国政府宛覚書, AGO91-4号, 1945.9.17, 당시 연합국총 사령부는 소련점령지 일본인의 인양(송환)에 관해 "1945년 9월 9일자 귀(일본) 정부의 각서에 대해 1장과 2장(일본인 송환교섭)의 내용은 완전히 소련당국의 소관이므로 우리가 관여하기 어렵고"라며 외교적 대리교섭을 거부하였다.

25 사할린은 원래 아이누를 중심으로 윌타(일본명: 오롯코/오리키), 니휘(기리야 크) 등 6종족의 원주민이 거주하고 있었고 외국계 주민으로는 러시아계·폴란

드계 등 극소수의 백인이 있었으나 그 규모는 극히 적었다. 樺太終戰史刊行
会編, 『樺太終戰史』, 第一法規出版株式会社, 1973.

26 若槻泰雄, 앞의 책, 99쪽.

27 오오누마 야스아키, 앞의 책, 23쪽.

28 GHQ는 일본정부의 보고를 기초로 사할린 조선인의 규모를 1944년에
'25,435명', 소련 점령시에는 약 15,000명으로 파악했다(GHQ/SCAP Record
RG331, National Archives and Record Service Box no.382 문서철의 "Repatria-
tion of Koreans from Sakhalin: Jan. 1946-June 1949", 대한민국 국회도서관 소
장 해외수집자료). 1990년대까지는 점령체제 하에서 조선인 단체가 종전 직
후 보고한 '4만 3천명 설'이 일반적으로 통용되고 있었다(오오누마 야스아
키, 앞의 책, 28~33쪽), 그런데 그 안에는 북한에서 종전 후 유입된 인구가 포
함되었다는 해석에 따라 최근에는 다시 25,000명 내외설이 제기되고 있다.
방일권이 러시아 국립문서보존소에서 입수해 분석한 '기아소문서'에 따르면
1946년 당시 사할린에서 '큰땅배기'로 통칭되었던 중앙아시아 출신 고려인은
약 30명에 불과했고, '朝鮮勞動者의 在遠東 漁業□帶勞動契約書'에 명시된
북한에서 유입된 노동자 수 등을 고려할 때 '4만 3천명 설'은 역시 과도한 추
계로 보인다.(동북아역사재단 연구지원과제 보고서, 2012, 『사할린한인 문제:
연구시각, 자료 및 쟁점』의 각주-113과 각주-114 참조).

29 戰後補償問題硏究会 編, 『戰後補償問題資料集』 第2卷, 1991, pp.29~30.

30 김명환, 「사할린 강제동원 조선인들의 실태 및 귀환」, 대일항쟁기강제동원피
해조사 및 국외강제동원희생자 등 지원위원회, 『위원회 활동결과보고서』 부
록II-2, 2016, 77쪽.

31 정하미, 「사할린 연구의 전개와 화태자료」, 『일본학보』 94, 2013, 262쪽의
표-5 「남사할린 인구조사」 참조.

32 김명환, 앞의 보고서, 79쪽.

33 참고로 패전 직후 점령기에 일본으로 귀환한 사할린 일본인(민간인)은
1947~1949년 사이에 약 27만 2,335명, 일본군 포로는 8,303명이었다. 이
로써 1941년 사할린주 소련 민정국이 파악하고 있던 일본인 민간인 28만
1,658명 중 대부분이 이 시기에 일본으로 돌아갔으며, 1957년에는 조선인
처와 억류 포로 등 남은 자들 가운데 희망자의 일본 귀국이 이루어졌다. 방

일권, 「이루어지지 못한 귀환」, 『동북아역사논총』 46, 286~287쪽.

34 김성종, 「사할린한인동포 귀환의 정책의제화 과정 연구」, 『한국동북아논총』 50집, 2009, 321~322쪽. ; 오오누마 야스아키 저, 이종원 역, 『사할린에 버려진 사람들』, 청계연구소, 1993, 141~145쪽.,

35 한혜인, 「사할린한인 귀환을 둘러싼 배제와 포섭의 정치: 해방후 ~ 1970 년대 중반까지의 사할린한인 귀환 움직임을 중심으로」, 『사학연구』 102, 2011, 180~181쪽.

36 일본 시민운동세력의 지원활동에 대해서는 新井佐和子, 『サハリンの韓国人 はなぜ帰れなかったのか ― 帰還運動にかけたある夫婦の四十年』, 草思社, 1997 ; 한상일, 『일본 지식인과 한국』, 오름, 2000, 340~359쪽.

37 오오누마 야스아키, 앞의 책, 119~121쪽 ; 정인섭, 「재사할린한인에 관한 법적 제 문제」, 『국제법학회논총』 제66호, 1989, 172~181쪽.

38 이하 면책담론의 근거는 若槻泰雄, 『戦後引揚げの記録』, 時事通信社, 1991, 118~120쪽.

39 山村正雄, 『生きて祖国へ』 6券 -悲憤の樺太-』, 国書刊行会, 1981.

40 대한민국 외교부, 『화태교포관계자료(기밀해제본)』, 1983 ; 이연식, 「사할린 한인 귀환문제에 대한 전후 일본정부의 대응」, 『동북아논총』 46, 2014의 제 3장 참조.

41 당시 사할린재판을 비롯해 유수의 전후보상소송에 관여한 다카기 겐이치(高木健一) 변호사는 이러한 일련의 일본 국내외 전후보상 소송에 대한 일본정부의 대응을 대내적·국내적 전후처리와 대외적·국제적 전후처리로 대별한 바 있다. 다카기 겐이치 저/ 최용기 역, 『전후보상의 논리』, 1995, 51~57쪽

42 오오누마 야스아키, 앞의 책, 81~182쪽.

제2장

소련:
점령지의 전후 복구와
한인의 송환 문제

방일권

소련 측 자료의 검토조차 없이
되풀이된 무수한 억측들

▼

국내에서 '사할린한인사' 연구가 등장한 시기는 1970년대 초반으로 거슬러 올라간다.[1] 하지만 아직까지도 해방 후 한인사와 관련된 주요 사건에 관해 구체적으로 밝혀진 바가 없다. 심지어는 1945년 8월 남사할린을 점령한 소련이 한인을 왜 그토록 붙잡아 두고 있었는지, 이들의 규모는 얼마나 되는지, 점령당국은 이들을 어떻게 통제·관리하였는지, 그리고 억류의 궁극적인 목표가 무엇이었는지에 관해서도 여전히 연구는 지지부진하다.

종전 국면에서 한인 송환문제에 관한 소련의 입장과 태도는 과연 어떠했을까. 처음부터 한인을 붙잡아 둘 의도가 있었는가, 아니면 처음에는 송환하고자 했으나 그럴 수 없었던 무언가 또 다른 이유가 있었는가. 기존 연구에 따르면 소련 측은 1970년대 초 일부 한인에 대해 송환을 추진했던 것으로 보인다. 그렇다면 해방 직후 줄곧 '억류'를 고집하던 소련이 굳이 이 시기에 갑자기 부분적 귀환을 허용하는 방향으로 선회한 까닭은 무엇일까. 그리고 그 후 다시 일소 간 교섭이 교착상태에 빠지자 1980년대 후반까지도 이 문제가 진척을 보지 못한 원인은 어디에 있는가. 이러한 기본적인 의문을 풀기 위해서는, 그리고 정체되었던 한인 송환문제를 둘러싼 외교적 교섭이 1990년을 전후로 급물살을 타게 된 역사적 배경을 살펴보기 위해서는 무엇보다도 문제의 원점을 되짚어봐야 할 것이다. 즉 해방 직후 한인이 억류되었던 사할린 안팎의 상황을 다각적으로 살필 필요가 있다.

연구사를 되짚어보면 사할린한인의 귀환과 그 책임 문제는 해외 연구자들 사이에서도 결코 간과할 수 없는 연구 주제였다. 일본에서는 사할린한인의 귀환문제에 대한 일본 정부의 무책임한 태도를 비판하며 귀환운동의 전개과정을 다룬 미타 히데아키三田英彬[2], '전쟁 수행에 필요한 노동력 확보를 위해 사할린으로 강제 연행한' 대부분의 한인을 종전 후 그대로 방치한 일본 정부의 전후책임을 지적한 오오누마 야스아키大沼保昭[3] 등의 연구 성과가 발표되었다. 러시아에서도 '일본정부는 한인을 버리고서 자국민인 일본인만 데려갔다'고 비판한 복지고우Бок Зи Коу[4]를 비롯해 저명한 한인사 연구자 쿠진Кузин А.Т[5], 사할린한인 출신 연구자 박승의[6] 등도 역시 이 문제의 1차적 원인으로 일본의 책임을 강조했다. 그런데 세부적으로 들어가 보면 사할린한인 미귀환 책임에 관해 상기 연구자들의 주장이 반드시 일치하는 것만은 아니다.

이 가운데 특히 방대한 사료를 검토한 쿠진의 언급에 주목할 필요가 있다. 그는 "국제법적 관점에서 귀환의 미실현 책임이 일본에 있다는 것은 명백하다."고 주장하면서도, 소련이 "다수 한인의 운명에 대한 역사적 책임을 … 떠안지 않으면 안 되었다."며 소련의 입장을 미묘하게 옹호하고 있다.[7] 여기서 쿠진이 주장하는 소련의 '역사적 책임'이란 과연 무엇을 뜻하는가. 그것은 아마도 한인으로 인해 가중될 안보라든가 물질적 지원 부담을 의미할 것이다. 그런데 "미국, 일본, 한국이 소련의 '선의'에 기대어 국제법에 따라 사할린한인을 귀환시키는 것이 원천적으로 불가능한 일은 아니었다."고 주장하는 것을 보면, 그는 최소한 소련 측에 제기된 적극적 의미의 '억류 책임'은 부정하는 입장에 서 있음을 알 수 있다.[8] 물론 이것은 이데올로기적으로 대립하던 상황에서 한인의 미귀환 책임을 소련 측에 줄곧 떠넘기려 한 일본 측에 대한 반박이다. 아무튼 우리 입장에서는 그의 주장과 관련해 구체적 사실 관계를 확인해 보아야 할 것이다.

또한 최근 러시아에서는 귀환문제와 관련해 주목할 만한 일련의 연구들이 발표되었다.

첫째, 1940년대 후반 이래 남사할린 거주 일본인 귀환 문제를 다룬 뽀드뻬츠니코프 В. Л. Подпечников와 소장학자 인나 김 И. Ким의 연구를 들 수 있다. 이들 연구는 사할린한인의 귀환 문제를 중점적으로 다루지는 않았다. 하지만 일본인 송환 문제를 둘러싼 소련 측 내부의 논의와 결정 과정을 세밀히 추적함으로써 결과적으로 당시 한인의 귀환문제를 고찰할 때 필요한 상당한 배경적 지식을 제공하고 있다. 특히 상기 연구자들의 성과는 귀환 문제를 결정하는 데 영향력을 행사한 3주체(군부, 중앙정부, 사할린 지방 행정당국)의 상호 교섭과정을 상세히 밝혀주었다. 뿐만 아니라 민간인 귀환에 부정적인 입장을 천명한 인물로서 남사할린 주州 초대 민정국장 크류코프 Д.Н. Крюков의 주장을 상세히 소개함으로써 그의 입장이 한인들의 운명에도 상당한 영향을 끼쳤을 개연성을 시사했다.[9]

둘째, 사할린한인 귀환 문제를 본격적으로 언급한 러시아 연구자 율리아나 진 Ю. Дин의 최근 성과가 있다.[10] 진은 사할린과 모스크바 소재 관련 사료들을 기초로 하여 군과 중앙 및 지방당국 간의 논의를 살폈다. 특히 그녀는 일본 민간인과 사할린한인의 송환문제를 상호 연계해 분석한 뒤 소련 측이 사할린한인을 북한으로 송환하고자 매우 구체적으로 계획을 검토했다는 사실을 러시아 사학계에 처음으로 제시했다.

사할린한인의 '북송' 계획은 이미 1993년에 국내에 알려졌고 이를 활용한 논문도 나왔다. 한혜인은 사할린한인 귀환 문제를 해방 이후부터 1970년대 중반까지 추적했다. 그녀는 한국, 일본, 소련 및 북한의 관련 정책과 논리를 비교 분석했는데. 소련 측은 일본인 송환에 따른 노동력 손실을 염려한 나머지 한인 노동자를 최대한 현지에 정주시키려는 정책을 구사했다고 평가했다.[11] 다만 이 연구는 사료 구사와 관련해 1945~1950년 시기의 검증되지 않은 국내 언론기사를 주로 활용하였고, 귀환문제의 시기별 성격변화나 차이점을 간과함으로써 보완의 여지를 남겼다. 또 황선익은 사할린 일본인 송환 문제에 대한 연합군총사령부GHQ/SCAP(이하 GHQ)와 소련 간의 협의 과정과 국내 여론 등을 살폈다. 그는 '해방국민'이라는 모호한 국적 규정으로 인해 한인은 귀환의 주체도, 외교교섭의 대상도 되지 못하였고 '소련의 강력한 전후복구정책', '해외 한인에 대한 모호한 국적 규정', '귀환 부담을 지려하지 않는 소련의 대미 교섭태도 등으로 말미암아' 억류되었다고 주장했다.[12] 그러나 그 역시 대미 교섭에 앞서 소련 측의 입장이 내부적으로 과연 어떻게 정리되어 갔는지에 관해서는 향후 연구과제로 남겨두었다.

사할린한인의 귀환사 전반을 다뤘다는 점에서 연구범위가 다소 넓기는 하지만 최기영은 「한인의 사할린 강제 이주와 귀환」에서 해방 직후 사할린한인이 귀환하지 못한 주된 이유로서 노동력이 시급했던 소련 당국의 억류 의도를 지적했다. '여하한 수단을 쓰더라도 전쟁에서 잃은 노동력을 보충해야' 했던 '소련 군정은 연합국과의 거류민 송환협정을 최대한 연기하고자 했고', 거주민에 대한 신분조사를 실시해 한인을 무국적자로 취급한 조치 역시 '결과적으로 사할린 거주 한인의 송환을 원천적으로 봉쇄하겠다는 소련 당국의 의도를 드러냈다'는 주장이었다.[13] 물론 그의 주장은 한인의 국적조항과 관련해 불리한 주장을 견지해 온 '일본 정부의 무책임에서 비롯된 일'임을 전제로 하고 있다.

위에서 보듯이 한국의 관련 연구는 아직까지도 러시아 측 사료들을 엄밀히 분석하지도 못한 채 한인의 '억류'는 소련의 의도로 추진되었으며, 그 주된 동기는 노동력 활용 때문이었다고 다소 선험적인 주장을 되풀이하고 있다. 그러나 이러한 주장이 학문적으로 설득력을 얻기 위해서는 최소한 소련 측이 혹여 한인 노동력을 확보하는 대가로 '비인도적인 억류'라는 국제적 비난에 직면할 가능성을 부담으로 여기지는 않았는지, 혹은 '억류'에 대한 비난을 감수하더라도 한인 노동력을 중시할 수밖에 없었던 관련 자료를 발굴하여 제시하든가, 최소한 이에 기초해 전격적으로 '억류'를 결정한 시기 등에 대한 구체적인 검증이 필요할 것이다.

이 장은 1945년 8월 이후 1950년 한국전쟁 발발 이전까지 남사할린한인의 귀환 문제와 관련한 기본적인 의문들을 러시아 내부 자료를 통해 해명해보고자 하는 시론적 성격의 글이다. 이에 사할린한인 문제에 대한 소련 측 내부의 논의과정과 1940년대 후반 사할린한인의 송환·억류와 노동력 활용의 상관관계 등을 집중 검토하고자 한다. 특히 기존 연구들은 공통적으로 노동력 활용 차원에서 한인의 억류가 결정되었다고 주장하고 있으므로, 과연 소련이 언제부터 본격적으로 버려진 한인들을 대상으로 소련식 노동 관리 및 감독을 실시하였는지를 구체적으로 검토해 보고자 한다.

이를 위해 기존 연구에서는 활용하지 않았던 소련 측 내부 자료를 적극적으로 발굴해 관련 내용을 충실히 검토하고자 한다.

첫째, 한인 송환문제에 남다른 영향력을 행사한 인물로 알려진 남사할린 초대 민정국장 크류코프의 회고록[14]을 살폈다. 이 사료는 국내에서는 처음으로 활용되는 것으로서 비록 개인의 주관적 입장이 강하게 반영되어 있기는 하지만 공식 사료들로는 접근할 수 없었던 새로운 사실들을 풍부하게 기술하고 있어 의미 있는 비교 기록이라고 볼 수 있다.

둘째, 러시아연방국립기록보존소ГАРФ의 5446(소련각료회의 결정)과 9401(내무부), 9526(소련각료회의 송환업무 전권국) 기록군Фонд 에서 '일본인 송환 관계자료'를 면밀히 살폈다.[15] 이들 1차 사료군을 검토하면서 각별히 고려한 부분은 1946~1948년 시기까지 소련 각 료회의Совет министров, 즉 중앙행정당국이 송환 업무를 총괄했다 고는 하지만 사실상 극동 지역의 송환 업무는 군 출신자들이 전권 을 행사했다는 점이었다.

셋째, 사할린주국립역사기록보존소ГИАСО에 보존된 한인 관련 사할린 주당국 행정문서들을 활용하였다. 이 과정에서 특히 기록 군(폰트) 53(사할린주 인민대표회의)과 171호(민정국) 기록군이 매우 중요한 자료임을 확인하였다.[16] 그 안에는 1946~1953년 사이 현지 지역 공산당 및 행정 기관들이 생산한 기록물들이 다수 포함되어 있어 점령 초기 한인 사회의 생활실태와 '억류'의 실상을 밝히는 데 유용한 내용들을 담고 있다.

잘못 끼운 첫 단추:
1946년 미소 간의 송환 협정
▼

1946년 12월 19일 미국과 소련이 최종 합의한 '소련 점령지구 송환에 관한 미소 간 협정(이하 '미소 간 협정'으로 약칭)'에 따라 모든 일본인 전쟁 포로와 더불어 민간인一般邦人도 '각자 희망에 따라' 모국 귀환이 가능해졌다. 사할린의 경우 일본인은 민간인이 절대 다수를 차지했으므로 이들이 귀환 대상이 된다는 것은 그 자체로 서 한인들에게도 영향을 미칠 수밖에 없는 사안이었다. 협정문의 내용은 다음과 같다.

소련 점령지구 송환에 관한 미소 간 협정(1946.12.19)

소비에트사회주의공화국연방과 그 지배하에 있는 영토의 일본인 포로 및 일반
일본인의 인양(引揚), 북위 38도선 이북의 한반도로 돌아가는 재일조선인 송
환에 관해 본 협정을 체결하였다.

제1절
본 협정의 전 항목에 대해 대일이사회 소연방 대표와 연합국최고사령부 대표는
완전한 타결을 보았으므로 본 협정 말미에 양 대표가 서명하였다.

1. 다음에 해당하는 자가 소연방 및 소연방 지배하에 있는 영토에 재류하는 송
   환 대상자이다.
   1) 일본인 포로.
   2) 일반 일본인(이들의 경우 송환 당사자 각 개인의 희망에 따른다).
2. 일본에서 북한지역으로 송환하는 자는 일찍이 북위 38도선 이북 한반도에
   거주하였고 이 지역에서 출생한 조선인 1만 명을 대상으로 한다.

제2절 송환항 및 송환자 수
1. 다음의 항구가 소연방 지배 하 영토에 재류하는 일본인 송환에 사용된다.
   나호트카, 마오카(현재 홈스크), 원산, 함흥, 대련
   제1절 제2항의 일본에서 송환하는 조선인은 사세보(佐世保)항을 이용한다.
2. 전기한 소연방 항구에서 송환하는 일본인 수는 월 5만 명으로 한다.
3. 일본에서의 조선인 송환은 왕복수송 방법을 통해 북한에서 일본인 1만 명
   을 송환한 뒤 동시에 실시한다.
4. 본 협정체결에서 양 대표는 예견되지 않은 상황 변화의 경우 소정의 항구 및
   송환자 수를 변경할 권한이 있다(승선항의 기후 변화에 따른 제 조건 등).

제3절 승선처리 및 수송
1. 본 협정 제1절에 기재한 송환항의 수송선은 일본의 연합국최고사령관이 제
   공한다. 송환선에는 전기한 수송담당자 외에는 탑승할 수 없다.
2. 송환항의 송환자 집결 및 송환자 승선 책임은 각 송환항의 송환담당관에게
   있다. 이 관헌은 동시에 각 송환선에 승선시켜야 할 송환자의 선택, 승선 순
   서 입안 및 감독에 관해 모든 책임을 진다.

---

3. 제2절 1항에 기초해 송환선을 소연방 송환항에 파견할 경우 연합국최고사령관은 다음의 부속 제1, 제2항에 기재한 조건에 해당하는 수송능력을 갖춘 송환선을 선택한다. 본 조건 하에서 송환선은 각 송환선의 최대 승선 가능 인원을 수용한다. 송환선은 대일이사회소련대표가 연합국최고사령관에게 통고한 날부터 14일 이내에 제2절 제1항에 기재된 소연방 송환항에 도착해야만 한다.

4. 일본인 송환자는 소연방 송환항 및 소연방 지배 하에 있는 송환항에서 소연방관헌에 의해 러시아어로 기재된 인명부 및 인도서에 기초해 송환자 수송을 위해 일본으로부터 도착한 송환선 선장에게 인도한다. 일본에서 송환하는 조선인을 수송하는 송환선이 원산, 함흥에 도착할 때 송환자들은 영어로 기재된 인명표 및 인도서에 기초해 소연방 관헌에게 인도된다.

5. 연합국최고사령부의 감독 하에 있는 송환선은 소연방 영해 및 소연방 지배 하의 영토의 영해에서 부속 제1호에 기재된 바와 같이 소연방측이 인정한 해로 및 규칙을 따른다.

6. 통상의 해상교통신호는 부속 제2호에 기재된 규정에 따라 실시한다.

제4절 송환자 및 송환선에 대한 보급
1. 연합국최고사령부는 일본정부로 히여금 다음 조건을 실시하도록 감시할 책임이 있다.
   1) 승선 시부터 목적항에 도착할 때까지 송환자에게 지급할 전 식량의 보급.
   2) 송환자 수송중 전 항해 과정에 필요한 의료설비 및 보급.
   3) 송환선 항해 연료를 포함해 항해에 필요한 물자 및 나호트카항을 향한 송환선의 음료수, 승선항 도크 및 정박 중인 기간을 포함하는 전 항해과정의 보급.
2. 소연방측은 송환자 수송을 위해 도착한 송환선이 긴급한 경우(선박 고장) 가능한 한 최선의 지원을 하는 데 동의한다. 전기한 사태가 발생한 경우 송환선 선장은 소련 측으로부터 받은 원조에 소요된 비용계산서에 서명해야만 한다. 본 건에 필요한 비용은 미화로 연합국총사령관이 소연방 측에 지체 없이 지불해야만 한다.

제5절 위생 및 의료상의 처치
1. 양자 모두 각각의 송환항에서 모든 송환자에 대해 다음과 같은 의료상의 처치를 실시할 의무를 진다.
   1) 천연두 접종은 전 송환자에게 실시할 것.
   2) 발진티푸스 주사는 전 송환자에게 실시할 것.
   3) 콜레라 주사는 전 송환자에게 실시할 것(봄과 겨울).

4) 소독은 전 송환자 및 송환자가 소지한 하물에 실시할 것.
2. 전기 제1항에 기재한 병명의 환자는 일체 승선을 금지한다.
3. 전기 처치가 완전히 실시되었다는 사실을 소연방대표 및 송환선 선장이 서명한 송환자인도 및 수령서에 명기해야 한다.
4. 송환을 위해 배선된 선박은 일본에서 청결히 소독해야 한다.

제6절 송환자의 소지품
1. 일본인 포로의 소지품은 관세규칙에 따라 반출이 허가된 개인 소지품으로서 손으로 운반할 수 있는 범위 내에서 허가한다.
2. 일반 일본인은 관세규칙에 따라 금지된 물품을 제외하며, 각자 100킬로그램 중량 범위 내에서 반출을 허가한다.
3. 일본인 포로 및 일반 일본인에 대해 귀환시 각자 소지한 개인서류 및 다음 한도를 초과하지 않는 일본 엔화 소지를 허가한다. : 장교 5백 엔, 병 2백 엔, 일반 일본인 1천 엔. 모든 송환자는 일본 금융기관에서 발행하고 일본에서 지불 가능한 각자의 우편통장, 은행예금통장 및 기타 증서의 반출을 허가한다.
4. 일본에서 송환되는 조선인은 1인당 200킬로그램을 한도로 하여 자유로이 그리고 무관세로 각자가 소유한 가정용품 및 1인당 1천 킬로그램(Kg)을 초과하지 않는 한도의 경기계 및 수동기계를 반출할 수 있다.
5. 북한으로 송환되는 조선인은 각기 다음의 물건을 반출할 수 있다.
   1) 1인 1천 엔.
   2) 일본 및 조선에서 발행된 우편저금통장 및 은행예금통장.
   3) 일본 및 조선에서 발행된 보험증서.
   4) 일본에서 발행되고 일본에서 지불 가능한 수표, 어음 및 예금증서.

본 협정문은 영어와 러시아어로 작성되었으며 양자의 번역 내용을 대조한 결과 공정하고 정확함이 확인되었다.

1946년 12월 19일
일본, 동경
소비에트사회주의공화국연방대일이사회대표 육군중장 데레비안코(K. H. Деревянко)
연합국최고사령관 대표 육군중장 뮐러(P. J. Mueller)

비고: 厚生省援護局, 「引揚げと援護三十年の歩み」, 1978 (이연식, 「해방 후 한반도 거주 일본인 귀환에 관한 연구」, 서울시립대 박사학위논문, 2009, 349-351쪽, 협정문 전문 번역자료에서 재인용)

일본의 패전 후 미국과 소련은 주변 지역의 재편과 전후처리를 주도하고자 했다. 이 시기는 제2차 세계대전의 승리를 위해 잠시나마 협조하였던 양 측의 우호적 협력 구도가 와해되면서 서로 결별을 향해 가는 과정이었다. '소련 점령지구 송환에 관한 미소 간 협정' 시기는 양국이 서로의 경계를 확정하며 냉전을 향해 나가는 시기였다. 양국이 상호 견제하면서 대립하던 사안 중에는 포로 송환과 그에 따른 비용, 패전국의 배상 문제를 비롯해 일본 영토의 분할 문제가 있었다. 독일과 오스트리아의 영토 분할에서 보듯이 유럽에서 2차대전을 도발한 국가들은 예외 없이 '분단'이라는 징벌을 받았다. 이탈리아 역시 작은 지역이나마 잠시 분할된 경험이 있었는데 그나마 1943년에 무솔리니를 내쫓고 연합국과 휴전한 덕분에 더 큰 참사를 막을 수 있었다. 그 연장선에서 추축국 일본의 영토 역시 분할될 위기에 놓여 있었다. 실제로 스탈린은 일본의 '분할점령'을 끈질기게 요구했다. 만일 본토의 분할 점령이 허용되지 않는다면 홋카이도만이라도 분할점령하자고 제의할 정도였다. 결과적으로 소련의 제안은 트루먼의 거부로 실행되지는 못했다. 하지만 1945년 8월 안으로 '쿠시로와 모로이를 잇는 선 이북의 홋카이도 영토를 소련이 점령하고, 그밖에 도쿄에도 소련군 주둔 지역을 제공하도록 맥아더 사령부에 요구하라'고 하부 당국에 명령을 내린 사실이 소련 측 자료에서 확인되고 있다.[17]

미소 간에 민간인 송환 논의가 진전된 배경에는 물론 국제 관계와 정세 변화가 자리하고 있지만, 그 보다 직접적으로는 포츠담 선언에서 언급한 '일본군의 무장해제와 본국 송환의 이행'이 주효했다는 사실을 언급해 둘 필요가 있다. 기본적으로 포츠담 선언에서는 군 병력의 송환을 명기하였을 뿐 민간인의 송환은 부차적으로 치부되었다. 인도주의에 관한 국제법의 기초로 여겨지는 제네바협약에서 전시 민간인 보호 문제는 1949년 제4차 협약에서 채택되었다. 이것은 1907년 헤이그협약의 제4항을 보완한 것으로서 전장에서 군 부상자의 상태 개선에 관한 제네바협약이 1864년에 처음 체결되었고, 전쟁포로 대우에 관한 제네바협약이 1929년(제2차)에 채택되었던 사실을 돌이켜보면 민간인 보호 문제는 한참 후에야 비로소 관심의 대상이 되었다. 이처럼 군 포로를 중심으로 송환 협의의 기본 원칙이 협의되었기 때문에 사할린한인이 대부분 38도선 이남 출신자로서 그곳으로 끌려갔을 때 '일본군'이 아니라 '민간인' 노동자 신분이었다는 것은 연합군총사령부 측의 송환 교섭을 가로막은 주된 요인으로 작용했다.

멀어진 귀향의 꿈

▼

3만 명에 가까운 사할린 '잔류' 한인[18] 사회는 일본 패전 후 이제는 '해방국민'이므로 패전한 일본인들보다 먼저 귀국할 것으로 예상했다. 이것은 각종 증언들로 거듭 확인된다. 즉 1945년 8월 당시 귀환선 승선 거부를 경험한 한인들은 코르사코프(구 오도마리大泊) 항구에 머물며 상당 기간 동안 귀환명령 조치가 내려지기만 기다리다가 허망하게 집으로 돌아온 경우라고 할지라도 결코 보따리를 풀지 않은 채 생활하였다. 1945년 겨울과 1946년 초에 일부 한인들은 개별적으로 귀환을 요청하는 청원서와 편지를 지방과 중앙 당국에 과감히 발송했다. 그 결과 사할린 민정국장 크류코프는 한인과 일본인 등으로부터 쇄도하는 개별적인 귀환 청원 요청과 문의에 대해 어떻게 답할 것인지 공식적인 지침을 내려달라고 당시 소련 인민위원회 부의장 미코얀A.И. Микоян에게 요청할 정도였다.[19] 임시 직으로 노동 현장에 머물며 하루하루 버티던 한인들은 여타 주요 도시에서도 쉽게 찾을 수 있었다. 그들의 최대 관심은 고향으로 돌아가는 것 뿐이었다.

그 결과 1946년 말 일본인의 송환 결정 소식은 한인들에게 심리적으로 큰 충격이 아닐 수 없었다. 지방 당국은 한인들이 '작업장으로 복귀를 거부하거나, 보다 적극적인 귀환 촉진을 요구하는 대규모 집회를 개최'하는 등 집단적 의사 표현에 나서자 긴장하였다.[20] 이들은 소련군 극동군사령관구를 상대로 직접적인 의사 표현에 나서기도 했다. 군 관계자들 스스로 "일본인들의 귀환을 목도한 한인들은 귀환 결정이 지체되는 것을 매우 고통스럽게 인식하고 있다."[21]고 인정했다. 한인 김정연은 스탈린에게 보낸 청원 형식의 1947년 4월 23일자 편지에서, "한인의 귀환이 올해에는 가능하겠는가?"라고 직접 물은 바 있다. 당시 김정연의 청원은 소련 외무부 책임자 몰로토프B.M. Молотов에게 전달되었고 모스크바 수뇌부는 그해 10월 초에 이 문제를 논의하였다. 기록에 따르면 김정연 뿐 아니라 '몇몇 한인은 수차례에 걸쳐 지방 당국과 군관계자들에게 꼬레야Корея(조선)으로의 귀환을 요청하고' 있었다.[22] 즉 다수의 한인들이 소련의 여러 정책결정 채널을 상대로 자신들의 귀환 의지를 명백히 천명하고 있었다.

이로써 소련 최고지도부에 이르기까지 주요 정책 결정자들은 사할린한인의 존재를 명확히 인식하게 되었고 아울러 이들의 귀환 문제를 어떻게든 결정해야만 한다고 판단하게 되었다. 1947년 6월 19일에 외무장관 몰로토프가 이 문제를 검토하면서 23,298명으로 집계한 남사할린 "한인의 귀환에 대해서는 그 어느 측도, 그 누구에게도 구체적인 지침을 내린 바가 없다."며 1946년 12월 19일 '소련 점령지구 송환에 관한 미소 간 협정'상의 합의 사항을 재확인한 것도 이와 같은 맥락에서였다.[23]

계획과 다른 일본인의 송환

▼

일본인의 송환 방식과 절차는 이미 미소 간의 전후처리 결정 과정에서 확정되었다. 그런데 여기서 주목할 대목은 송환업무를 직접 주관한 당국자들의 인식이 궁극적으로 그 후 남겨진 한인의 송환 결정에 직접적인 영향을 미칠 수밖에 없었다는 점이다. 따라서 1947년부터 실시된 일본인의 송환 과정 외에도 해당 실무 참여자들의 견해와 주장 또한 면밀히 살펴볼 필요가 있다. 이와 관련해 일본인 송환에 관한 소련 측의 결정과 실행 과정의 구체적인 양상을 밝힌 김И.П. Ким의 논문[24]은 중요한 실마리를 제공하고 있다.

미소 간 협정에 따른 남사할린 일본인의 송환 문제는 소련 각료회의Совет Министров에서 구체적 실무지침들이 결정되었다. 그리고 구체적인 업무의 실행은 민정국 책임자인 크류코프Д.Н. Клюков에게 일임했다. 당시 각료회의 결정에 따르면 결빙기인 12월부터 3월까지의 기간을 제외하고 8개월 동안 매달 3만 명씩의 일본인을 송환항으로 지정된 '마오카'에서 홋카이도北海道로 돌려보내기로 하였다. 일본 점령기의 주요 항구였던 마오카는 소련의 행정 명칭 변경에 따라 1946년 6월 5일자로 홈스크Холмск로 이미 개칭되었다. 하지만 미·소 간 협정에는 여전히 '마오카Маока'로 표기되어 있었고, 귀환

대상자의 임시 거주 시설은 인근의 379호 수용소로 결정되었다.

일본인의 첫 송환은 1947년 4월 20일 시작되었다. 이 때 돌아간 일본인 2만 4,307명을 시작으로 하여 1949년 7월 22일까지 2년 넘게 추진된 송환작업을 통해 모국으로 귀환한 일본인 민간인은 모두 27만 2,335명이었다. 같은 시기 일본 민간인 외에도 일본군 포로 역시 8,303명이 사할린에서 일본으로 돌아갔다.[25] 여기서 특기할 점은 미소 간 협의에서 귀환 대상자를 '귀환을 희망하는 일반 일본인'으로 한정하였고, '예측할 수 없는 정세 변화에 의해 … 송환자 수를 변경할 권한'을 협정체결 대표에게 부여했다는 점을 감안하더라도, 당초 계획에 비해 사할린 일본인의 송환이 순조롭게 진행되지 않았다는 사실이다.

1946년 초 사할린 민정국이 파악한 바에 따르면 당시 거류 일본인 민간인 수는 28만 1,653명이었다. 이것을 귀환자 총수와 대비해 보면 거의 모두 송환된 셈이지만, 본래 예정한 바에 따르면 1947년에만 전체 대상자의 91%에 해당하는 25만 6,968명을 조속히 송환시키도록 되어 있었다. 그리고 1948년에는 1만 6,213명을 송환시켜 사실상 사업을 종결했어야만 했다.[26] 그러나 1947년에 실제 사할린을 떠난 일본인은 16만 701명에 그쳤을 뿐만 아니라 1947년 11월 17~18일자 사할린 주 당국 보고서에 따르면, 1948년 송환 예정 일본인 수는 11만 2,480명으로 기록되어 있다.[27] 결국 1947년 6월 10일까지 돌아간 일본인 민간인 수가 7만 7,076명임을 감안한다면, 1947년 하반기에 돌아간 자는 8만 3,625명에 불과했다는 이야기가 된다. 이처럼 일본인 송환자 수는 사업이 진행될수록 줄어드는 추세를 보였고, 심지어는 1949년 상반기까지도 일본인의 송환은 '미완료' 상태로 남아 있었다.

노동력 부족 문제를 둘러싼 견해차:
사할린 민정국과 극동군

▼

　일본 민간인의 본국 송환 업무가 애초 계획보다 많이 지연된 책임은 누구에게 있는가? 그 실마리는 1946~1947년 사이 모스크바로 발송된 극동 소련군 관계자들의 보고에서 찾을 수 있다. 이들 보고서에는 남사할린 민정국장 크류코프라든가 사할린주 당 제1서기 멜니크Д.Н. Мельник 등의 이름이 자주 등장한다. 그리고 "반드시 매달 3만 명의 일본인을 379호 수용소로 보내야 한다."는 내용이 지속적으로 언급되는데, 이들 보고서에는 심지어 사할린주당이 '송환 계획의 실패 책임'을 져야만 한다는 표현까지 나타나 있다.[28]

사할린 민정국장 크류코프(맨 오른쪽)

　민정업무 책임자들이 매달 3만 명의 일본 민간인을 수용소로 결집시켜야 할 의무를 방기하고 있다는 군 관계자들의 이러한 지적에 대해 크류코프는 다음과 같은 논리로 자신의 입장을 방어했다.

첫째, 수송 및 기후 사정이 송환업무 진행에 영향을 미치고 있다고 어려움을 호소했다. 가령 크류코프는 1947년의 경우 업무의 원만한 추진을 위해 원거리 거주자인 우글레고르스크 및 레소고르스크 등 원격지의 일본인을 먼저 귀환시키고 있어 어려움이 가중된다고 했다.[29]

둘째, 일본인 스스로가 모국 귀환을 서두르지 않고 있다고 강조했다. 즉 그 배경에는 개인적으로 귀환을 미루어야 할 개별적인 이유도 있겠으나, 해외 도처에서 수백만 명이 한꺼번에 일본 본토로 밀려드는 상황이므로 당장 일자리를 구할 수 없을 것이라는 염려가 일본인들이 귀환을 망설이는 더 큰 원인으로 작용하고 있다고 주장했다.[30]

셋째, 아울러 민정국장은 일본인 송환 대상의 우선순위 문제를 제기했다. 1947년에 송환될 1순위 대상자는 일본인 관리와 주요 사업 등의 시설 관리자, 지식인, 군인 및 그 가족이었다. 그 다음 2순위는 일본인 노동자와 농민으로서 이들은 1948년에나 송환이 가능한 상황이었다. 그리고 마지막은 의사, 교사, 엔지니어 및 여타 기술자(가령 철도 업무 종사자) 등의 기간 시설 관련자들로서, 이처럼 각 송환순위 단위로 귀환 대상자를 매달 3만 명씩이나 모으는 작업은 결코 쉽지 않다고 주장했다.[31]

여기서 우리가 주목해 볼 대목은 사할린 대민 업무 최고책임자의 주장이 얼마나 '사실에 부합하는가' 하는 점보다는 일본인 송환 업무와 관련해 실무 담당자가 근본적으로 이 작업에 대해 부정적 입장을 강하게 내비치고 있었다는 점이다.

실제로 크류코프는 일본인들을 지정된 수용소로 집결시켜야만 했던 1947년 초에도 군의 협조 요청을 무시하거나 내내 비협조적인 태도를 견지했다. 크류코프는 여러 핑계를 대면서 업무를 회피했다. 개중에는 연락이 원활하지 않았다거나, 행정절차가 제대로 갖추어지지 않았다거나, 심지어는 '내가 바로 그 일을 맡아 처리해야 할 당사자인지 몰랐다'는 이유를 들기도 했다. 또 때로는 "내각 (정부)로부터 구체적인 지시가 없었다."면서 379호 수용소로 일본인들을 수용하는 작업에 제동을 걸기까지 했던 것으로 보고되었다.[32]

사할린 민정국장이 이같이 판단한 근거는 무엇이었을까? 앞서 언급한 내용에서 일말의 힌트를 얻을 수 있다. 즉 기술자를 마지막 귀환 대상자로 간주한다는 것은 그의 의중을 정확히 반영한 것이었다. 당장 많은 수를 확보할 수 있는 노동자와 농민을 1순위가 아닌 2순위 대상자로 지정한 이유와 관련해 크류코프는 새로 편입된 영토의 산업시설을 정상적으로 가동하고, 아울러 추수를 마쳐야 했기 때문이라고 지적[33]했던 것이다. 모스크바로 보낸 문서에서도 그는 "일본인들을 당장 그들이 담당하고 있는 생산 현장에서 빼내는 일은 정부의 농업과 공업 생산계획에 차질을 빚을 위험이 있다."고 밝히면서 민간인 송환자를 월 3만 명에서 1만 명 선으로 낮추도록 송환 속도의 조절을 제안했다.[34]

이쯤 되면 크류코프가 품은 불만의 원인은 분명해 보인다. 즉 일본인 송환문제와 관련해 당국의 정책 결정과정에서 사할린 지역의 생산력 확보와 노동력 부족 문제가 충분히 고려되지 못했다는 것이었다. 그리고 이것은 궁극적으로 전후처리에 그다지 관심이 없었던 군이 민간인까지 포괄해 송환 업무를 주도하고 있기 때문에 발생한 것이라는 개인적 판단에 근거했다.

민정국장으로 임명되기 전에 극동군 장교(중령급)로 근무하였던 크류코프가 이미 합의된 외교적 협정에 노골적으로 불만을 드러내고, 마치 저항하는 듯한 태도를 보인 것은 자칫 모스크바 고위 당국자들에게는 구체적인 근거가 미비할 경우 당돌한 태업으로 비치기에 충분했다. 사실 사할린 지역의 노동력 확보를 위해 민간인을 잔류시키자는 그의 주장은 전후 소련이 새로 획득한 국경 지역에서의 '안보우선정책'에 반하는 것이었다. 즉 적성국과 가까운 곳에 위치한 외국인 거주자의 집주현상을 막기 위해서라도 전쟁으로 획득한 독일·폴란드 인근의 칼리닌그라드주(구 독일 지명 쾨니히스베르크)라든가, 극동 사할린주의 민간인은 각기 본국으로 신속히 돌려보내는 것이 소련의 기본 정책과도 부합했다.[35]

그러자 새로 점령한 지역의 경제발전 및 전후복구 문제와 관련해 군 관계자들은 즉각 상기 주장을 반박하고 나섬으로써 크류코프를 무력화하고자 했다. 극동군관구 관계자들은 일본인 민간인의 매월 송환자 규모를 줄이자는 크류코프의 제안을 정면으로 비판했다. 즉 소련 점령지구 송환에 관한 미소 간 협정의 제2조 2항에도, "소연방 귀환항으로부터 일본인 귀환자 수는 월 5만 명으로 정한다."고 명시되어 있고, "민간인 귀환자가 줄어들면 군 포로 송환자 수를 월 2만 명에서 4만 명으로 늘려야 하므로 … 그 같은 조치는 오히려 매우 어려운 상황을 초래하는 바, 결코 바람직하지 않다."는 것이었다. '민간인의 경우 노동자 1명에 보통 2~3명의 부양자가 딸려 있지만, 이미 조직된 노동력인 군 포로들이야말로 민간 경제와 노동에 있어서도 더 유익하다'는 것이 비판의 주된 이유였다.[36]

이러한 군의 날 선 비판은 모스크바의 최고 당국자들을 상대로 한 일종의 시위적인 성격도 띠고 있었다고 볼 수 있다. 소련은 종전 직후인 1945년 8월 23일, 국가방위위원회 결정 9898호에 의해 일본군 포로 50만 명의 전후복구 동원을 결정한 바 있다. 또 1946년 4월에는 시베리아에 수용된 포로 5만 명을 중앙아시아로 이송하였고, '소련 영토 안의 병약한 포로 2만 명을 북한 내 건강한 포로 2

만 2천명과 교환'하라는 명령을 내릴 만큼 구 일본세력의 전후복구 동원에 적극적인 입장을 유지하고 있었다.[37]

모스크바 중앙정부의 입장

▼

민간 업무를 담당하는 당국자와 군 관계자 사이에 벌어진 사할린 내 일본인 노동력을 둘러싼 논쟁은 일단 군의 승리로 일단락되는 듯 보였다. 노동력 부족을 이유로 내세운 사할린 민정국의 저항은 앞서 보았듯이 대내외적인 측면에서 근거가 박약했다. 그럼에도 불구하고 시간이 흐를수록 일본 민간인 송환작업의 흐름은 약화되거나 지연되었다. 그 이유를 캐기 위해서는 크류코프의 '태만'을 모스크바 중앙 당국이 어떻게 인식하고 대응했는가 하는 점을 살펴야 할 것이다.

군의 강력한 반발과 비판에도 불구하고 크류코프는 모스크바의 지도자들을 상대로 일본인의 송환이 사할린주의 농업과 공업 부문에 심대한 해악을 끼치고 있다는 자신의 주장을 결코 포기하지 않았다. 당시 소련 각료회의 의장대리를 역임하고 있었고 훗날 전 케이지비KGB 의장으로 이름을 알리게 되는 베리야Л.П. Берия와 대외교역부 장관 미코얀А.И. Микоян, 그리고 1947년 말 소련 각료회의 부의장이 된 코시긴А.Н. Косыгин에게 올린 보고에서 그는, "귀환은 어차피 완결될 터이다. 하지만 그때까지는 생산을 위한 인력이 필수불가결하다."는 사실을 부디 이해해 달라고 요청했다.[38]

그의 주장은 곧 민간부문을 관장하는 고위 지도자들의 동조를 얻었다. 그의 보고를 받은 소련 중앙 당국의 주요 실력자들은 보고 서 위에 각기 동감의 뜻을 적어 두었던 것이다. 이렇게 모스크바 중 앙정부가 송환 문제와 관련해 크류코프의 태도에 단호한 시정을 요 구하기보다는 오히려 자신의 임무를 방기하고 있던 그에게 긍정적 인 반응을 표명한 이유가 무엇이었는지를 밝히는 것이 향후 중요한 연구 과제가 될 것이다.

크류코프의 보고에 대한 모스크바 실력자들의 동의는 단순히 원칙적인 차원에 국한된 것이었을까? 이에 대한 직접적인 답을 제 시해 줄 구체적인 문헌자료는 현재까지 확인되지 않았다. 그러나 적 어도 사할린 민간인 노동력 유출에 대한 민정국장의 우려 섞인 주 장이 소련 당국자들에게 호소력을 지닐 수 있었던 이유를 유추해 볼 수 있는 유력한 정황 증거가 있다. 그것은 바로 일본인 유출 현 황과 러시아인 유입 현황이다. 1947년 1월 1일 기준으로 사할린에 도착한 러시아인 이민자는 4,010가구였다. 그 가운데 1,009가구 는 농업에, 나머지 약 3/4은 모두 어업 분야 종사자로 나타났다.[39] 1947년 하반기부터 1949년까지 이주하기로 계획된 가구는 4,200 호 가량이었는데, 이 정도로는 이입자와 이출자 간의 격차를 메우 기에 턱없이 부족했다.

1946년에 북한 지역을 포함해 외국인 노동자를 적극 모집하려 고 준비한 것도 이와 같은 상황과 무관하지 않았다. 소련 내각은 1946년 초 극동 지역의 주요 어업 기지가 당면한 심각한 인력 부족 사태를 해소하고자 3년 계약으로 약 2만 2,000명의 노무자를 북 한 지역에서 모집하기로 합의한 뒤 3월 21일 공식적으로 노무자 모 집을 요청했다. 그 중 사할린으로 유입된 자들은 1946년에 6,475 명(노무자 5,083명과 가족 1,392명)을 시작으로 1949년까지 노무자 가 총 20,891명, 그 가족이 5,174명이었다. 같은 기간 북한으로 돌아간 자는 모두 1만 4,395명이었으므로 잔류자는 1만 1,670명이었다.[40] 따라서 모스크바 중앙 당국이 크류코프의 주장에 동조하게 된 데에는 2가지 이유가 있었다고 볼 수 있다. 일본인 귀환자에 비해 소련 영토에서 들어오는 이주자가 턱없이 모자랐다는 점이 그 첫 번째 이유이자 표면적인 사실이라면, 상대적으로 고도의 전문성을 요하는 공업 분야는 이주민을 통해서도 정상적인 경제활동을 기대할 수 없었다는 점이 더욱 더 중요한 두 번째 이유였다.

그 결과 크류코프는 적어도 외적으로는 군 관계자들과의 갈등을 피하면서도 2명의 각료회의 최고위급 정치가로부터 자신의 의견에 대한 일정 정도의 동의를 얻어내 '생산 현장에서 일본인들을 빼내지 않도록' 하는 데 성공했다.[41] 결국 전쟁으로 새로 획득한 영토의 이주 문제를 담당하던 각료회의 의장단을 비롯해 모스크바 최고위급 정치가들도 크류코프의 주장을 제압하지 못했다.

미소 간 협정에 근거한 송환조치였지만 사할린 일본인의 모국 귀환은 추진 과정에서 해당 지역의 군 당국과 민정국 사이의 견해차와 갈등으로 인해 순탄하게 진행되지 못했다. 사할린 내 경제사정 역시 그저 모호한 태도로 일관한 중앙 당국의 태도와 마찬가지로 마치 안개 속에 쌓인 듯 뚜렷한 개선책도 없는 상태가 지속되고 있었다. 바로 그 때 곳곳에서 비등한 한인들의 모국 귀환 요구는 이러한 상황을 배경으로 하고 있었다.

목숨을 건 탈출과 고발

▼

　1946년 말부터 1949년 7월 22일까지 약 28만 명의 일본인이 사할린에서 일본으로 돌아갔다. 다음 대상이 한인이 되리라는 점은 사할린한인 뿐만 아니라 소련 당국자에게도 명확했다. 앞서 보았듯이 해방 직후부터 한인들은 귀향 요구를 구체화했을 뿐 아니라 일본인 귀환 과정에 몰래 숨어들어 탈출을 감행하는 모험까지도 불사했다. 1947년 9월 28일 포로나이스크(구 지명 시스카, 敷香)에서는 '26명의 한인이 어떠한 허가나 근거도 없이' 일본 귀환을 위한 수용소로 가는 교통편에 편승하려고 시도하다가 발각된 보고 사례[42]에서 보듯이 집단탈출 시도도 있었다.

　사할린한인들은 해방 이후 소련 치하에서 이동의 제한과 감시라는 부자유 상황 속에 있었기 때문에 당국자들은 일시적으로 송환과 관련해 내부통제를 강화할 수 있었다. 하지만 이 문제를 계속 미룰 수 없음을 보여주는 사건들이 속출했다. 그 중 하나는 1946년 여름까지 빈발한 홋카이도로의 개인적 탈출 시도와 관련된 것이었다. 당시 라페루즈(소야, 宗谷)해협 부근의 소련 경비는 매우 취약했다. 그리고 일본 측 해안 경비는 사실상 부재한 상태였다. 심지어 1949년 8월까지도 사할린 지역 국경 경비단 관리부 담당자 구빈Губин 대령이 사할린주 내무관리들에게 보낸 비밀문서에서도 인정했듯이, "국경 수비 강화라는 관심에 근거해 볼 때 남쿠릴 열도와 남사할린 연안, 즉 네벨스크, 아니바, 코르사코프 등지에서는 현재보다 더욱 철저한 국경 통제조치를 취해야만 하는 문제가 제기되고 있는 상황"이며, 특히 쿠릴 지역 거주 한인들(986명)은 노골적으로 "이주에 대한 기대감을 드러내고 있었다."고 보았다. 그가 거듭 강조

오도마리(大泊, 현 코르사코프) 항구의 모습

했듯이 '한인의 도주를 막기 위해서는 쿠릴 열도에 거주하는 모든 한인들을 사할린 섬 내의 작업장으로 반드시 옮겨야 한다.'고 여길 정도였다.'⁴³

사할린에서 개인적으로 탈출한 한인들 가운데는 고향으로 돌아가 소련의 '비인도적 4만 동포의 억류' 상황을 공식적으로 비난하는 발언을 쏟아내기도 했다. 이러한 소식은 국제적으로 관심의 대상이 될 수도 있었다. 1947년 9월 25일에 타스TACC 통신은 상하이에서 확인한 다음과 같은 소식을 전하고 있었다.

> 서울발 소식에 따르면 21세의 한 한국인이 문서를 위조해 러시아인을 속여 사할린 섬을 탈출하는 데 성공한 뒤에, "러시아인들은 조선에 정부가 없다는 이유로 4만 명의 한인에 대한 송환을 거부하고 있다. 사할린에 거주하는 95%의 한인들은 고국 귀환을 염원하고 있다. 하지만 이들이 소

비에트 군대 앞으로 보낸 모든 귀환 관련 청원은 어떠한 주목도 받지 못하고 있다."고 밝혔다고 한 지역 신문은 보도했다.[44]

타스가 타전한 서울의 이 소식은 바로 동년 9월 21일 『자유신문』이 보도한 내용이었다. 이 기사는 탈출한 21세의 한국인 주인공을 1947년 9월 10일경 단신으로 귀국한 김재덕金載德(가명)이라고 소개했다. 그런데 『자유신문』 기사의 후속 보도로 여겨지는 1947년 10월 29일자 『동아일보』 기사에서는 위의 김재덕과 동일인으로 여겨지는 최영기崔永璣라는 인물이 등장한다. 사할린에서 일본인과 뒤섞여 탈출해 부산을 거쳐 상경한 후에 군정장관 및 민정장관 등에게 사할린 동포의 실정을 알리며 이들의 구출을 위한 탄원서를 올리는 등 최영기의 개인적 활동을 덧붙여 소개한 『동아일보』는 『자유신문』과는 다소 색다른 내용과 더불어 소련의 처사에 대해 다음과 같이 이데올로기적 비난을 퍼부었다.

생활사정은 대전大戰 당시도 남화태라고 하면 비생산지대로서 생활에 커다란 지장이 있었는데 오늘에 있어서는 남북으로 양단되어 있는 만치 더욱 생활난이 막심하여 우선 식량과 의류부족으로 최저한도의 생활도 확보하기 어려운 사태인데 구조할 방법도 없이 이 같은 상태가 앞으로도 계속된다면 당지에 있는 4만 동포의 생명은 유지하기가 매우 힘들 것이다. … 끝으로 소련 측에서 동포들을 취급하고 있는 것을 보면 먼저 조선인의 단체적 행동들을 불허하고, 둘째로 조선인 교과서로써 조국의 지리와 역사(교육)를 엄금시킨다. … 진보적 인민주의를 부르짖는 그들의 이 같은 처

지는 도저히 이해하기 어려운 일이다.[45]

이 기사의 후반부는 『자유신문』에서는 언급되지 않았던 내용이다. 전반부의 남사할린한인의 생활사정에 대한 내용도 김재덕(가명)은 『자유신문』에서 "생활문제에 있어서는 대체로 실업 문제는 없다. … 그리고 아직 의식주에 있어서는 이럭저럭 마련되어 가는 모양이라며 체류 동포에게 특수한 피해는 없는 모양이다."고 밝힌 바있다.[46] 이러한 보도들은 1947년 11월 결성된 사할린동포구출위원회樺太·千島在留同胞救出委員會 결성에 중요한 영향을 미친 것으로 보인다.[47] 탈출에 성공한 어느 사할린한인의 발언은 이렇듯 반소비에트 선전의 성격을 띠어 갔다. 이러한 논조는 특히 『자유신문』에의해 1949년 초까지 이어졌다.[48]

한인을 둘러싼 모스크바와 연합국총사령부GHQ/SCAP·주한미군정의 고민

▼

모스크바 당국이 사할린한인 문제의 해결을 더 이상 미룰 수없었던 또 다른 요인은 일본인에 대한 미소 간 송환협상 과정에서 소련이 연합군총사령부GHQ/SCAP으로부터 이미 사할린한인과 관련된 정보를 요구받고 있었다는 사실과 깊은 관련이 있다. 1945년 말 시점에 GHQ는 '사할린에 다수의 한인 민간인이 남아 있음'을 인지하고 있었다. '이중징용'으로 사할린에 동원된 뒤에 다시 일본 규슈九州로 전환 배치되어 야마이치山一 탄광 등지에 남아 더 이상의 노동은 물론이고, 고향으로의 일방적인 송환마저 거부한 채 떨어져 있던 사할린의 가족들이 돌아오도록 조처해 달라고 청원한 한인들이 있었던 것이다.[49] 그 결과 GHQ는 대리 협상 주체로서 1946년 2월과 3월에 사할린 잔류 가족들의 귀환 의사를 소련 측에 타진하는 과정에서 사할린한인 중 한반도로 귀환하기를 희망하는 모든이의 송환을 요청한다는 내용의 예비서한을 작성하기도 했다.[50]

1945년 사할린 도요하타(豊畑) 탄광촌 학교의 기념사진. 이 사진 속의 조선 학생들 대부분이 이중징용 피해 유가족이다.

앞서 살펴본 김재덕 혹은 최영기 관련 보도가 이어지던 1947년 10월 16일 주한미군정의 헬믹Charles G. Helmick 군정장관대리(준장)은 기자단과의 정례 회견에서, "남화태와 만주지방에 잔류하고 있는 조선동포의 귀환문제는 사정이 허락되는 한 최선을 다해 귀환하도록 노력하겠다."고 밝혔다. 아울러 "남사할린의 한인 귀환문제는 그곳이 소련 영토인 만큼 '국제적인 교섭이 필요할 것'"이며, 이러한 사실을 미 국무부에도 보고할 의향이 있다고 표명하였다.[51] 그 후 10월 26일에는 GHQ의 맥아더 사령관 앞으로 "사할린 동포들의 출신 지역이 남한인 만큼 가능한 한 속히 남한으로 귀국하도록 힘써 달라"는 사할린동포구출위원회의 요청이 전달되었다. 그리고 주한미군정의 하지John Hodge 사령관(중장)이 연합국총사령부 측에 사할린한인 관련 자료를 요청하면서 이 문제가 본격적인 검토 사안으로 부각되었다.[52]

하지만 1948년 2월 무렵 사할린한인의 남한 귀환 요구는 주한미군정에 의해 부정적인 방향으로 정리되어 가고 있었다. 주한미군정은 "종전 후 남한으로 280만 명 이상의 한국인 귀환자와 망명자들이 유입"됨에 따라 식량과 의복 및 수용소 제공을 위해 기존 시설이 무리하게 활용되어 온 상황이라고 강조했다. 그리고 이어서 "현 시점에서 연합군총사령부가 추가적으로 수천 명에 달하는 사할린과 쿠릴 열도 귀환자에 대한 송환업무를 추진하는 것은 바람직하지 않다."는 입장을 표명했다.[53]

미국 측의 판단은 이들의 귀환이 비단 남한 경제에 부담이 될 것이라는 표면적 이유에 그치지 않았다. 연합군사령부는 1947년 11월 22일에 작성된 문서에서 보다 상세한 이유들을 기록해 두고 있었다. 즉 포츠담선언이나 소련에 대한 일본 측의 항복 문서에서도 일본인 외에는 그 누구도 귀환시킬 의무가 규정되어 있지 않은 만큼, 연합군사령부는 굳이 그 의무를 질 필요가 없다는 점을 먼저 지적하고 있었다. 이어서 "인도적 관점에서 가라후토樺太의 사례는 중국이나 만주 지역의 한인 이주자들까지도 귀환시켜야 하는 부담으로 이어질 수도 있는 만큼, 사할린한인을 귀환시키는 문제는 미국 측이 공연히 매우 심각한 의무를 짊어지게 될 수도 있는 위험한 사안"이라는 견해를 표명했다.[54]

결국 1947년 말 사실상 한인 송환 추진과 관련해 반대 입장을 내부적으로 확정하였음에도 불구하고 연합군사령부는 1948년 3월까지도 사할린한인의 수와 그들의 귀환 희망 여부에 대한 정보, 그리고 한인 송환 문제에 대한 소련 측의 입장과 태도 표명을 요구하고 있었던 셈이다.[55] 이처럼 1947년, 특히 그 후반기에는 사할린 일본인의 송환과 시기적으로 맞물리면서 한인의 송환 문제는 국제적 교섭이 필요한 관심 사안으로 대두하고 있었다.

사할린한인의 북송계획

▼

사할린한인의 송환 문제가 쟁점으로 대두될 무렵 소련 지도부의 구체적인 입장은 무엇이었는가? 이제 쟁점으로 부상한 사할린한인의 송환 문제를 더 이상 미룰 수 없는 과제로 인식한 소련 지도부는 1947년 5월 전후 확실히 이 문제를 해결하기 위한 내부 입장 정리에 나섰다. 이를 뒷받침하는 구체적인 자료 가운데 하나는 1947년 5월 말 외무부와 내무부 최고위 책임자들 사이에 오간 2통의 행정서신이다. 외무차관 말리크Я.А. Малик의 서명이 들어간 1947년 5월 23일자 서신은 외무부 제1극동과에서 작성한 것으로 추정되는데, 이것은 내무부와 국가안보부 부책임자들에게 발송된 비밀 서신으로서 다음과 같은 내용이 담겼다.

일본이 항복하던 시점 이래로 남사할린 지역에는 2만 2,777명의 한인이 남아 있습니다. 이들 한인들은 스탈린

동지에게 보내는 서신에서 자신들의 조선Корея 귀환 문제를 제기하고 있습니다.

이와 관련해 남사할린에서 이들 한인들을 조선으로в Корею 송환시키는 것이 합당한지 여부에 대한 당신의 의견을 알려주시기 바랍니다.[56]

이 기록은 적어도 1947년 초반에는 한인 송환 문제가 소련 외무부 내 관할 부서에서 검토하고 있던 사안이었을 뿐만 아니라, 관련 행정부서들의 내부의견까지 일일이 수합하는 단계로 진입했음을 보여준다. 그렇다면 이 시점에서 - 우리에게는 이미 익숙해진 - 사할린한인의 '억류'라는 표현을 사용하는 것은 타당하지 않을 듯하다. 왜냐하면 이 당시 모스크바 당국은 일본인 뿐만 아니라 한인들 역시 송환 쪽으로 정책을 취해야 할 대상으로 바라보고 있었기 때문이다.

다만 여기서 눈에 띄는 부분은 한인들의 귀환지를 한반도 전체를 지칭하는 '조선Корея'으로 밝히고 있다는 사실이다. 위에서 본 자료의 하단에는 "5월 29일 3008호 서신으로 말리크 동지에게 발송됨"이라는 메모가 보이고, 그 바로 뒷장에 첨부된 이 3008호 답변서의 작성자는 소련 내무장관 크루글로프С. Круглов로 확인되는데 주요 내용은 다음과 같다.

1947년 5월 23일자 … 서신에서 언급하신 남사할린 거주 조선인 2만 2,777명의 송환 문제에 대하여 소련 내무부는 그들의 송환조치에 대해 이의가 없음을 밝힙니다.

다만 남사할린 내 한인들이 다양한 소비에트 경제조직에서 노동하고 있다는 점을 고려해 그들의 송환 문제는 소련국

가계획위원회의 동의를 얻는 것이 합당하다고 봅니다.[57]

한인 전체(2만 2,777명)의 송환에 동의한다는 점을 내무장관이 직접 명확히 밝히고 있다는 사실은 내무부가 당시 전쟁 이후 새로 획득한 영토의 대민행정 총괄부서였다는 점에서도 중요한 의미가 있다. 물론 이 크루글로프의 답신에는 한인 귀환지에 대한 별도의 언급이 없고, 귀중한 노동력으로서 한인의 이탈·송환이 소련 계획경제에 과연 어떤 영향을 미칠지 충분히 검토해야 한다는 비판적 견해도 들어 있다. 그럼에도 불구하고 당시 내무부는 노동력에 대한 고려가 한인의 송환을 반대할 정도의 핵심적인 요소는 아니라는 판단을 내리고 있었다고 보아야 할 듯하다. 만일 그렇지 않았다면 부서 간 내부 의견 수렴 과정인 만큼 어떤 형태로든 한인 전체의 송환에는 문제가 있다는 의견이 조건부로나마 명시적으로 포함되어 있었어야 했다.

내무부가 한인 송환에 대해 호의적이었다는 이 같은 사실을 추정케 하는 더욱 구체적인 기록도 있다. 1946년 7월 17일에 내무장관 명의로 작성되어 소련 각료회의 의장대리 베리야Л.П. Берия에게 발송된 공문서를 보면, 당시 내무장관은 남사할린 내 중국인과 한인들을(소·일 간의) '전쟁 전 남사할린과 쿠릴 열도로 일본인들이 강제로 동원한 자들'로 인식하고 있었다.[58] 따라서 소련 내무부는 '지역 당국으로부터 고국으로 돌아가고자 희망하는 한인과 중국인 숫자에 대한 구체적인 자료를 보고받을 때까지는 … 이들의 한국 및 중국으로의 출발을 연기하는 것이 불가피하지만, 지역 당국으로 하여금 고국으로 돌아가기를 희망하는 한인 및 중국인들의 청원을 접수하도록 허용하는 것은 당연한 일'이라고 결론짓고 있었다.[59] 비록 최종본에서는 삭제되어 있으나 같은 서신의 초안으로 보이는 문건에서는 내무부가 남사할린 내 한인과 중국인들이 고국의 친지들과 편지를 주고받거나, 심지어는 송금하는 것까지도 허용하는 것이 좋겠다는 의견[60]을 명확히 했다. 말하자면 내무부의 입장은 강제동원된 한인 전체의 송환을 전제로 한 의견이었던 것이다. 각 지역의 인적자원을 관리하는 총괄부서의 최고위 책임자가 밝힌 이 같은 입장에 대해 이렇다 할 반대 의견을 표명한 다른 당국자의 자료는 아직까지 확인되지 않고 있다.

결과적으로 이러한 공적 기록은 사할린한인의 '억류'라는 역사적 결과에 이미 익숙해진 입장에서 보자면 '일본인 귀환을 둘러싼 소련 측 내부의 입장 차이'가 한인 문제에 대해서도 '동일한 논리'로 전개되었는가 하는 의문을 품게 만든다. 그러면 이번에는 군부의 입장을 살펴볼 필요가 있을 것이다. 실제로 송환업무를 담당한 군 관계자들 역시 사할린한인을 송환시키고자 계획하고 있었다. 국내 언론을 통해서도 이미 공개된 바 있는 사할린한인의 북송계획이 바로 그것이다. 이에 대해서는 기존 연구자들 또한 보도기사를 무비판적으로 사료로써 거듭 활용해 당초의 오류나 잘못된 해석까지도 재생산되고 있으므로 조금 더 상세히 살펴볼 필요가 있다.[61]

연도는 '1947년', 문서 생산자는 스탈린의 이름이 명기된 「남사할린과 쿠릴 열도에서 북한으로의 한인 송환에 관하여」(이하 '한인 송환에 관하여'로 줄임)라는 제목의 소연방 각료회의 기록은 다음과 같은 내용으로 시작된다.

> 1. 소련 각료회의 송환문제 전권대표(골리코프 동지)에게 1948년 7월~10월 기간 중에 2만 3,298명의 한인을 남사할린과 쿠릴 열도에서 북한으로 귀환을 추진하도록 승인한다.

2. 남사할린 주당위원회(크류코프 동지)는 소련 각료회의 송
   환문제 전권대표(골리코프 동지)가 정한 기간에 송환 대
   상자들을 이후 본국 송환을 위해 379호 수용소(홈스크
   항)로 집결시키도록 한다.[62]

참고로 이 문서는 총 5개 항목으로 이루어졌는데 나머지 부분
은 대략 다음과 같은 내용을 담고 있다. 해군부가 379호 수용소로
부터 한인을 수송할 선박을 준비한다(3항). 남사할린에서 북한으로
향하는 한인에 대한 면담은 북한군 민정행정국이 담당하고, 이후
이들의 거주를 위해 북한 인민위원회에 인계한다(4항). 한인 귀환자
의 모든 재산은 관세법에 따라 반출하도록 한다(5항). 이 기록물에
서 최종 결재권자의 서명 자리에는 '소련 각료회의 의장 스탈린'과
'소련 각료회의 총무국장 차다예프'의 이름이 올라가 있다.[63]

이 문서는 1947년 당시까지 소련이 사할린한인의 송환을 원칙
적으로 지지하고 있었을 뿐만 아니라 구체적인 시행계획까지 이루
어졌고, 사실상 실무 협의가 종료된 상태에서 실행만을 남겨두었음
을 보여준다는 점에서 주목할 필요가 있다. 물론 이 '실행 계획서'에
는 최종적으로 스탈린의 서명이 기재되어 있지 않았으므로 말 그대
로 계획에 그쳤다. 그 이유는 앞으로 규명해 나가야할 과제가 되겠
으나 아무튼 이 문건에서 확실히 드러난 점은 한인 송환지를 '북한'
으로 명시하고 있었다는 사실이다. 그러나 과연 어떤 이유로 이제
까지 한반도 전체를 지칭하는 '조선으로в Корею'라는 표현이 '북한
으로' 송환한다는 북송계획안으로 바뀌게 되었는지, 이렇게 구체적
인 내용이 포함된 기록이 언제, 어떤 과정을 거쳐 누구에 의해 생산
되었는지에 관해서는 더욱 더 심도 있는 연구가 필요한 실정이다.

민정국의 송환지연 공작

▼

앞서 본 '한인 송환에 관하여'라는 문건이 언제, 누구에 의해 생산되었는가 하는 문제는 일본인 송환 논의와의 연관성을 살펴보는 데에도 의미가 있다. '한인 송환에 관하여'와 연관 문서들을 살펴보면 이 의문은 쉽게 풀 수 있다. 문서의 생산자가 골리코프Филипп Иванович Голиков(1900-1980)라고 추정할 수 있는 근거들이 충분하기 때문이다. 참고로 골리코프는 2차 대전에 참전한 소련 군인으로서 주로 정보 계통에서 일하였으며 1943년부터 국방차관으로 임명되어 독일군에게 잡힌 소련군 포로의 송환을 담당한 인물이다. 전후에는 우리의 3성 장군에 해당하는 '상장' 계급으로 영전하여 정보계통의 요직을 담당하다가 1947년 당시에는 소련 각료회의에서 송환업무전권국 책임자로 있었다. 1961년에 그는 군 최고 계급인 소연방 원수까지 승진하였다. 1947년 12월 3일에 골리코프는 외무장관인 몰로토프에게 다음과 같은 보고서를 보냈다.

> 정확한 자료에 의하면 남사할린에는 2만 3,298명의 한인이 거주하고 있으며, 그들은 일본인의 송환 조치가 추진되는 상황을 지켜보면서 자신들의 고국 귀환 문제를 본격적으로 거론하는 중입니다. 제 의견으로 제안을 드리자면 위에서 언급한 수의 한인들을 1948년 하반기 중에 북한으로 보내는 일을 시작하는 것이 가능하지 않을까 하며, 이 문제에 대해서는 저와 남사할린주당 대표, 극동군 25군(북한) 및 해군이 의견을 함께 하였습니다.[64]

한편 같은 달 27일자로 작성된 골리코프의 또 다른 문서에서는 앞서 밝힌 자신의 의견이 구체화될 수 있는지에 대해 각 실무자들을 상대로 확인해 왔던 내용이 언급되고 있다. 이에 따르면 남사할린주당 대표인 민정국장 크류코프는 '1948년 하반기 중에 한인을 송환시키는 데 대해 올해 10월 29일에 동의를 표했고', 극동연해주군관구 부책임자(니콜라예프, Николаев)는 '(1948년) 11월 14일 하절기에 한인들을 송환 및 이주시키는 것이 가능하다'고 답했으며, 운송 문제에 대해 해군은 '1948년도에 완료하는 데에는 아무런 문제가 없다'며 협조 의지를 밝혔다는 것이다.[65]

이상의 내용은 '한인 송환에 관하여'라는 문건이 군이 주도하던 귀환업무 담당 부서에서 12월 중순 이후 작성되었음을 암시한다. 이에 따르면 계획 입안자들은 가까운 시일 내에 한인의 송환을 실현시키려는 확실한 의지가 있었고, 일본인 민간인의 송환과 동일한 방식으로 (북한으로의) 한인 송환을 실시하고자 했다. 몰로토프에게 이처럼 구체적 준비 현황을 언급한 것은 이것을 소련 정부안으로 확정해도 아무런 문제가 없을 정도로 잘 진행되었으니 외교적으로 구체화해도 좋다는 의미로 해석된다.

골리코프가 외무장관에게 굳이 실무 부서간의 협의 및 동의사항을 상세히 언급한 이유는 순탄치 않았던 사할린 일본 민간인의 송환 과정에 대한 불만이 반영되었기 때문이라고 해석할 여지가 있다. 사할린 민정국장으로부터 이미 동의를 받았다는 사실을 가장 먼저 언급한 점이라든가, 어떤 경우에도 한인 송환 대상자의 집결업무와 관련해 자신의 지시를 크류코프가 거부하지 못하도록 '한인 송환에 관하여'의 제2항에서 명문화한 것도 그 방증이 될 수 있다. 아울러 자신의 보고서를 다음과 같은 문구로 마무리하며 한인 노동력 문제를 언급한 사실은 보다 결정적이다.

이것은 옳은 일입니다. 왜냐하면 2만 3,000명의 한인을 노동력으로 붙잡고 있다고 한들 그것이 우리에게 결정적 영향을 미치는 것도 아니고, 또한 그들을 북한으로 보내는 것은 지극히 합당한 일이기 때문입니다.[66]

골리코프가 사할린한인의 귀환지로 북한을 지목한 것을 두고 '사할린한인을 남한으로 귀환시키지 않으려는 의도'로 해석하는 것은 계획의 입안 시기(1947년)라든가, 시베리아 지역에서 붙잡힌 한인 포로들의 송환이 바로 북한을 통해 이루어졌던 1948년도 5월 이후의 상황 등을 고려할 때 당시에는 남북 간의 분단체제가 공고히 고착화되지 않았던 사실을 간과한 잘못된 해석이라고 볼 수 있다. 즉 아직은 남북 분단문제가 '한인의 송환에 관하여'를 최종 결정하는 데 장애로 작용할만한 시점이 아니었다. 분명히 한인 출신 관동군 포로 중에 500여 명 이상의 남한 출신자들이 흥남을 거쳐 육로를 통해 남한으로 귀환하였으며, 비공식적이기는 해도 육로 이동의 여지는 1950년 초까지도 간헐적이나마 존재했다.[67]

송환업무전권국 책임자의 한인 민간인 송환 계획은 그 구체성과 더불어 중앙정부, 지역당국, 군부 등 모든 실무 주체로부터 동의를 얻는 데 성공하였음에도 불구하고 끝내 실행 계획으로 구체화되지 못하였다. 그 원인을 두고 연구자 율리아나 진은 사할린 민정국장의 개별적 움직임이 최종적으로 성공을 거두었기 때문이라고 지적하였다. 즉 군은 인도적, 대외정책적 관점에서 한인 민간인 송환에 나섰고 이에 대해 중앙당도 동조하는 입장이었으나 크류코프에게는 당장 투입 가능한 노동력 문제가 더욱 절실했고, 이 같은 민정국장의 설득이 중앙 당국자들에게 합리적 주장으로서 받아들여져 조용히 동의 기반을 확장해가고 있었다는 것이다.[68]

실제로 크류코프는 조심스럽게 조용히 움직였다. 1947년 11월 17~18일 골리코프는 소련 각료회의국장 그리첸코А. Гриценко를 통해 사할린주당이 올린 보고서를 전달 받았다. 이 보고서는 '남사할린에는 계획에 따라 1948년도에 남사할린에서 송환하게 될 일본인 11만 2,480명과 한인 2만 3,298명이 남아 있다'고 지적하고, 만일 1948년도 상반기에 이들 노동력 전체가 각 사업체를 떠나게 된다면 1948년 안에 발효되기로 되어 있는 소련 각료회의의 3014호 결정이 효력을 발휘할 틈도 없이 '현재 가동 중인 공업시설들이 정지상태에 빠지게 될 것이 불가피한 바 사할린 주당위원회는 한인의 송환을 1948년 말까지라도 연기할 것'을 희망하고 있다는 내용이었다.[69] 이 문서에는 크류코프의 의견이 소련 각료회의에서 합당하다는 동의를 얻었다고 기록되어 있다.

이와 같이 크류코프는 군이 주도하는 민간인의 송환을 반대하지 않으면서도 지역 당국의 현실적 문제를 앞세워 이미 확정된 것이나 다름없는 정책에 균열이 발생하기를 기대했다. 하지만 적어도 이 단계에서 크류코프는 자신의 의도를 이루지 못했다. 앞서 언급했듯이 12월 27일자 몰로토프에 대한 보고에서 골리코프가 2만 3천 명의 한인 노동력을 붙잡아 두는 것은 오히려 합당하지 않다고 강력히 반박하고 나왔기 때문이다.

그러나 골리코프의 일방적 승리라고도 할 수 없었다. 1947년 중에 결의될 것으로 기대했던 '한인 송환에 관하여'는 끝내 서명되지 않은 채 해를 넘기고 있었다. 골리코프의 확고한 의지를 여러 차례 확인한 크류코프 역시 자신의 뜻을 포기하지 않고 방향을 돌려 외무부를 설득하기 시작했다. 외무차관 말리크가 1948년 1월 4일자로 '한인 송환에 관하여'의 서명 당사자 중 하나인 각료회의 총무국장 차다예프Я.Е. Чадаев에게 전한 내용에 따르면, 크류코프는 공업과 어업 분야의 심각한 노동력 부족 문제에 덧붙여 남북문제를 제기하고 나왔다. 차관의 발언은 다음과 같았다.

> 크류코프가 사할린에서 알려온 바에 의하면 한인 일부는 자신들이 남한 출신임을 내세우며 남한으로 송환을 요구하고 있다고 합니다. 이에 근거할 때 … 한인들 모두가 조선으로의 송환을 희망한다고 결론 내려서는 결코 안 될 것입니다. 그러한 자료는 크류코프 동지에게도 없습니다. 남사할린에서의 강제적인 한인 이주는 적어도 일본인 송환이 종결되는 시점까지 만이라도 실행되어서는 안 될 것입니다. … 이상과 같은 이유로 외무부는 1948년도에 남사할린으로부터 한인의 대규모 송환이 실행되어서는 안 된다고 여기고 있습니다. 한인의 개인적인 청원은 그것대로 개별적인 차원에서 검토해 처리할 문제인 것입니다.[70]

이렇게 골리코프의 주장은 외무부와 각료회의의 지지를 상실했다. 그리고 다양한 수단을 동원해 사할린한인들의 송환을 막으려 했던 크류코프의 시도가 결국에는 성공을 거두었다.

사할린 주의 민정국장은 일본인 송환에 대한 자신의 주장을 펼치는 과정에서 한인 송환 시점의 연장과 관련된 논리들을 보다 정교하게 다듬었던 것으로 보인다. 아마도 일본인들의 송환으로 초래된 사할린 현지의 심각한 노동력 부족현상이 1947년 말에서 다음해 초에 이르는 시기 동안 그의 논리를 더욱 강화시켜 주었던 것으로 보인다. 또한 전후 처리를 둘러싸고 소련 정치권에서 암암리에 진행 중이던 군대와 민간 부문 사이의 묘한 긴장관계가 행정관리로 인식된 크류코프에게 다소 유리한 국면을 제공해 준 측면도 있다고 볼 수 있다. 그는 군부보다 더 윗선의 대민업무 관련 최고 지도자들의 마음을 돌리는 데에 성공한 것이다.

그럼에도 불구하고 군 지도자들의 구체적인 사전 준비와 일련의 의견 표명이 크류코프의 '노동력 부족론'으로 단번에 철회될 수 있었는지 여부는 여전히 의문이 남는다. 크류코프 역시 이를 인식하고 있었던 것으로 보인다. 그 때문에 사할린주 행정 책임자는 한인 송환의 기한 문제를 축으로 삼아 제한된 범위에서나마 최소한의 동의를 확대하는 전술로 나갔다고 여겨진다. 즉 그는 노동력 부족을 직접적으로 강조하기보다 노동 현장의 총체적 정지라는 최악의 사태만큼은 피해야 한다고 주장함으로써 결과적으로 전체 한인을 당장 송환시키는 것이 합당한 일이 아니라는 판단을 유도해냈던 것이다.

그렇다고 해서 소련 정부가 사할린한인의 송환 자체를 공식적으로 철회한 것도 아니었다. 임시 '연기된' 한인의 송환은 크류코프의 언급처럼 어차피 곧 종료될 일본인 송환 완료 시점에 재개될 수 있는 성격의 문제였다. 한인의 송환이라는 원칙 뿐만 아니라 그 세부적인 방법과 절차의 변경도 없었고, 기존의 입장을 수정하기 위한 어떠한 논의도 그 후로 이어지지 않았다. 바로 이 점이 골리코프로 하여금 크류코프의 '한인 송환 시점 연기론'을 정면으로 반박할 기회나 명분을 찾기 어렵게 만들었던 것으로 여겨진다.

고민의 해결사, 한국전쟁

▼

이후 사할린한인 송환 문제가 공적 기록물에서 논의된 흔적은 아직까지 발견되지 않고 있다. 하지만 크류코프 등 민간 행정관리들이 한인 송환을 언급하지 않는 것은 당연하다고 해도 송환업무를 담당한 소련군 지도자들까지 아무런 언급을 하지 않았던 이유는 무엇일까. 이에 관해서는 어렵지 않게 짐작할 수 있다. 1948년 초 당시로서는 골리코프 등 소련군 관계자들의 기대보다는 많이 늦어지긴 했지만 일단 일본 민간인의 송환이 1949년 7월에야 일단 완료될 예정이었다는 사실을 감안해 볼 때, 한인 귀환은 늦어도 1950년에 재개될 것으로 예상될 수 있었던 것이다. 심지어 한인의 잔류를 일관되게 주장한 크류코프 조차 한인들이 가까운 시일 내에 사할린을 떠날 것으로 예상하고 있었다. 사할린 현지의 사정을 보여주는 기록들은 대체로 1950년 시기까지 현지 당국자들이 한인을 노동력 활용 문제와 관련해서 주목했다기보다는 오히려 '안보문제'라든가 사할린 점령지의 '소비에트 체제 안정화' 문제와 결부시켜 주목하고 있었음을 시사한다.

심지어는 한인의 노동력 활용 방안을 모색하던 문서에서도 이런 점들이 확인된다. 대표적인 예가 일본점령기 남사할린 내 한인 탄광 노역의 최대 작업장 중 하나인 나이부치內淵 탄광에 대한 조사기록이다. 한인 독신자 1,500여 명이 남아 있는 상황에서 이들을 '사할린 우골yголь'이라는 새로운 생산조직에 편입시키도록 권고한 이 기록의 행간을 더욱 자세히 들여다보면, 한인 노동자들이 '20~30명씩 이와 빈대가 들끓는 30㎡ 남짓한 방에서 개인 이불도 없이 공동생활하고 있으며, 이 기숙사에는 단체급식을 제공하는 어떤 시스템도 없는' 상황이라고 지적하고 있다.[71] 즉 타 작업장과는 비교할 수 없을 정도로 대규모였고 시설의 중요도 역시 대단했던 나이부치 탄광에서조차 한인 노동력의 활용 가능성이 낮다고 인정하고 있던 것이다.

나이부치(內淵, 현 뷔코프) 탄광촌의 석탄 운반 철도 터널(율리아나 진 저, 『사할린한인 디아스포라(Корейская диаспора Сахалина)』 2015, 74쪽

일제시기 강제노동 합숙소의 생활이 소련 점령체제 아래서 더욱 열악한 상황으로 방치되고 있었던 것은 비단 나이부치 탄광뿐만이 아니었다. 1948년 10월 5일자 소련공산당 유즈노사할린스크 시당위원회 회의 의사록 29호에 언급된 '한인 노동자의 경제형편에 관한 보고'를 보면, 한인 노동자들의 경제 형편은 대단히 열악하여 '배급 조치가 시급하다'고 강조하고 있다.[72] 사할린한인에 대한 간략한 보고서이지만 이 기록은 사할린 내 산업 현장 전반의 사정을 언급하고 있다는 점에서 주목할 필요가 있다. 만일 소비에트 초기에 현지 당국자들이 한인 노동력의 활용을 우선적으로 고려했다면 이처럼 작업을 재개할 수 없을 정도로 열악한 작업장과 노동자들의 상황을 수년이 지나도록 방치하였을 리가 만무하기 때문이다.

한인들이 개별적으로 상신한 '고국으로 보내달라고 요청하는 송환 요청서'가 쇄도하는 가운데 지방 당국자는 한인들의 요구를 무시하고 노동 현장으로 이들을 복귀시키는 강력한 조치를 취하기도 어려웠고, 그렇다고 송환 계획을 구체화할 수도 없는 곤란한 처지에 놓여 있었다. 사할린주 당국은 이러한 현상을 두고, '현지의 당 조직이 (송환문제와 관련해) 제대로 가동되지 못하고 있고, 현재까지 일상생활을 영위할 수 있는 정상적 조건도 마련되지 못한 까닭이다'고 자인했다.[73] 이 기록의 작성 시점이 1947년 9월임을 염두에 둘 때 1947년 하반기의 상황 또한 이렇다 할 변화 없이 지속되었음을 미루어 짐작할 수 있다.

1949년 7월 22일 일본인 송환사업이 종료된 시점에서 남한 출신이 대부분을 차지하는 사할린한인들을 보낼 곳은 없었다. 이제 곧 한국전쟁이 발발할 것임을 사전에 인지하고 있던 군 지도자들이나 소련의 수뇌부는 현실적으로든, 인도적 측면에서든 한인의 송환 문제를 결코 풀 수 없었다.

송환지연 조치가 정주화 정책으로
▼

소련은 1950년 4월 22일 사할린에 거주하던 일본인의 집단귀국이 완료되었다고 발표했다. 동시에 동년 7월 1일까지 잔류하기로 결정한 모든 일본인과 한인에게 의무적으로 거주지 등록을 지시함으로써 개인 통제를 강화했다.[74] 이제 사전 승인 없이는 등록된 구역으로부터 일정 거리 이상을 이동할 수 없게 되었다. 또한 직업이 없는 자들은 더욱 엄중한 감시 아래 놓이게 된 것이다. 그 결과 임시거주자 신분으로 줄곧 각종 제한과 차별 속에 놓였던 한인들은 1952년 5월 6일이 되어서야 소련 각료회의 결의에 따라 소련 국적

신청이 법적으로 가능해졌고, 관련 실무지침이 나온 8월 초 이후에야 비로소 실제로 신청이 가능하게 되었다.[75] 그렇다면 소련은 이 조치를 통해 사할린한인에 대한 정책을 '송환에서 정주'로 변경한 것이었을까. 그리고 정책전환의 주요 동기를 '노동력 확보'로 설명할 수 있을까.

당시에는 소련 국적을 신청하는 경우도 드물었거니와 심사과정도 길게는 수년의 시간이 소요되었다는 사실에 기초한다면 '시민권 부여가 곧 정주정책의 공식화'라고 보기에는 의문의 여지가 있다. 오히려 이 조치는 임시거주자 신분의 '경계인'이었던 한인을 일종의 '열외자'인 무국적자로 규정하는 결정으로 작용했기 때문이다. 1952년의 국적 부여 조치를 형식상으로나마 정주화 정책의 출발로 인정할 수 있을지 여부는 논외로 하더라도, 그것이 결코 현지 노동력 확보 및 유지를 우선적인 목적으로 하고 있지 않았다는 사실만큼은 분명해 보인다. 소련은 1950년대 내내 사할린한인의 소련 국적 취득을 격려하기보다는 1958년에 북한 국적을 받도록 독려해달라는 북한의 요청을 수용했다. 뿐만 아니라 내부 행정력까지 동원해 이것을 측면 지원한 사실이 그 방증이다.[76] 1958년 4월 당시 생산된 기록에는 '소련 내무부와 외무부, 안전국 등은 15년 이상 소련 극동에 거주한 1만 5,000명 이상의 한인들에게 국적이 없다는 점을 비정상적이라고 여기는 바이다'라는 구절까지 눈에 띈다.[77] 즉 노동력이 필요하기 때문에 외국 국적자를 정주시키는 정책은 논리적으로 가능한 조합이 아니다.

1946년부터 약 5년 동안 한인의 송환문제를 다각도로 검토한 결과 사할린한인의 송환정책을 결정할 때 주된 관심은 '한인 노동력의 활용'에 있었다기보다는 새로 획득한 '영토의 조속한 안정화'로 설명하는 것이 오히려 일관성을 확보할 수 있다고 보인다. 물론 현지 안정화와 전후복구를 위한 노동력 활용의 문제는 서로 분리되는 사안이 아니다. 대부분 한반도 남부 출신자들로 구성된 사할린한인 사회는 숙련된 농업 기술자를 대거 포함하고 있었고, 동시에 패전하기 전에는 일본이 건설한 공업 시설에서 비록 부차적 지위이지만 전시경제 유지에 결정적인 역할을 수행했다. 지역 행정 담당자의 눈에도 공업을 중심으로 추진된 스탈린 시기 소련의 경제발전 계획 달성을 염두에 둔다면 한인 노동력은 단지 '2만 3천명'이라는 수치 이상의 의미가 있었다. 러시아인 이주자 뿐 아니라 북한 노동자 모집을 통해 수혈했던 어업 분야는 소위 선주민으로 불리던 사할린한인 중 소수만이 투입되었던 분야라는 점도 눈여겨 볼 부분이다.

그러나 앞서 검토한 바와 같이 지역 차원에서조차 한인의 노동력 유지가 '송환을 전제'로 한 임시 조치였음을 간과해서는 안 된다. 한인의 송환이 아니라 정책 결정의 주체였던 소련의 정책을 중심에 놓고 보자면 이 임시조치는 전후에 새로 획득한 영토에서 위험요소가 될 수 있는 적성민족의 제거라는 소련의 전후 대원칙을 고수하면서도 현지 행정 당국의 요구를 일정 정도 반영하는 묘수가 될 수도 있었다.

이와 같이 사할린한인의 송환과 이들의 노동력 활용문제는 임시조치의 장기화 조짐이 감지된 1952년을 기점으로 점차 결합되는 방향으로 나아갔다. 사할린한인의 소련국적 취득 허용 직전인 1952년 초를 기점으로 일제 시기부터 많은 한인들이 일하던 개별 작업장에 대한 각종 생활여건 개선 관련 문건들이 다수 생산된 사실이 이를 반영한다. 「사할린우골 콤비나트 소속 한인 노동자의 생산 및 생활여건 개선에 관한 조치」(1952.1.9)[78], 「글랍사할린레스쁘롬 소속 한인 노동자의 노동 및 생활 상황 기록」(1952.1.8)[79], 「글랍사할린붐쁘롬 소속 한인 노동자의 생산 강화를 위한 조치들」[80], 「수산업 종사 한인의 생활 및 문화적 여건」(1952.1.7) 등과 이와 관련된 각종 결정, 통계, 협조 요청 자료 등이 그것이다.[81]

1952년 사할린 돌린스크(구 오치아이, 落合) 제지공장의 조선인들. 이들은 대부분 일본 점령기 때부터 오지제지(王子製紙) 계열의 벌목 및 산판 작업장, 제지공장 등에서 일했다.

이들 자료에 나타난 한인 중심 작업장들의 생산여건과 생산성에 대한 평가는 그로부터 몇 년 전 나이부치 탄광의 한인 노동자를 언급한 기록과 비교할 때 상당히 엄격하고 비판적인 논조로 가득하다. 즉 당국이 본격적으로 한인의 노동생산성을 향상시키기 위해 특별 관리체제로 돌입하였음을 보여준다. 더 나아가 1952년 말에 이르면 사할린 내 언론에서 한인의 송환문제는 사실상 다루어질 수 없는 사안이 되어버렸다. 1952년 11월 11일자로 나온 국가기밀 및 언론위원회 대표인 오멜첸코K. Омелченко의 지시문을 보면,

"공개적인 언론에서는 한인의 송환 할당이나 송환에 관한 여하한 모든 정보(의 공개)를 금지한다."고 언명하고 있다.[82] 위 기록들은 사후 계속적인 거주자로 관리 대상이 될 사할린한인에 대한 소련의 통제가 이동의 제한을 통한 안보 확보라든가, 한인 사회의 동요를 방지하는 차원을 넘어 본격적으로 노동력 활용이라는 목표를 위해 전환되고 있음을 시사하는 것으로 보인다.

그렇다면 1952년에 두드러진 소련 당국의 입장 변화는 과연 어떤 목표와 내용들을 담고자 했을까? 이 질문은 제1차 일본인 송환이 완료된 이래로 1952년 4월 28일 샌프란시스코 강화조약이 발효됨으로써 사할린의 한인이 일본 국적자 범주에서 완전히 배제된 상황과 관련해 향후 보다 상세히 살펴야 할 새로운 과제가 될 것이다.

주

1 사할린한인사에 대한 국내 연구와 주요 성과에 대해서는 방일권, 「한국과 러시아의 사할린한인 연구-연구사의 검토」, 『동북아역사논총』 38호, 2012, 363~413쪽, 특히 370~387쪽의 '이주와 귀환문제'에 대한 검토를 참조.

2 三品英彬, 『棄てられた四万三千人: 樺太朝鮮人の長く苦しい帰還の道』, 三一書房, 1981.

3 大沼保昭, 『サハリン棄民: 戰後責任の点景』, 中央公論社, 1992.

4 Бок Зи Коу. Корейцы на Сахалине. Южно-Сахалинск, 1993, с. 102.

5 Кузин А.Т. Исторические судьбы сахалинских корейцев. Монография. В трех книгах. К. 2. Интеграция и ассимиляция (1945-1990 гг.). Южно-Сахалинск: издательство «Лукоморье», 2010. с. 72.

6 Пак Сын Ы. Проблемы репатриации сахалинских корейцев на историческую родину // Сахалин и Курилы: история и современность. Материалы региональной научно-практической конференции (27-28 марта 2007г.). Южно-Сахалинск: Издательство «Лукоморье», 2008. С. 277~287; Он же. Репатриация сахалинских корейцев на родину: история и проблемы // Режим доступа: http://www.dvd-sakhalin.ru /?pg=2&type= 2& page=0

7 Кузин А.Т. Проблемы послевоенной репатриации японского и корейского населения Сахалина // Россия и АТР. 2010. №. 2. С. 76~83.

8 Кузин А.Т. Исторические судьбы сахалинских корейцев. Монография. В трех книгах. К. 2. Интеграция и ассимиляция (1945-1990 гг.). Южно-Сахалинск: издательство «Лукоморье», 2010. с. 72. 일본의 책임론을 보다 강조하는 입장이기는 하지만 러시아 측 자료를 주로 활용한 박승의와 한국학자인 박종효 역시 대체로 쿠진의 주장에 동의하고 있음을 알 수 있다. Пак Чон Хё. Сахалинская область и корейцы после окончания Второй мировой войны // Уроки Второй мировой войны и современность. Материалы международной научно-практической конференции, посвященной 65-летию окончания Второй мировой войны, 2 - 3 сентября 2010 г. Южно-Сахалинск, 2011. С. 60.

9 Подпечников В.Л. О репатриации японского населения с территории Южного Сахалина и Курильских островов // *Вестник Сахалинского музея.* Южно-Сахалинск. 2003. № 10. С. 257~260; Ким И.П. Репатриация японцев с Южного Сахалина в послевоенные годы // *Вестник Российского государственного университета им. И. Канта.* 2009. Вып. 12. С. 26~30.

10 Дин Ю.И. Проблема репатриации корейцев Южного Сахалина в 1945-1950 гг. // *Вопросы истории.* Вып. 8. - М., 2013, С.72~81.

11 한혜인(2011), 「사할린한인 귀환을 둘러싼 배제와 포섭의 정치-해방 후 ~1970년대 중반까지의 사할린한인 귀환 움직임을 중심으로」, 『사학연구』 102, 177쪽.

12 황선익(2012), 「사할린지역 한인 귀환교섭과 억류」, 『한국독립운동사연구』 43집, 447, 449쪽.

13 최기영, 「한인의 사할린 강제 이주와 귀환」, 장석흥 외, 『해방 전후 국제정세와 한인의 귀환』, 역사공간, 2012, 88~89쪽.

14 Крюков Д.Н. Гражданское управление на Южном Сахалине и Курильских островах в 1945 - 1948 гг. // *Краеведческий бюллетень*, 1993. № 1. С. 3-44.

15 ГАРФ(GARF: Государственный архив Российской Федерации), Ф. 5446[Постановления Совета министров СССР(소련 각료회의 결의)]의 각 시리즈(Опись)는 시기(연도)별로 구분되어 있고, Ф. 9526[Фонд управления Уполномочного Совета министров СССР по делам репатриации(소련 각료회의 귀환업무 전권총괄국)]은 주로 전쟁포로의 송환 관련 자료가 주를 이루며 민간인의 경우는 일본인 귀환 자료가 대부분이다.

16 ГИАСО(GIASO: Государственный исторический архив Сахалинской области), Ф. 53: Сахалинский областной совет народных депутатов(사할린 주 인민대표회의); Ф. 171: Управления по гражданском делам(민정국).

17 「스탈린, 도쿄 분할 점령 한때 시도」, 『한겨레 신문』 1995년 1월 5일.

18 사할린한인의 수에 대해서는 여러 설이 있으며, 소련 측 공문서 기록에서도 약 5만 명에서 2만 3천여 명에 이르는 여러 수치들이 제시된다. 여기서는

ГИАСО, Ф. 4, Оп. 1, Д. 302, Л. 28 (1947년 12월 17일에 사할린주당위원회가 작성한 "사할린 주 거주 한인 주민에 대한 대중 정치 사업 조직 관련 조치들에 관하여")에 나타난 '28,000명 이상을 헤아리는 주의 한인 주민'이라는 언급에 주목하여 약 3만 명으로 표기하였다.

19 ГИАСО, Ф. 171, Оп. 1, Д. 5, Л. 41. 이 문서의 작성 시기는 기재되어 있지 않으나 첨부된 수기 기록 등에 의거할 때 1946년 1월경으로 판단된다.

20 ГИАСО, Ф. 171, Оп. 3, Д. 7, Л. 122.

21 ГАРФ, Ф.Р-9526. Оп. 4, Д. 54, Л. 416. - 극동군사령관구 국장 라스포핀 (Распопин) 대령의 보고(1947년). Дин Ю.И. Проблема репатриации корейцев Южного Сахалина в 1945-1950 гг. // *Вопросы истории*. Вып. 8. - М., 2013, С. 76.

22 Дин Ю.И.(2013), С. 76 참조.

23 ГАРФ, Ф.Р-9526. Оп. 1, Д. 509, Л. 170.

24 Ким И.П. Политическое, социально-экономическое и демографическое развитие территорий, присоединенных к Российской Федерации после завершения второй мировой войны (Восточная Пруссия, Южный Сахалин, Курильские острова). 1945 - первая половина 1949 года. Диссертация на соискание ученой степени кандидата исторических наук. Южно-Сахалинск, 2010.

25 Ким И.П. Репатриация японцев с Южного Сахалина в послевоенные годы // *Вестник Российского государственного университета им. И. Канта.* 2009. Вып. 12. С. 26~30.

26 Ким И.П. Политическое, социально-экономическое и демографическое развитие...(2010), С. 69.

27 ГАРФ, Ф.Р-9526. Оп. 5, Д. 53, Л. 14.

28 ГАРФ, Ф.Р-9526. Оп. 1, Д. 510, Л. 54.

29 ГАРФ, Ф.Р-9526. Оп. 1, Д. 509, ЛЛ. 50, 111~112.

30 Крюков Д.Н. Гражданское управление на Южном Сахалине и Курильских островах в 1945 – 1948 гг. // *Краеведческий бюллетень*, 1993. № 1. С. 26~27.

31 Крюков Д.Н. Гражданское управление на Южном Сахалине и Курильских островах в 1945 – 1948 гг. // *Краеведческий бюллетень*, 1993. № 1. С. 26~27; Ким И.П. Репатриация японцев с Южного Сахалина в послевоенные годы // *Вестник Российского государственного университета им. И. Канта.* 2009. Вып. 12. С. 27.

32 ГАРФ, Ф.Р-9526. Оп. 1, Д. 510, ЛЛ. 24, 55; ГАРФ, Ф.Р-9526. Оп. 1, Д. 509, Л. 26 등.

33 Крюков Д.Н. Гражданское управление на Южном Сахалине и Курильских островах в 1945 – 1948 гг. // *Краеведческий бюллетень*, 1993. № 1. С. 26.

34 ГАРФ, Ф.Р-9526. Оп. 1, Д. 509, Л. 168 // Дин Ю.И.(2013), С. 75.

35 Ким И.П. Политическое, социально-экономическое и демографическое развитие... (2010).

36 ГАРФ, Ф.Р-9526. Оп. 1, Д. 509, ЛЛ. 168~169.

37 황선익(2012), 445~446쪽.

38 ГАРФ, Ф.Р-9526. Оп. 1, Д. 509, Л. 233; 같은 곳 Д. 510, Л. 24.

39 Ким И.П. Политическое, социально-экономическое и демографическое развитие... (2010), с. 69.

40 ГИАСО, Ф. 53. Оп. 1, Д. 109, Л. 27.

41 Дин Ю.И.(2013), с. 76.

42 ГИАСО, Ф.557, Оп.1, Д.4, Л. 36. 같은 기록에서 동일한 사례가 홈스크에서도 나타났음이 지적되고 있다.

43 ГИАСО, Ф. 4, Оп. 1, Д. 556, Л. 60.

44 Дин Ю.И.(2013), С. 76~77에서 재인용.

45 「극도의 생활난 징용으로 끌려간 재화태 4만동포」, 『동아일보』 1947년 10월 29일(필자가 현대어 표기로 바꿈).

46 「귀국할 길없는 화태잔류4만동포」, 『자유신문』 1947년 9월 21일(필자가 현대어 표기로 바꿈).

47 『자유신문』과 『동아일보』는 사할린동포구출위원회의 결성과 주요 활동을 동년 11월에 기사화했다. 이에 따르면 위원회는 맥아더 연합군사령관에게 진정서를 보내 일본 정부가 한인의 구출에 나서도록 건의하고 서재필을 통해 진정에 대한 협조를 요청하였다. 황선익(2012), 「사할린지역 한인 귀환교섭과 억류」, 『한국독립운동사연구』43집, 449~452쪽 참조.

48 황선익(2012), 451~453쪽을 참고할 것.

49 Supreme Commander for the Allied Powers

50 이에 대해서는 장석흥, 「사할린 지역 한인 귀환: Repatriation of Koreans from Sakhalin, G-3 REPATRIATION 자료」, 『한국근현대사연구』 43집 (2007), 210~275쪽에 소개된 문서를 활용하였으므로 이하에서는 별도의 문서에 대한 언급 없이 해당 자료가 제시된 지면만을 표기하기로 한다.

51 「동포를 구할 길 열린다」, 『조선일보』, 1947년 10월 17일.

52 장석흥(2007), 236~238, 241쪽.

53 관련 내용은 1948년 2월 24일에 작성되었다. 장석흥(2007), 243쪽.

54 장석흥(2007), 252~253쪽.

55 大沼保昭, 『サハリン棄民: 戰後責任の点景』(中央公論社, 1992), 32.

56 ГАРФ, Ф.Р-9401. Оп. 1, Д. 2864, Л. 355.

57 ГАРФ, Ф.Р-9401. Оп. 1, Д. 2864, Л. 356.

58 ГАРФ, Ф.Р-9401. Оп. 2, Д. 148, Л. 339.

59 윗 글.

60 ГАРФ, Ф.Р-9401. Оп. 2, Д. 148, Л. 400.

61 「사할린의 한인들, 한·러 근대사 비사: 러시아문서보관위 사료 독점 발굴
　(34)」, 『동아일보』, 1993년 4월 20일.

62 ГАРФ, Ф.Р-9526. Оп. 5, Д. 53, Л. 15.

63 상동.

64 ГАРФ, Ф.Р-9526. Оп. 5, Д. 53, Л. 13. // Дин Ю.И.(2013), С. 77.

65 ГАРФ, Ф.Р-9526. Оп. 4, Д. 54, Л. 416. // Дин Ю.И.(2013), С. 77.

66 윗 글.

67 러시아 문서는 전혀 활용되지 않아 소련 측 정책의 구체적인 추이를 추적하
　기 어렵기는 하지만 시베리아 포로의 귀환에 대한 국내 연구인 박민영의 「소
　련군 포로가 된 시베리아지역 한인의 귀환」, 『한국독립운동사연구』 20집,
　2003, 1~25쪽이 도움이 된다.

68 Дин Ю.И.(2013), С. 78-79.

69 ГАРФ, Ф.Р-9526. Оп. 5, Д. 53, Л. 13. // Дин Ю.И.(2013), С. 78.

70 ГАРФ, Ф.Р-9526. Оп. 5, Д. 53, Л. 16.// Дин Ю.И.(2013), С. 79.

71 ГИАСО, Ф. 171, Оп. 1, Д. 31, Л. 42.

72 ГИАСО, Ф. 44, Оп. 1, Д. 65, ЛЛ. 3~6.

73 ГИАСО, Ф. 4, Оп. 1, Д. 344, Л. 70.

74 ГИАСО, Ф. 242, Оп. 1, Д. 21, Л. 84.

75 ГИАСО, Ф. 242, Оп. 1, Д. 33, ЛЛ. 13~14 참조.

76 이에 대해서는 ГАРФ, Ф.Р-9401. Оп. 1, Д. 4562, ЛЛ. 267~273을 참조.

77 ГАРФ, Ф.Р-9401. Оп. 1, Д. 4562, Л. 268.

78 ГИАСО, Ф. 53, Оп. 7, Д. 105, ЛЛ. 11~13.

79 같은 곳, ЛЛ. 14~18.

80 같은 곳, ЛЛ. 19~23.

81 같은 곳, ЛЛ. 27~34.

82 ГИАСО, Ф. 131, Оп. 1, Д. 3, Л. 2.

제 3 장

한국:
한국의 외교적 책임과
시대적 한계

오일환

사할린한인의
귀환을 둘러싼 책임 공방

▼

이 장에서는 1980년대 초까지 사할린한인 문제에 관한 한국정부의 인식과 태도, 관련 당사국인 일본·소련·북한 및 국제적십자위원회The International Committee of the Red Cross(이하 ICRC로 약칭)와의 관계와 외교적 입장, 그리고 협상태도 등을 살펴보고자 한다.

사할린한인의 귀환 문제를 다룰 때 시기구분에 대한 논의는 다양하다. 하지만 이 장에서는 해방 직후부터 1940년대 후반의 제1시기, 1950년부터 1980년대 중반까지의 제2시기, 1990년대 이후의 제3시기로 구분하고자 한다. 제1시기에는 일본의 책임 방기와 구 소련(이하 '소련')의 억류 시도 속에 오로지 개인들의 모험적 행위를 통해 귀환이 이루어졌다. 제2시기에는 한국정부의 요구에 따라 일본이 소련과 협상한 결과 일부 한인들이 일본과 한국으로 귀환하였으나, 이것은 매우 우연한 기회와 계기를 활용한 소수 사례였다고 볼 수 있다. 제3시기에는 1980년대 말부터 한·러·일 3국 간 외교협의에 따라 모국방문을 중심으로 본격적인 협상이 이루어졌고, 1990년대 이후 일시방문·영주귀국·재방문 등이 비로소 추진되기 시작했다고 볼 수 있다. 이것은 1980년대 이전까지 여러 관련 단체와 기관들의 노력이 정부 간 협의를 추동해내고 상호 견인함에 따라 비로소 그 결실이 발현된 것으로 볼 수 있다.

1980년대 이후의 각 행위자Actor들의 노력과 상호작용에 대해서는 기존의 연구 성과들이 적지 않다. 그러나 문제는 1980년대 이전 시기에 대해서는 객관적인 사료를 근거로 설명 또는 분석된 사례가 많지 않다는 데에 있다. 특히 당시에는 관련 단체의 수도 적었고 그 영향 또한 미미했었기 때문에, 정부 간의 인식과 태도, 정책 및 외교적 협의가 중대한 변수였다고 할 수 있으나 정작 이에 대한 본격적인 조사와 연구는 거의 전무한 실정이다.

그동안 일본 측에 대해서는 한인의 강제동원과 패전 후 기민棄民 정책에 대한 책임을, 소련 측에 대해서는 일방적인 억류와 출국 불허의 책임을 강조해 왔던 것이 사실이다. 그리고 한국정부의 사할린 문제에 대한 관심은 88올림픽 이후에야 본격화되었다는, 즉 그 이전에는 그다지 관심도 이렇다 할 개입도 없었다는 식의 피상적인 편견과 지적들이 마치 정론인 것처럼 논의되어 왔다. 예를 들어 장민구는 주로 일본정부의 책임이 크다는 점을 부각시켰다. 최낙정은 한 발 더 나아가 1970년대에 사할린한인 문제가 해결되지 않는 것은 일본정부가 소극적 태도로 일관했기 때문이며, 억류 주체인 소련 또한 비난받아 마땅하다고 일갈했다. 아울러 '안보상의 문제를 비롯한 현실적인 우려' 때문에 순차적 귀환을 모색하던 한국정부에 대해 유가족과 국민은 당연한 지지를 표해야 한다고 주장했다. 이들의 주장은 당시 사료 접근이 매우 제한적이었다는 연구현실을 감안하더라도, 처음부터 일본과 소련을 일방적으로 비판하는 데에만 관심을 두고 있다는 인상을 지울 수 없다.[1]

그 후 일부 논문에서 한국·일본 정부와 국회의 공문서 등을 통해 1980년대 중반 이후 사할린한인 문제에 대한 각국의 대응, 정부 간 협의에 대한 분석을 시도하였다. 그러나 1980년대 이전 시기에 대해서는 주관적인 판단에 치우친 경향 또한 적지 않았다.[2] 예를 들어 강정하는 학위논문에서 사할린한인 문제에 대한 한국 정부와 국회의 관심이 '1966년이 처음이었다.'거나, '잊혀져가고 있었다.', 혹은 1980년대 이전 시기에 사할린한인 문제가 부각된 것은 '일본의 노력을 간과할 수 없다'는 식의 주관적 서술을 피력하고 있다. 아마도 이것은 2001년 당시에는 1980년대 이전 시기의 사료를 입수하는 데 한계가 있었기 때문이었을 것이다. 이에 이 장에서는 '1966년 이전'에도 정부가 일정 부분 관심과 노력을 기울였다는 점, 이 문제가 결코 '잊혀진 것은 아니었다.'라는 점, '일본의 노력'은 일본이 자발적으로 나선 것이 아니라 '일본 내 사할린한인(체류자)들과 한국정부의 지속적인 문제제기와 요구'에 따른 것임을 시계열적으로 밝히고자 한다.

이렇게 자료 접근의 한계로 인한 '일방적인 주장'이나 '자의적인 해석'과는 달리 2010년 이후에는 한일 정부의 공식문서라든가, 구 사할린(화태청) 자료 등을 통해 엄밀한 분석을 시도하기 시작한 연구도 나타나기 시작했다. 현무암 등은 외무부 문건을 이용해 해방 이후 1973년까지 소련과 일본의 입장 및 양국 간 협상 과정, 그리고 한국정부와 중앙정보부 등의 입장을 정리했다.[3] 비록 이 연구에 사용된 외무부 자료가 '1973년까지'로 한정된 것은 아쉬운 점이지만, 그 이전의 사할린 연구에 비해서는 한일 양국의 외교문서와 사할린(구 화태)의 자료 등을 객관적으로 분석하고자 노력한 점은 진일보라 평가할 수 있다. 그러나 비슷한 시기에 발표된 연구 중에는 사할린한인 문제의 원인 제공자가 일본이며 국적 조항의 해석을 둘러싼 문제점 등을 이유로 한국은 법적으로 해결자적 지위에 있지 않다는 식의 주장을 전개함으로써 오히려 이 문제의 해결에 혼란을 가중시킨 경우도 있었다.[4] 이러한 연구는 법적 지위의 문제점을 지적했다는 점에서는 분명 시사 하는 바가 있으나, 그 책임이 소련과 일본에만 있다는 식으로 귀결될 경우 결과적으로 한국정부의 소극적 대응이 '면죄'되는 의도치 않은 결과를 초래할 수도 있다는 점에 유의할 필요가 있다.

이상의 논의들은 대개 일본정부 또는 소련정부의 일방적인 책임론을 강조하거나, 한국정부의 무관심과 소극적인 대응양상에 편중된 측면이 있었다. 반면에 각국의 문제 인식 및 태도라든가 상호 관계 속에서 나타난 대응의 동태적 변화과정 등에 관한 설명과 분석은 다소 미진했다. 또한 1970년대 초까지 한정된 외무부 문서만으로는 정작 그 이후 다이내믹하게 전개된 한일 정부 간의 방침 및 협상 전략의 변화를 이해하기 어려운 측면이 있었다.

이에 이 장에서는 그동안 베일 속에 가려져 있던 사할린한인 귀환 문제에 관한 한국정부의 인식과 태도, 일본·소련·ICRC·북한 등 관련국들에 대한 인식과 태도, 외교적 대응방법의 다양한 단면들을 제시하고 이에 대한 분석을 시도해 보고자 한다. 특히 최근의 제3시기를 제외한 제2시기까지의 한국정부 인식과 방침 등에 관해서는 그다지 알려진 바가 없고, 실제로 외교사료와 관련 문서가 최근 공개되기 시작한 시기 또한 제2시기에 집중되었으므로 이 책에서는 1950년대 이후부터 1980년대 중반까지를 중점적으로 분석하고자 한다.

잘 알려진 바와 같이, 사할린한인의 귀환 문제는 1970년대 중반에 해결 가능성이 일시적으로 높아졌다가 북한의 강력한 항의와 견제, 일·소관계의 갑작스런 경색 등으로 인해 다시 동결凍結되다시피 했다. 말하자면 사할린한인 문제가 뜻하지 않은 빙하기를 맞은 것이다. 이러한 경색된 분위기에 새로운 변화가 나타나기 시작한 것은 1980년대에 들어서면서부터이다. 한국에서는 '중소이산가족회'와 '대한변호사협회'를 중심으로, 일본에서는 '일본변호사연합회'와 '아시아에 대한 전후 책임연구회'가 사할린 관련 재판의 지원, 실태조사 및 보고서 발간, 신문과 방송 등 미디어 활용, 국회와 정치인에 대한 로비 등 다각적인 활동을 전개함으로써 양국 정부와 여론의 관심을 환기시켰다. 이러한 노력의 결과 1984년 8월 동경에서 개최된 '사할린잔류한국의 귀환문제에 관한 국제 심포지움'이 국내외에 많은 반향을 불러 일으켰다. 그리고 1986년 12월 소련 측이 소련 국적 및 무국적 사할린 잔류자에 대해 '소련의 법제에 따라 출국 조치한다.'고 언명하고, '출입국 권리는 개인의 자유로서 보장되어 있으며, 이 문제는 소련의 국내 문제'라고 밝힘으로써 더 이상 북한 측의 항의나 반대에 구애받지 않겠다는 뜻을 시사했다. 즉 공식적으로 소련정부의 사할린한인에 대한 출국허가 방침이 확인된 것이다.[5]

이에 이 장은 그동안 실제 사료를 통해 확인하기 어려웠고 객관적 자료에 대한 연구가 부족했던 시기, 즉 1950년대부터 1970년대, 그리고 1980년대 초반 한국과 일본에서 여러 관련 단체와 기관들이 본격적으로 활동을 전개하기 이전까지의 시기에 초점을 맞추어 한국정부의 인식과 태도, 그리고 입장 등을 살펴보고자 한다. 이를 위해 이 책에서는 주로 해당 시기 한일 정부의 외교문서[6], 대한적십자사 및 ICRC와의 왕복문서 등을 분석대상으로 삼았다. 여기서 외교문서란 앞서 현무암 등이 활용했던 『재사할린 교민 귀환문제, 1970-73』외에 새로 발굴한 자료를 뜻한다. 즉 외무부가 1981년도에 작성한 『樺太僑胞關係資料』(1981.6), 그리고 2년 뒤에 그 내용을 증보한 『樺太僑胞關係資料』(1983.1)를 중점적으로 살펴볼 것이며, 그밖에 한국 외무부와 일본 외무성 간의 국교정상화 회담, 오무라·부산 수용소 억류자의 상호 석방, 강제동원 희생자의 유골 송환, 사할린한인 귀환 문제 등과 관련된 이후 시기의 외교문서와 협상 관련 문헌 등을 참고하고자 한다.

한국정부의 인식과 태도, 정책에 관여한 행위자는 정부 내에서도 청와대, 외무부, 중앙정보부, 내무부 등 여러 부서와 기관이 있다. 그런데 사할린한인 문제는 소련, 일본, 북한, ICRC, 각국 적십

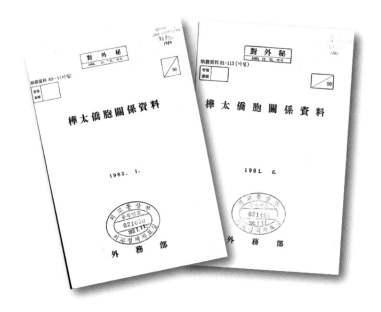

『樺太僑胞關係資料』(1983.1)과 『樺太僑胞關係資料』(1981.6)

자사 등 대외적 행위자들과 지속적인 관계를 유지·관리하며 최종
적으로 외교적 협의를 수행한 외무부가 사실상의 주관부서였고,
정부 내부의 고민과 태도, 외교문서의 출납, 정부 정책의 최종 결정
을 관찰할 수 있는 곳도 바로 외무부라고 할 수 있다. 따라서 외무
부가 수집하고 정리한 외교문서, 관련 부처 간 협의 결과, 정부정책
의 결정 내용들이 포괄된 외무부 자료를 심도 있게 분석할 필요가
있다.

사할린한인 귀환문제의
주요 쟁점과 한국정부의 입장

▼

1980년대 초 사할린한인 문제에 대한 한국 정부의 인식과 판단은 외무부가 정리한 문건에 다음과 같이 요약되어 있다.

> - 본 건은 한일 간 만의 문제가 아니라, 한·일·소 3개국 간
>   의 문제로서, 당초 다음과 같은 문제점이 있었음.
> ○ 한국정부의 인수여부
> ○ 경비 부담국 문제
> ○ 일본정부의 일본정착 허용 여부
> ○ 소련정부의 출국허가 여부
> ○ 일본정부의 일본 입국허가 발급문제[7]

여기서 보듯이 1980년대 초까지 가장 첨예했던 쟁점은 첫째, 사할린한인이 일본 또는 한국에 정착하는 것을 허용하고 사전에 보장하느냐의 문제. 둘째, 경비를 누가 부담하느냐의 문제. 셋째, 소련이 출국을 허용하느냐의 문제로 정리될 수 있다. 이것은 다시 한일 간의 문제와 소련의 입장으로 요약될 수 있다. 그런데 1970년대 후반부터 1980년대 초반에 이르러 한일 간에는 상당한 의견 접근과 공감대가 이루어진 반면, 소련의 입장은 여전히 변화의 기미가 보이지 않았다. 위 문건에서 외무부는 당시 상황을 다음과 같이 정리하고 있다.

> - 금일에 이르러서는 상기 5개 문제점 중 (1) **인수문제**, (2)

경비문제, (3) 일본 정착문제, (4) 일본 입국허가 발급문제
는 사실상 **해결**되었거나 또는 문제시 되지 않기에 이르렀
고, **다만 소련 정부의 출국허가 여부만이 문제점**으로 되
어 있음.(*이하 강조와 밑줄은 필자)

- 이와 같은 소련과의 문제점은 (1) 한·소 관계, (2) 소·북괴
  관계, (3) 화태(사할린)지역의 노동력 부족, (4) 소련의 국
  가 위신, (5) 재소 이스라엘인의 출국 문제 등과 관련되는
  것으로서 화태교포의 귀환문제는 한·소 관계가 집약적
  으로 표시되는 문제임.[8]

따라서 지금부터는 위에서 언급된 주요 쟁점들과 관련해 한국
정부의 인식과 태도가 그동안 어떻게 변화되어 왔는지를 살펴보고
자 한다. 아울러 일본·소련·북한 및 ICRC에 대한 한국정부의 인식
과 태도, 외교정책은 구체적으로 어떤 내용을 담고 있었는지를 살
펴보고자 한다.

한국정부는 사할린한인의 귀국을
바라지 않았는가?

▼

해방 후 1950년대까지 사할린한인에 대한 한국정부의 인식과
정책은 매우 소극적, 형식적이었다고 할 수 있다.

1956년 일·소 공동선언 이후 사할린 억류 일본인의 '후기 귀
환'(1957.8~1959.8)이 이루어짐에 따라 이 시기에 일본인 처妻의 배

우자와 자녀 신분으로 약 2,600명이 일본으로 귀환했는데 이 가운데 약 700명이 한국인 남편이었다. 이들은 1958년 2월 '사할린(화태) 억류 귀환 한국인회'를 결성하고, 9월에 '화태 귀환 재일 한국인회'로 개칭했다. 이들은 일본에서 한국정부와 일본정부를 상대로 미귀환 사할린한인의 존재를 알리고, 이들의 귀환을 촉구하는 운동을 전개하였다. 그러자 비로소 한국정부는 사할린한인 문제의 심각성을 인식하고 일본정부에 관련 외교문서를 보내기 시작했다. 하지만 한국정부의 관심은 여전히 소극적이었고, 오히려 국제적십자위원회ICRC 대표단의 방한이 사할린한인 문제에 대한 한국정부의 관심을 환기시켰다고 할 수 있다.

1958년 9월 하쿠산마루(白山丸)가 사할린 홈스크에서 일본인과 한인 남편을 태우고 일본 니가타 항으로 입항하는 모습

1950년대 한일관계는 주로 국교정상화 회담(한일회담)의 시작과 중단, 재개를 반복하는 형태로 전개되었다. 당시 주요 사안으로는

기본조약 외에 재일조선인의 법적지위 문제, 재산청구권 문제, 문화재 반환, 어업 문제, 선박 문제 등이 다루어졌다. 그밖에 '구보타 망언', 평화선(이승만라인), 억류자 상호 석방, 재일조선인 북송('귀국') 문제 등의 굵직한 정치적 이슈들이 한일회담의 파탄 및 재개와 맞물려 상호 영향을 주고받았다. 이 가운데 재일조선인의 신병처리 문제, 즉 법적지위와 억류자 상호 석방, 북송 문제 등은 사할린한인 문제와 관련해 시사하는 바가 컸다고 할 수 있다.

당시 일본정부는 모든 '재일조선인'의 귀국을 요구함으로써 사실상 강제퇴거와 '추방' 가능성을 암시하며 압박했다. 그러자 이승만 정부는 1945년 8월 15일 이전에 '일본에 있던 조선인'에 대해서는 일본 내에 영주할 수 있는 권리를 부여하도록 요구했다. 그런데 이때 이승만 대통령은 일본이 이들에게 보상금을 주지 않는 한 한국으로의 귀국은 허용할 수 없다는 입장을 고수했다. 그 결과 자발적으로 한국으로 귀국하고자 하는 사람들의 귀국까지 사실상 불허한 것이다. 이렇게 한국정부가 재일조선인의 자발적인 귀국까지 불허하는 가운데, 일본과 북한은 재일조선인의 북송을 추진했다. 물론 한국정부는 이에 반대하며 북일 간의 북송 협의를 막고자 다양한 외교적 노력을 전개했다. 이때 외무부의 고위당국자와 미국정부는 이승만 대통령에게 '북송을 저지하기 위해서는 일단 한국으로 귀국하려는 재일조선인을 우선적으로 받아들여야 한다. 일본의 보상금 문제는 그 후 논의해 해결할 수도 있지 않겠는가.'라는 취지로 설득했다. 그러나 이승만 대통령은 끝내 이러한 제안을 받아들이지 않았고, 일본이 재일동포의 북송을 포기하고 이들에게 보상금을 주지 않는 한 귀국을 허용할 수 없다는 입장을 고수하도록 지시했다.[9] 심지어 한국전쟁 기간에 강제동원 희생자의 유골을 일본정부가 한국 측에 전달할 의사를 밝혀왔음에도 불구하고, 이승만 정부는 한일회담에서의 보상금 문제가 해결되고, 모든 비용을 일본이 지불한다는 보장을 하기 전까지는 유골을 받아들일 수 없다는 태도를 보였다.[10] 당시 이승만 대통령이 이들의 귀국을 사실상 반대한 이유는 보상금 문제 외에도, '60만 명'에 달하는 재일동포가 새로 한국에 유입될 경우 가뜩이나 일자리가 부족하고 실업률이 높은 경제적 상황을 더욱 악화시킬 것이라는 현실적 측면도 있었지만, 무엇보다도 '재일조선인은 대부분 빨갱이'라는 부정적 인식에 기반한 치안과 안보 측면의 부담이 크게 작용했다.[11]

이처럼 재일동포의 (남한)귀국과 북송, 강제동원 사망자 유골의 송환 문제에 이르기까지 이승만 정부는 '보상금' 문제와 더불어 경제와 안보라는 측면에서 귀국보다는 사실상 이들이 일본에서 최대한 오래 체류하거나 가급적 정주할 것을 선호하였다. 따라서 산 사람은커녕 죽은 사람의 유골 문제조차 관심 밖이었던 당시 현실에 비추어 볼 때, 한국정부가 소련 치하의 사할린 지역에 있던 한인들을 데려오는 데 적극적인 관심을 보일 리가 만무했다. 설령 사할린에서 이들이 귀환하더라도 한국으로의 귀국보다는 재일동포와 마찬가지로 가급적 일본에 정주하기를 선호했다고 보아야 할 것이다.

국제적십자위원회의 방한과
한국정부의 대응

▼

한국정부가 사할린한인 문제를 국제적인 이슈로서 관심을 기울이기 시작한 계기는 1956년 ICRC 주노Marcel Junod 부총재 일행의

1956년 국제적십자위원회 대표단 방한 관련 기사(『동아일보』, 1956.5.10.)

한국 및 일본 방문이었다고 할 수 있다.

　　당시 한국, 일본, 북한 사이에는 오무라大村수용소에 수용된 한인, 부산수용소에 수용된 일본인 선원의 상호 석방과 송환, 북한 내 잔류 일본인 문제, 그리고 사할린 억류 한인의 귀환 문제에 관한 협상이 진행 중이었다. ICRC는 이러한 문제들과 관련해 각 당사국 또는 해당국 적십자사의 요청에 따라 구체적인 상황을 파악하고자 특사단을 파견한 것이다.[12]

　　일부 자료에서는 당시 ICRC의 방한 목적이 마치 '사할린한인 문제'에 국한된 것으로 서술하고 있으나 이것은 명백한 오해이다. 사할린한인 문제는 오무라와 부산 수용소에 있던 한일 양국의 억류자

일본 밀항 후 검거되어 오무라수용소(大村收容所)에 수용되는 한국인들, 1960년

문제라든가 재일한인 문제에 비하면 그다지 비중이 크지 않았다.[13]
　　어쨌든 ICRC 특사단의 방한 이후 한국정부는 일본에 대해 공식적인 외교문서를 통해 사할린한인 문제의 해결과 더불어 소련과의 협상을 요구했다. 이에 따라 1957년 8월 6일 주일한국대표부는 일본정부에 대해 외교구술서口述書, Note Verbale를 수교하였다. 이것은 전후 한국정부가 사할린한인 귀환 문제와 관련해 일본정부 측에 보낸 외교문서 가운데 현재까지 확인된 최초의 문서라고 할 수 있다. 앞에서 언급한 1966년보다 무려 9년이나 이른 것이다.

한국이 일본 측에 제시한
요구사항은 무엇이었는가?

▼

1957년 8월 한국정부가 주일한국대표부를 통해 일본정부에 제시한 사할린한인 문제에 관한 요구는 다음과 같다.

> - **일본으로 송환된 사할린한인들이,** 사할린에서 돌아온 일본인들에게 지급한 1만 엔의 귀환수당, 여비 및 기타 지원금 등을 지급받지 못하는 바, 동 사할린 귀환 일본인들과 동일한 당국의 수당과 각종 지원을 받을 수 있도록 할 것
> - 지금도 일제가 노동자로 강제동원한 한인들이 다수 남아 있고 이들이 귀환을 희망하는 바, 이들에 대한 정보 제공과 조속한 귀환이 이루어지도록 조치를 취할 것[14]

이것이 사할린한인 문제와 관련해 지금까지 확인된 한국정부 최초의 외교문서임에도 불구하고, 이 구술서에 나타난 가장 큰 특징은 한국정부가 사할린에 억류중인 대다수 한인들의 귀환 문제는 부수적인 차원에서 다루고 있으면서도, 이미 일본으로 귀환한 한인들의 수당에 대해서는 상당한 관심을 표명하고 있었다는 점이다. 이것은 당시 한국정부가 사할린에 억류중인 대다수 한인들의 귀환 문제에 대해 그다지 주목하지 않고 있음을 반증하는 것이다. 한국정부가 '수당'에 관심을 표명한 것은 일본으로 입국한 사할린한인들의 시급한 요구이기도 했지만, 당시 재일한인들에 대한 생활보호 지원금 지급 요구와도 일정 부분 연동된 것으로 추정된다. 당시 한

국정부는 일본 측에 제4차 한일회담 재개를 둘러싼 인질 문제와 재일한인 북송 저지 외에도 재일한인들의 생활보호대상자 지정 및 생활지원금에 관심을 기울이고 있었다. 1950년대 후반 일본정부에 따르면 재일한인 중 약 1만 9,000세대, 8만 1,000명이 생활보호 대상자였으며 이들에 대한 연간 생활보호 지출액은 총 17억 엔[15]에 달했다. 이처럼 한국정부가 재일한인의 생활보호 문제에 관심을 기울인 것은 이들의 귀국보다는 일본 체류 및 정주에 초점을 두고 있었다는 사실을 시사한다.

이 외교문서에서는 또한 사할린한인들을 일제강점기 '전시노무동원자war time labour draftees'로 표현하고 있다. 이것은 사할린한인의 다수가 '노무동원자'였다는 점에서는 틀린 표현이 아니다. 하지만 노무동원자 외에도 강제동원 시기 이전의 일반 도항 체류자, 비노무동원자, 노약자·부녀자·미성년자와 자녀 등 다양한 구성원을 포괄하기에는 한계가 있다. 아울러 '전시'라는 표현 또한 일본정부가 이해하고 있는 '전시기', 즉 1941년 12월 8일 진주만공격일 이후로 한정되기 때문에, 적어도 1938년 4월 이후의 전시총동원 시기, 나아가 일제강점기의 전 시기에 걸친 피지배 기간을 포괄하지 못한다는 맹점이 있다. 다시 말해 이것은 당시 사할린한인에 대한 한국정부의 인식이 일제강점기 말기, 그것도 전쟁 시기의 징용피해자로 국한되어 다양한 사할린한인의 구성과 복합적 성격에 대한 폭넓은 이해를 결여하고 있었다는 것을 보여준다. 이러한 사례는 재일조선인 강제동원 피해자 문제에서도 자주 드러나고 있다. 한일회담 과정에서 최종 배제된 사안 중 대표적인 것만 보더라도 일본군 위안부, 원폭피해자, 사할린한인, 후생연금, 한센병환자 문제 등을 들 수 있다. 또 유골 송환 협상에서는 군인·군속 유골만을 문제시 하였고, 일반 노무동원자 등의 유골 문제는 항상 뒷전이었다. 이처럼 일본 측도 아닌 한국정부가 군이 사할린한인의 범위를 축소하고자 한 경향은 자국민과 재외동포에 대한 무관심 내지 고질적인 기민棄民적 태도를 보여주는 것이라고 할 수 있다.

결정적으로 이 문서에서 주목해 볼 대목은 '한국으로의 귀환'을 명시하지 않고 있다는 점이다. 이것은 당시 한국정부가 자국민의 귀환 목적지가 '한국'임을 의도적으로 외면한 채 일본에 대해 오로지 '조속한 귀환'만을 요구했다는 것을 의미한다. 즉 한국정부는 사할린한인의 '한국으로의 귀환'을 명시적으로 요구하지 않았고, 이러한 태도는 이후 전개된 한국정부 내부 논의과정과 한일 간 협의에서 '한국으로의 귀환' 보다는 '일본으로의 귀환'을 요구하는 것이 오랜 쟁점으로 작용하는 결과를 초래했다.

한편, ICRC는 각국의 입장과 여러 상황을 검토한 뒤 1958년 4월 28일 한국정부 측에 사할린한인 문제 해결에 협조할 의사가 있음을 표명하고, 그 해결 방안의 하나로서 한국 내 가족 등 연고자가 개별적으로 사할린한인의 귀환을 신청해 줄 것을 요청했다. 그러나 한국정부는 이러한 권고에 대해 1년이 넘도록 명확한 답변이나 관련 조취를 취하지 않았다. 이것은 ICRC가 1959년 8월 19일 대한적십자사를 통해 한국 연고자의 개별 귀환신청 추진 의사를 확인해 달라고 재차 요구한 사실로도 확인할 수 있다.[16]

그 후 한국정부가 일본정부에 재차 공식 외교문서를 발송한 것은 1959년 7월이었다. 한국정부는 1957년 8월 구술서에 대한 일본정부의 조치와 답변이 없자 유감을 표시하며, 이에 대한 조속한 해결을 촉구했다. 이 구술서의 특징은 1957년 8월 구술서에 비해 그 순서가 바뀌었다는 것이다. 즉 일반 사할린한인의 귀환 문제를 먼저 언급한 뒤 일본으로 귀환한 한인의 수당 및 처우에 대한 요구를 그 다음에 적시하였다.

여기서 한 가지 특이한 사항은 문서 말미에 오무라수용소에 수용중인 사할린한인의 조속한 석방을 요구했다는 점이다. 문서에서 대표부는 "1월 21일 외무성과의 대화에서도 언급했듯이, (중략) 작년 9월 사할린에서 귀환한 한인 몇 명이 오무라수용소에 억류중인 바, (중략) 최대한 빨리 이들을 석방해 줄 것"[17]을 요구했다.

이처럼 1950년대까지 사할린한인 문제에 대한 한국정부의 관심은 그다지 크지 않았다. 그저 일본으로 귀환한 한인들의 요구와 민원에 대응하는 수준이었거나, ICRC의 개입과 요구에 따라 일본정부 측에 재일한인 문제를 의식하면서 최소한의 요구만 제시하는 외교적 자세를 취하는 정도였다.

1960년대 한국정부의 대응

▼

1950년대 후반 ICRC가 한국 내 연고자의 개별신청을 요구하자 한국정부가 후속 조치를 취하게 되는 것은 1960년이 되어서였다. 1960년 8월 ICRC 대표단이 한국을 방문할 무렵 한국정부는 그동안 '재일 한국인 희생자 연합회'로부터 받은 화태억류교포 약 2천여 명의 명단 중 약 1천 명의 한국 내 연고자 명단을 작성해 이를 ICRC에 전달하며 귀환을 신청한다고 밝혔다.[18]

그 후 1960년대 전반기 동안 한국정부의 대응은 뚜렷하지 않았다. 이 시기는 장면정부의 제5차 한일회담, 군부정권기의 제6차, 제7차 한일회담이 진행 중이었다. 당시 사할린한인 귀환 문제는 청구권협정, 재일한국인 법적지위 등의 사안에 비해 중요도가 높지 않앉기 때문에 별다른 주목을 받지 못했다. 그러나 이 기간 동안 일본의 '화태 귀환 재일 한국인회'는 한일회담에서 사할린한인의 귀환 문제를 의제로서 거론해 줄 것을 한일 양국 정부에 지속적으로 요청하는 한편, 사할린한인들의 서신을 기초로 귀환희망자 명단을 작성하고 있었다. 1966년 6월 약 7,000명분의 귀환희망자명부가 작성되어 한국정부에 전달되었다.[19] 이 명부가 전술한 1960년 '재일 한국인 희생자 연합회'가 전달한 '화태억류교포 2천여 명의 명부'와 동일한 것인지 분명하지 않지만, 어쨌든 박노학 씨가 중심이 된 '화태 귀환 재일 한국인회'가 제공한 것으로써 나중에 이른바 '박노학명부'의 기초자료가 되었다.[20]

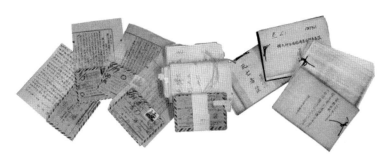

박노학명부와 편지들, 사할린 강제동원 피해자들이 일본의 박노학 씨에게 보낸 편지와 이를 바탕으로 작성한 명부들

한일협정이 체결되자 한국 국회와 정부도 사할린한인 문제에 차츰 관심을 기울이기 시작했다. 한국정부는 1966년 1월에서야 유진오, 최규남을 민간사절단의 형태로 ICRC에 파견하면서 사할린한인 문제를 여러 안건 중 하나로 다뤄 줄 것을 의뢰하는 정도의 관심을 기울이기 시작했다. 2월에는 국회 외무위원회에서 외무부장관의 '공산지역(화태) 피억류 교포 송환'에 관한 보고를 계기로 사할

린한인 문제가 논의되었다. 나아가 국회는 정부 측에 사할린한인의 귀환 방안과 대책을 수립·추진하라고 주문하는 한편, 4월경에는 상임위에 '사할린(화태)억류 교포 송환 촉진에 관한 건의안'을 제출해 6월경 본회의에서 의결했다.

이처럼 국회가 관심을 기울이며 정부에 귀환 대책을 요구하자 정부는 일본정부와 협의를 추진했는데 이 과정에서 일본정부의 기본적인 입장이 확인되었다.

1966년 3월 30일 외무성 구로다黑田 북동아과장은 오재희 정무과장에게 일본정부는 소련 당국과 사할린한인의 귀환 문제에 대해 협의할 용의가 있다는 입장을 전하며 다음의 두 가지 조건을 내세웠다.

① **한국정부가 모든 사할린한인을 받아들인다.**

② 일본정부는 사할린한인의 귀환에 수반되는 비용을 부담할 의무가 없다.[21]

위 협의에서 구로다 북동아과장은 설령 '사할린한인이 일본에 거주하기를 희망하더라도 이를 받아들일 수 없다'고 공식적인 입장을 밝혔다. 그 과정에서 당시 일본정부가 가장 민감하게 생각한 문제는 바로 사할린한인의 일본 내 거주, 정착이었음이 확인되었다. 위의 공식 입장 표명이 있고 나서 얼마 후 일본정부 스스로 비용부담 불가 입장을 철회했기 때문이다. 1966년 9월 10일 우시바牛場 심의관은 김영주 차관에게 다음과 같이 입장을 밝혔다.

① 만일 한국에 송환되는 경우, 선편 제공 등 **경비는 일측이 부담할 것이니**,

② 한국이 동 송환자 전부를 인수하기 바란다.[22]

　일본정부가 모든 비용은 아니더라도 일부 비용을 제공할 의사가 있다고 밝힘으로써 이후 쟁점은 자연스럽게 '일본 정착 허용' 또는 '전원 한국 인수' 문제로 옮겨졌다.

　이러한 입장은 1968년 한국정부가 사할린한인에 대한 정부 방침을 확정하고, 국회사절단을 일본과 ICRC에 파견해 협상을 진행함으로써 국제사회의 관심을 환기시키는 등의 조치를 취하는 과정에서 보다 명확해졌다.

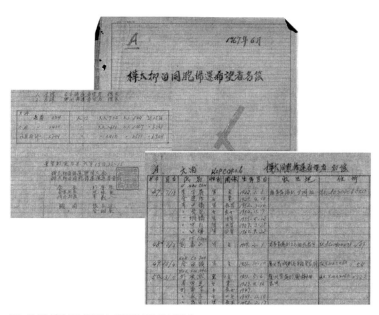

박노학 명부(1967년작성분, 대한적십자사 보관본)

1968년 한국정부의 기본방침:
일본의 비용부담과 일본 정착

▼

1968년 한국정부는 사할린한인 문제에 대한 정부의 입장을 정리하였다. 그리고 국회의원으로 구성된 사절단을 일본과 ICRC에 파견하는 등 국제사회의 관심을 환기시키고자 노력하였다. 그해 1월 한국정부는 김정렬, 정일형, 차지철 등 여권 실세 국회의원들로 대표단을 구성하여 일본정부의 핵심 인사와의 면담 및 협상, 일본적십자사, 그리고 제네바의 ICRC의 방문 및 협상을 추진했다. 그 후 3월 12일에는 사할린한인에 대한 한국정부의 입장이 대통령의 재가를 거쳐 확정되었다.

일본을 방문한 국회사절단에게 사할린한인 동포 귀환을 호소하는 화태억류귀환한국인회 간부들 모습(『동아일보』, 1968.1.20.) 맨 왼쪽이 박노학 회장(별도사진), 맨 오른쪽이 이희팔 섭외부장

위 대표단 등이 사할린한인 문제에 대해 일본정부, 일본적십자사, ICRC 등에 피력한 한국정부의 기본입장은 다음과 같다.

1) 기본 방침

한국정부의 기본적인 입장과 방침은 첫째, 사할린한인은 재일 한인과 법적 지위가 같다고 간주한다. 둘째, 이들이 귀환할 경우에는 우선적으로 일본에 정착시킨다. 셋째, 일본에서 한국으로 귀환을 희망할 경우에는 받아들이되 당분간 이점을 '**비밀로**'(필자 강조)한다는 것이었다. 한국정부의 '교섭 방향' 즉 기본방침을 상술하자면 다음과 같다.

> ○ 사할린한인 중 일본에 정착을 희망하는 자에 대하여는 일본정부가 "재일 한국(인)의 법적 지위 및 처우에 관한 협정 및 동 토의기록"의 규정 및 정신에 따라 그들의 일본 정착을 허용하고, 동 협정에 의한 영주권 및 기타 이익을 부여할 것을 확약하도록 교섭한다.
>
> ○ 동시에 ICRC에게는 사할린한인의 역사적 배경으로 보아 그들이 현재의 재일한인과 하등 다름이 없으므로, 일본 정착을 희망하는 자에 대하여는 이를 허용하는 것이 인도주의 원칙에 합당하고, 또한 적십자정신에도 부합하는 것임을 일본정부를 상대로 납득시키도록 종용함.
>
> ○ 한편 ICRC 및 일본정부에 대하여 사할린 교포가 일단 일본으로 귀환한 후 그들의 자유의사에 따라 한국 귀환을 희망하는 경우 정부는 그들을 받아들인다는 입장을 취함.(그러나 지금까지의 소련 태도에 비추어 일본정부 및 ICRC 측의 대소 교섭에 있어서는 이 점을 **비밀에 부치도록 해야 할 것임**)[23]

2) 교섭방침

한국정부는 이 기본방침에 따라 구체적으로 다음과 같이 협상에 임한다는 입장을 정리했다.

○ 귀환을 희망하는 **재사할린 교포 전원을 일단 일본으로 귀환시키고, 그들을 상당 기간 동안 일본에 정착케 하여** 동 기간 중에 거주지 선택 자유의 원칙에 입각하여 그들의 일본 및 한국 정착의사 여부 확인을 하도록 함.

○ 상기 일본으로 귀환하고자 하는 교포의 정착지에 대한 의사 확인 사무는 국적(국제적십자사, ICRC, 필자 주) 당국이 주동이 되어 이를 이행하도록 하고, 한·일 양국의 관계관이 동 사무에 참여하도록 함.(이때, 아측으로서는 그들의 의사, 신원 등 조사를 병행할 수 있으며, 또한 일본 정착을 희망하도록 유도할 수도 있음)

○ 상기 교포의 의사 확인을 위한 일본 체재 중 수용생활 등에 소요되는 제반 경비(일본으로 귀환 시의 교통편의 제공 포함)는 **일본이 이를 부담**하도록 하고, 또한 의사 확인 후 한국 귀환을 희망하는 교포에 대한 교통편의도 일측이 제공하도록 교섭할 것임)

○ 일본에 정착을 희망하는 교포에 대해서는 일본정부가 생활보호법 규정에 의하여 상당 기간 동안 그들에 대하여 생활보조를 하도록 교섭할 것임.

○ 또한 일본 정착을 포기하고 한국 귀환을 희망하는 교포에 대하여는 일본이 그들을 강제 징용하여 20여 년간 사할린에 방치하여 그들의 생존권을 박탈하였으므로 그들에 대하여 **응분의 일시 보상을 하도록** 교섭할 것임.[24]

교통 편의와 관련 비용을 일본 측에 요구하는 것은 큰 문제가 아니지만, '일시 보상' 요구는 이미 1950년대 재일한인의 한국 귀국 조건을 내걸었을 때의 경험과 일본 측의 반응을 뻔히 알고 있는 상황이었으므로, '일시' 보상하라고 요구하는 것은 사실상 일본이 거부함으로써 자연스럽게 사할린한인의 일본 체류를 유도하고, 귀국을 지연시키는 결과를 초래할 것이라는 사실을 정부가 잘 알고 있었다는 점에서 주목할 만하다.

어쨌든 이상의 방침에 따라 한국정부는 일본정부와 ICRC에 공식 입장을 전달했다. 1968년 4월 15일 진필식 외무차관은 기무라木村 주한일본대사와의 면담에서 일본의 책임을 강조하고 다음과 같이 '우선적으로 일본 정착'을 허용하라고 요구했다.

> 1차적인 책임이 일측에 있는 것이므로 (중략) 이들 모두가
> 일단 일본에 귀환, 정착토록 하는 것이 옳은 것이다. 또한
> 소련의 입장에 비추어 볼 때 이들이 일본에 귀환, 정착해야
> 응한다는 입장인 것이므로, 일본정부는 한국정부가 (이들
> 을, 필자 주) 접수한다는 확약을 선행조건으로 할 것이 아니
> 라, 우선 일본 귀환을 실현시키도록 해야 할 것이며 … [25]

같은 해 7월 4일 한국정부는 일본정부에 이들 귀환희망자 7천명의 명단을 전달하면서, 이들의 귀환이 실현되도록 일본정부가 적극 나설 것을 재차 촉구하였다. 아울러 비공식적으로는 이들이 일본에 귀환할 경우 그 후 이들의 의사를 확인해 한국 귀환을 희망하는 자에 대해서는 인수할 용의가 있음을 암시했다.[26] 곧이어 7월 11일에는 주제네바대표부가 ICRC에 비망록AIDE-MEMOIRE을 보냈는데, 그 내용은 주로 사할린한인 귀환희망자 7천 명에 대한 책

임은 일측에 있으며 이들은 모두 일본으로 귀환시켜야 한다는 것이었다.[27]

한일각료회의 공동성명

▼

1960년대 후반부터 시작된 한일각료회의에서도 한국정부는 일본 측에 사할린한인 문제를 정식 의제로 상정해 협의할 것을 요구하였고, 양국 간 공동성명에 반영시키고자 노력하였다. 첫 번째 성과는 1968년 8월의 제2차 한일각료회의 후 발표된 공동성명에 반영되었다. 그 내용은 다음과 같다.

> 재화태 한국인 귀환문제에 관하여 한국 측은 제2차 대전 후 20여 년이 지난 현재까지 귀환할 수 없이 있는 이들 한국인이 조속히 화태로부터 출경할 수 있도록 일본 측에 노력을 요청했다. 이에 대하여 일본 측은 이들 한국인이 조속히 화태로부터 출경할 수 있도록 될 수 있는 한 노력을 다하겠다는 뜻을 표명했다.[28]

이후 제3차(1969년), 9차(1977년), 10차(1978년) 한일각료회담에서 양국 정부는 사할린한인 문제를 협의하고 이를 공동성명으로 발표하기도 했다. 하지만 원래 한일각료회담의 주요 쟁점은 경제문제였다. 부수적으로 사회문제도 논의되기는 했지만 늘 다른 이슈들에 비해 사할린 문제는 후순위였고 때로는 협상 테이블에 오르 한일각료회의 직전 사할린한인 문제 해결을 일측에 촉구, 협의하는 내용의 신문기사(『동아일보』, 1969.7.12.)

지도 못하였다.

　예를 들면 1969년 8월 26일 일본에서 열린 제3차 각료회의의 사회문제 중 한국정부의 중요 쟁점은, '일본과 북한 간에 진행 중인 재일한인의 북송에 대한 항의'와 '일본 내 한인 유골의 송환'이었다. 이에 관해서는 사실상 대강의 합의가 이루어지는 성과를 거둔 자리였는데, 이 때 사할린한인 문제에 관해서는 양측이 다음과 같이 협의했다. 최규하 외무장관은 이렇게 말했다.

> 사할린 억류 한국인의 귀환 문제에 관하여는 한국 측에서 많은 고생 끝에 귀환 희망자 7,000명의 명단을 작성해서 일본 측에 인도한 바 있다. 동 명단의 정확성은 보장할 수 없으나, 귀환 희망자가 실제 존재하고 있으며 그 수가 상당히 크다는 점에 대해서 유력한 자료가 되는 것이다. 잘 활용하여 억류 한국인의 조속 귀환을 위한 일본 측의 활발한 노력을 기대한다.[29]

　그러자 아이치愛知揆一 외무대신은 "억류 한국인의 귀환을 위하여 일본 측으로서도 노력을 아끼지 않겠다."고 답했다.[30] 하지만 다음날 열린 공동성명 기초회의에서 양측은 사할린한인 문제를 언급하는 데 대해 고민한 흔적을 남겼다. 여러 정치, 경제, 사회 이슈들을 협의하는 가운데 거의 마지막 부분에서 사할린 문제에 대해 양측 당국자들은 다음과 같이 합의했다.

> 재일한국인의 북송과 재사할린 한국인의 귀환 문제에 관하여는 제2차 공동성명과 동일한 표현을 쓸 수밖에 없는 입장인 바, 동일한 표현을 반복함이 적절하지 못하여 실익이 없는 일일 뿐 아니라, 특히 사할린 억류 한국인의 귀환 문제에 있어서는 이를 공동성명에서 언급할 경우, 현재 일본 측의 대 소련 접촉에 지장을 가져 올 염려도 있음을 고려하여 '논급을 회피하기로 함'(*강조한 부분은 타이핑으로 되어 있지만, 그 후 누군가 줄을 긋고, 손 글씨로 '전년도 공동성명을 언급하기로 하였음.'이라고 가필했다. 필자)[31]

다시 말해 한일 양국은 사할린한인 문제를 검토하되 이후 각료회의에서 이 문제를 다루는 것에 대해서는 다소 꺼렸음을 알 수 있다.

제3차 각료회의에서 사할린 문제를 논의할 무렵인 1960년대 말 사할린한인 귀환 문제에 대해 외무부가 정리한 내용이 있다. 이 가운데 '아측입장' 부분의 내용을 살펴보면 다음과 같다.

> - 이들 교포들이 화태로 가게 된 역사적 배경으로 보아, 이들의 귀환은 전후 처리의 일부이므로 일본정부가 복원계획에 따라서 자국민을 귀환시켰을 때 보인 열의에 못지않은 성의로써 귀환에 노력해야 할 책임이 있음.

- 그들은 종전 시까지 계속 일본영토에 거주했으며, 종전과 함께 화태가 소련영토로 귀속되지 않았던들 일본영토에 남아 있었을 것임에 비추어, 현재의 **재일 한국인 경우와 하등 다름이 없으므로 그들과 똑같은 지위와 대우를 받도록 하는 것이 당연하며, 법적지위 협정에 합치되는 것임.**(제1조, 관계토의 기록)
- 소련은 이들이 한국으로 귀환하는 경우에는 출국을 허용치 않는다는 입장을 취하고 있으므로 **우선 일측이 이들 전부를 일단 일본으로 귀환토록 하여 일본 정착을 희망하는 자에 대해서는 일본에 거주**하도록 하고, 한국으로 오겠다는 자들에 대해서는 한국에서 받아들이도록 하자는 것이 우리 정부의 입장임.
- 그러나 아측은 1969년 7월 동 귀환희망자 7,000명의 명단을 일측에 수교한 이래[32], 아국이 이들 전부를 인수할 용의가 있음을 **비공식으로 표명해 왔음.**[33]

사할린한인의 귀환에 대한 한국정부의 일관된 인식과 태도는 곧 한국 귀환이 아닌 일본 정착을 유도하고, 가급적 제반 비용을 일본정부에 귀책시키는 것이었다. 마지막에 언급한 한국으로 귀환을 희망한 경우, 일본에 대해 '일시 보상'을 요구한다는 방침은 일본정부가 받아들일 가능성이 없기 때문에 사실상 한국정부가 전혀 실현가능성이 없는 조건을 내세움으로써 이들의 한국 귀환과 정착을 기피하는 전략을 취했다고 볼 수 있다.

1970년대: 일소교섭의 진전과
귀환희망자의 정착지 문제
▼

1960년대 후반 한국정부는 일본과 ICRC에 대표단을 파견해 사할린한인 귀환 문제에 관한 입장을 피력하고 일본과 ICRC 측에 적극적인 노력과 중재를 요구하였다. 그러자 일본과 ICRC의 소련 정부 및 소련 적십자사에 대한 협의도 한층 가속화되었다.

1970년 초에는 한국과 일본에서 시민단체의 결성이 활발해지고 소송을 통해 언론의 관심도 높아지기 시작한 시기라고 할 수 있다. 한국에서는 1970년 8월 '사할린 잔류 한인회'를 중심으로 '사할린 억류 교포 귀환 촉진회'가 결성되었고, 일본에서는 1972년에 '사할린 억류 귀환 한국인 회에 협력하는 아내의 모임'이, 1974년에는 '송두회宋斗會' 등이 재판운동을 전개하였다.

그동안 소련정부는 사할린에서 한국 귀환을 희망하는 한인은 존재하지 않는다는 입장을 고수하거나, 일본의 인도주의적 조치 요구에 대해 아무런 답변을 하지 않는 태도를 보였다. 그러나 1970년 대로 접어들자 일본정부와 ICRC의 거듭된 요구에 대해 미묘한 태도 변화가 감지되었다. 1972년 1월 일·소 정기각료회의에서 후쿠다福田康夫 외상이 그로미코Andrey Andreyevich Gromyko 외상에게 사할린한인의 송환이 실현되기를 바란다고 언급하자, 그로미코 외상은 '검토해 보겠다'는 취지로 답변했다.[34] 5월에는 ICRC 총재가 소련을 방문하였을 때 '사할린한인 송환 문제를 위해 대한적십자사 총재를 동반할 용의가 있다'고 전하자, 트로얀스키 소련적십자사 총재는 'ready to welcome'이라고 흔쾌히 수락했다.[35] 그리고 1973년 5월 15일 일본 외무성의 요청에 따라 일본적십자사 총재가 소련을 방문하여 소련적십자사 총재를 만난 자리에서 사할린한인의 귀환을 위해 적극적으로 협력할 용의가 있는지를 묻자, 트로얀스키 총재는 '가능한 범위 내에서 협력하겠다'고 답변했다.[36]

1973년 9월에는 일본 민사당의 다부치田淵哲也 의원은 소련을 방문하여 소련 외무성 극동 제2부장 유코니시코프를 만났다. 그 자리에서 유코니시코프 부장은 다음과 같이 말했다.

> 사할린한인 중 무국적자는 차별되어 있지 않고 출국은 자유다. (중략) 한국과는 국교가 없기 때문에 행선지가 한국인 자의 출국은 허가될 수 없다. 그러나 행선지를 일본으로 하여 일단 일본에 입국한 뒤 다른 나라로 가는 것은 관계할 바 아니다.[37]

이때부터 일본정부는 사할린한인 귀환 문제 해결을 위해서는 사전에 한국정부가 이들에 대해 한국 정착을 보장해야 한다고 주장하였다. 1974년 1월 일본정부는 소련주재일본대사관에 접수된 201명의 사할린한인 명단을 한국정부에 전달하면서 이들을 한국정부가 인수하겠다고 확약할 것을 요구하기 시작했다. 3월 18일 세오妹尾正毅 동북아과장은 한국정부에 다음과 같이 통보했다.

- **한국으로의 귀환희망자는 한국이 인수하겠다는 것을 문서로 공식으로 통보하여 주는 것**이 201명의 귀환 촉진에 필요하다. 한국의 의사표시가 있으면 곧바로 다음 단계인 소련과의 협의에 들어가겠다.
- 일측은 **일본 도착 후 귀국의사를 확인하여 인수하겠다는 한국 측 입장에 동의할 수 없다.**

- 일본정부의 여비 및 정착금 지원은 어렵다. 개인 의견으
　　　로는 선박운임 정도는 고려할 가능성이 다소나마 있을지
　　　모르나, 정착금 지원은 선례가 없어 (중략) 가능성은 전무
　　　하다.[38]

　　그러자 한국정부는 4월 6일 외무부, 내무부, 보건사회부, 중앙
정보부 등 관계부처 회의를 통해 한국으로의 귀환희망자를 인수하
겠다는 의사를 밝히기로 했다. 한국정부는 5월 8일 201명의 한국
입국을 허용하겠다는 입장을 일본에 전달했다.[39] 5월경에는 '화태
억류 귀환 한국인회'에 의해 귀환희망자가 약 1,700명에 달하는 것
으로 확인되었다.

북한의 개입과 한일 교섭의 난항
▼

　　그 후 일본과 소련 간의 협의가 원만히 진행되는 가운데 11월 4
일 주소련일본대사관이 소련 외무성에 사할린한인 201명의 일본
입국을 위한 출국 허가를 요청하는 구술서를 수교하려고 했다. 그
러나 갑자기 소련 측이 사할린한인 귀환 문제는 '일본과 소련 간
의 교섭 대상이 아니므로 일본정부와는 교섭할 수 없다'며 구술서
의 수교를 거부했다.[40] 이것은 당시 북한 측의 반발과 항의가 있었기
때문이다. 결국 1974년경의 사할린한인 출국 허가 가능성을 둘러
싼 일·소 간의 해빙 분위기는 1975년 1월 17일 일·소 외상회담에서
그로미코 외상의 최종 통보로 무산되었다. 그로미코 외상은 미야자

와宮澤喜一 외상에게 '이 문제는 원칙적인 입장에서 토론하지 못하겠다. 이는 일·소 간의 문제가 아니다'라고 선언했다.[41]

주지하듯이 1974년 말부터 소련 측은 사할린한인들에 대해 더 이상 귀환 문제를 언급하거나 민원을 제기하지 말라는 압력을 행사하였다. 그리고 불응하는 자에 대해서는 북한으로 송환시키겠다고 협박했으며 실제 시범적으로 이를 강행했다. 그러나 이 무렵 소련 측은 사할린한인들에 대해 한국 귀환을 억압하는 한편, 회유책으로서 일본으로의 출국, 즉 '일본입국 소환증명서'를 일본정부로부터 발급받아 제시할 경우에는 출국을 허가할 수도 있다는 방안을 제시하기 시작했다.[42] 1975년 6월 6일 외무성 관계자는 한국정부에 대해 다음과 같이 밝혔다.

- 일본입국 소환증명서만 있으면 귀환이 된다는 말은 새로운 사실인 바, 사실 여부와 소련정부의 방침 변경 여부를 조사하여 회보하겠다.
- 일본입국 소환증명서라는 발급 제도가 없으므로, 우선 개인명의 초청장을 작성해 송부함이 좋을 것 같다.[43]

같은 해 7월경 일부 사할린한인들로부터 소련정부의 출국허가 가능성이 있으니 일본 측의 초청장을 보내달라는 소식이 전해졌다. 그러자 이에 고무된 한국정부는 초청장을 발급하는 방안 등에 대해 일본정부와 협의했다. 이때 한국정부는 주일한국대사관에 다음과 같이 지시했다.

- 일본 내에서 널리 연고자를 찾아 개별 초청장을 작성 송부토록 하고, 무연고자에 대해서는 귀환회(화태억류귀환

한국인회, 필자 주)가 직접 초청장을 발송토록 할 것

　- 일측에 (중략) '사증발급예정증명서'라는 형태로 사전 허
　　가를 발급해 주도록 교섭할 것[44]

이에 대해 일본정부 역시 주소련일본대사관이 사할린한인들의 도항증명서 발급신청서를 접수하여 처리할 수 있도록 협조하겠다는 방침을 전달했다. 이어서 '화태 억류 귀환 한국인회' 박노학 회장에게도 일본입국증명 발급신청서를 제공하여 박 회장이 사할린한인들에게 신청서와 귀환수속 안내서 등을 보내도록 했다.[45]

8월에는 일부 사할린한인에 대해 소련 당국이 한국에 거주하는 가족(딸)이나 친족의 귀환동의서와 한국정부의 입국허가증을 받아 오면 출국을 허가하겠다는 소식이 있었다.[46] 이러한 일련의 분위기를 고려해 8월 21일 한국정부는 주일대사관에 다음과 같은 내용을 지시했다.

　(1) 모국(한국, 필자 주) 귀환희망자에 대해서는 이를 수락할
　　　것임
　(2) 일본정착 희망자에 대해서는 일측이 인도적 고려를 해
　　　줄 것
　(3) 귀환자에 대한 일본체류는 단순히 '경유'(15~30일)로 하
　　　지 말고, 6개월 정도의 '입국'사증을 발급토록 할 것
　(4) **한국으로 귀환 형식을 피하고**, 일본으로의 귀환이라는
　　　형식으로 출국이 가능토록 할 것[47]

1976년으로 접어들자 일본정부의 태도도 변화하기 시작했다. 즉 '한국으로 귀환한다는 조건인 경우에 일본입국을 허가한다'는

종전의 방침을 철회하고, '우선 일본정착 희망자의 입국을 허가한
다'로 바뀐 것이다. 1월 6일 엔도 북동아과장은 방한하여 우문기
과장에게 다음과 같이 밝혔다.

- 국면 타개 방법으로서 소련 측이 내세우는 '한국과는 관
  련 사항을 토의할 수 없음'이라는 구실을 봉쇄하기 위해
- 우선 정착요건을 구비한 일본 정착 희망자에게 일본 입
  국을 허가하겠다.[48]

1월 22일에는 이나바稻葉修 법무상이 참의원 결산위원회에서
다부치 의원의 질의에 대해 다음과 같이 답변했다.

- 사할린한인은 한국으로 귀환한다는 것을 조건으로 하지
  않고, 일본 측이 이들을 인수하여 인도적으로 귀환하도
  록 하겠음[49]

곧이어 1월 26일 외무성 북동아과의 다카하시 차석은 주일한
국대사관에 다음과 같이 설명했다.

- 개별적으로 희망하는 자(일본정착, 필자 주)에 대해 케이스
  별로 검토, 일본입국비자를 발급할 것임
- 일본 입국 후 희망에 따라 한국 귀환을 추진하는 방법의
  가능성을 검토 중임[50]

이것은 소련 측이 일본입국증명서 제출 시에는 출국을 허가하
겠다고 밝히자, 한국정부와 일본은 일단 일본정착 희망자만이라도

귀환을 실현시키기 위해서 그동안의 입장에서 한 발씩 물러서는 과정에서 나온 상황 변화였다. 한국정부는 한국 정착을 희망할 경우 입국을 허가하겠다는 입장을 재차 강조하였고, 일본은 한국 귀환을 조건부로 일본을 경유해 귀환하는 방안을 철회하고, 일본 정착 희망자의 입국도 허가하겠다는 방침을 사실상 천명한 것이다. 이에 따라 일본정부는 3월 1일자로 사할린한인 1명의 일본경유 한국입국 허가를 한국에 요청하기 시작했다.

이후 일부 사할린한인들에 대해 소련 측의 실제 출국허가와 일본입국이 실현되었다. 3월경 '최정식'과 '성악현 일가 6명'의 일본 도착을 계기로 한국정부는 사할린한인 귀환에 대비해 외무부, 법무부, 보사부, 치안본부, 중앙정보부의 대책회의(3.25), 관계부처 간 업무조정계획 수립(3.29)[51] 등의 조치를 취하기 시작했다. 그 결과 4월 12일 마침내 최정식이 한국으로 귀환했다. 이때를 전후해 일본 측은 한국정부에 사할린한인 중 주소련일본대사관에 한국귀환 희망을 전제로 한 일본 입국 신청자들의 명단을 대거 전달했다. 그해 3월부터 연말까지는 총 15차례에 걸쳐 99세대 346명에 대한 한국입국 허가를 요청했다.[52]

한국 정착문제에 직면한
한국정부의 고민
▼

1976년 중반기에 일부 한인의 귀환이 실현되자 사할린한인들의 귀환신청이 봇물 터지 듯 쇄도하였다. 일본정부 역시 일본 정착

희망자의 입국 조치 외에도 한국 귀환 희망을 전제로 한 일본경유 입국자들에 대한 조치를 가속화하기 위해 한국정부에 이들의 명단을 통지하고 허가를 요구하였다. 하지만 한국정부의 대응이 늦어짐에 따라 상당한 불만을 갖게 되었다. 이러한 일측의 불만은 외교문서에도 노골적으로 나타나 있다. 1976년 7월 5일 외무성은 한국정부에 외교문서를 보내왔는데 그 내용은 다음과 같다.

> 2. 사할린한인 중 일본 영주 희망자에 대해서는 매우 가까운 일시에 우리 정부가 현 시점에서의 신청자 전원에 대해 전향적인 결론을 내릴 전망이다.
> 3. 현재 귀환 수속이 순조롭게 진척되지 않는 사례는 오로지 한국 측이 한국 귀환 희망자를 받아들이겠다는 취지를 분명히 하지 않는 경우인데, 누차 일한정기각료회의 등에서 우리 측에 대해 사할린한인의 귀환 문제 협조를 강력히 요청해 왔던 한국정부가 귀환이 실현되고 있는 현 단계에서 이런 태도를 보이는 것을 전혀 이해할 수 없다.
> (중략)
> 5. 일본정부는 한국 측의 성의 있는 회답을 조속히 기대하며, 만일 납득할 만한 회답이 없을 경우, 본 건에 대한 기존의 한국 측의 요청을 없었던 것으로 하고 앞으로 대처할 수밖에 없다. 또한 향후 대외적으로, 한국 측이 자국민의 귀환을 인정하지 않는다고 공표할 수밖에 없다는 점을 다시 한 번 밝혀 두는 바이다.[53]

이 문서에서 일본정부는 소련정부가 북한의 항의와 반대 때문에 난처한 상황에 놓여 있는 가운데 소극적인 한국정부의 태도로 인해 소련 측이 출국허가를 하지 않게 될 공산이 크다고 지적하였다. 아울러 한국 측이 진정으로 귀환이 촉진되기를 희망한다면 현재 검토 중인 한국 귀환 희망자와 향후의 귀환 희망자를 받아들이겠다는 의사를 빨리 표명해 줄 것을 촉구하고 있다.[54]

이 문서를 통해 보자면 당시까지 한국정부가 일측에 표명한 '한국입국 허가' 방침은 수사적인 수준에 불과했고, 실제로는 이에 대한 실무적 대응도 소극적이었으며 확고한 의지도 부족했던 것으로 보인다. 한국정부의 입장은 '일본 경유'라는 형식으로 '사할린 출국'과 '일본 입국'이 실현되는 데 대해서는 적극적이었다. 그에 반해 '일본 체류 후 한국 입국'에 대해서는 매우 소극적인 태도를 보였다. 위에서 보듯이 일본정부는 향후 사할린한인 문제에 대해 더 이상 개입하지 않을 것이며, 정작 걸림돌은 한국 측이 자국민을 받아들이지 않으려고 한다는 사실이라며 이를 대외적으로 공표할 수도 있다고 압박할 만큼 심각한 불만을 제기했다.

이러한 일측의 불만을 접하고 한국 귀환 요구가 폭증하자 한국정부는 입장 정리에 고심했다. 특히 한국정부는 당장 부담할 비용 문제에 집착하였는데 그 후 비용문제와 관련한 한국정부의 입장은 1976년 7월 22일 대통령의 재가를 받은 방침으로 정리되었고, 8월경 구술서를 통해 일본정부에 전달되었다.

당시 한국 정부의 고민은 우선 귀환 대상자 문제였다. 귀환대상자 중 문제가 되는 것은 북한 국적자인데 이에 대해 한국정부는 북한 국적자도 귀환대상에 포함시키기로 방침을 정했다. 그 내용은 다음과 같다.

(1) 기본방침: 사할린교포 귀환대상자를 결정함에 있어서는
사할린 체류 중 취득한 국적(북한적 포함)에 구애되지 않

기로 함[55]

그 다음은 정착지 문제였다. 이것은 한국정착 희망자에 관한 정부의 입장에 관한 것임과 동시에 일본정부의 사전입국 허가 보장에 어떻게 대응할 것인가와 관련된 문제였다.

(가) 일본정부가 일본 정착을 허용하는 자 이외의 귀국 희망자의 한국 정착을 허용함.

(나) 한국 정착 희망자의 일본 경유와 관련해, 일본 측이 일본 경유 허가에 앞서 아측의 사전입국 허가 보장을 요구할 때에는 관계 부처 간의 필요한 협조를 필한 후 입국허가 여부를 일측에 통보함.

이에 따른 대일 협상전략으로는 일본 정착 희망자와 한국 정착 희망자에 대한 한국정부의 입장을 다음과 같이 정했다.

(가) 일본에만 연고자가 있거나, 한국의 연고자보다 가까운 연고자가 일본에 있는 경우, 또는 기타 특별한 사유가 있는 경우에는, 그들의 희망에 따라 일본정부가 일본 정착을 허용해야 하며, 일본정부는 일본 정착 희망자 명단을 한국정부에 통고하도록 한다는 것이었다.

(나) 그 이외의 귀환희망자는 1974.5.6자로 한국 입국을 보장한 201명을 포함하여 한국에 정착을 허용함. 일본정부가 여사한 한국 정착 희망자 명단을 한국정부에 통고하는 경우, 한국정부는 신원, 연고자 확인 등 절차가 끝나는 대로 한국정착 허용 여부에 관하여 일측에 통

고함. 단, 한국 정착 희망자가 일본 도착 후, 일본 내의
연고자가 새로이 확인되는 등 일본 정착의 필요성이 인
정되는 경우, 일본정부는 전기 (가)항에 따라 일본 정착
을 허용함.[56]

그 다음 문제는 '귀환비용'에 관한 것이었다. 귀환비용에 관한
기본방침은 첫째, 사할린에서 일본 도착할 때까지의 여비를 귀환
희망자가 부담할 능력이 없을 경우 일본이 이를 부담한다. 둘째, 한
국 귀환 희망자로서 경비 부담 능력이 없는 경우, 일본으로부터 한
국에 도착 할 때까지의 비용(일본체류비 포함)을 한국정부가 부담한
다. 단, 이상의 비용 전부 또는 일부를 일본 측이 부담하도록 '극력
교섭을 시도한다'는 것이었다.[57] 이에 따른 실제 대일 협상전략은 다
음과 같다.

(가) 사할린 ~ 일본 간의 비용: 자비 능력이 없는 경우 일측
이 부담토록 함.
(나) 한국정착 희망자를 위한 비용
- 제1안: 한국까지 귀환에 필요한 여비 및 일본에 체류
하는 동안 소요되는 체류비도 일측이 부담토록 함
- 제2안: 일본에서 한국까지의 귀환 여비는 한국 측이
부담하고, 기타 비용은 일측이 부담토록 함[58]

한국정부는 정착 후의 지원비용에 대해서도, 일본 정착자는 일
본정부가, 한국 정착자는 한국정부가 각기 지원을 담당하도록 방
침을 정했다.
이상의 방침에 따라 8월 11일 한국정부는 일본정부에 외교문서

를 수교했는데 주요 내용은 다음과 같다.

- 귀환희망자는 그들이 종전 후 취득한 국적(소위 북한적 포함)에 구애됨이 없이 이를 귀환 대상자로 함.
- 한국정부는 아래와 같이 일본 정착이 허용된 자를 제외하고, 그들의 한국 정착을 위한 입국을 허가함
- 귀환대상자로서 연고자가 일본에만 있거나, 또는 보다 가까운 연고자가 일본에 있는 자에 대해서는 그들이 일본 정착을 희망하는 경우, 일본정부는 그들의 일본 정착을 허용할 것을 고려함
- 이들 귀환자가 출국 시 허용되는 소지금이 근소함에 비추어 한국 도착 시까지에는 상당한 어려움이 있을 것으로 예상되는 바, 일본 측이 일본 체류 및 한국도착 시까지 소요되는 비용에 있어서 각별한 배려를 함[59]

그밖에 한국정부는 이상의 한국 귀환 희망자에 대비하기 위해서는 사할린한인에 관한 자료가 필요하므로 이를 위해 한·일 적십자사가 소련을 방문할 것, 또는 소련 측이 이를 허용하지 않을 경우에 해당 자료를 제공할 것, 출국 시 소지금(100달러)이 너무 적으니 증액을 허용해 줄 것을 소련 측과 협의해 달라고 일본정부에 요청했다.

그러자 일본정부는 비용문제에 대해 한일청구권 협정으로 해결되었다고 본다면서 한국 측이 이 문제를 고집할 경우 한일협정과는 다른 별개의 새로운 협정을 체결해야 하는데 그것은 예비회담부터 시작해서 향후 수년이 소요될 사안이라면서 부정적인 입장을 시사했다.[60] 그러자 같은 해 8월 20일 한국정부는 일본정부에 다음과

같은 입장을 전달했다.

> 사할린교포의 귀환문제는 한일 간의 청구권협정과는 별개
> 로 취급해야 할 문제로 봄. 사할린 교포문제의 역사적 배
> 경과 경위에 비추어 비용문제를 포함하여 일측의 성의를
> 표시하는 배려로 동 귀환이 원활히 실현되기 바라는 뜻에
> 서 요망한 것이며, 일본의 의무를 규정할 새로운 협정을 체
> 결할 것을 일측에 구태여 요청할 생각을 현재 가지고 있지
> 않음[61]

그리고 10월 말 한국정부는 비용부담 문제에 대해 더 이상 일
측에 요구하지 않는 대신, 소련 측과의 협상을 추진해 달라는 의사
를 공식적으로 표명했다. 10월 25일 한국정부는 일본정부에 보내
는 외교문서를 통해 다음과 같이 밝혔다.

> - 한국정부로서는 이들의 귀환에 따른 경비를 일측이 어느
>   정도라도 부담함으로써 그간 그들이 당했던 여러 고통을
>   조금이라도 덜어주게 될 뿐만 아니라, 한국민의 격한 감
>   정도 누그러뜨릴 수 있도록 하고 (중략) 동 비용 부담을 일
>   측에 요청했던 것이다.
> - 그러나 일본정부는 유감스럽게도 아측의 이러한 협조요
>   청에 끝내 난색을 표명하여 왔으므로, **한국정부는 일본
>   정부에 대한 비용부담을 더 이상 요청하지 않기로** 하였으
>   며 (중략)
> - 이들의 귀환이 조속히 이루어지도록 일본정부가 대소 교
>   섭을 계속 추진할 것을 요청하는 바이다.[62]

아울러 한국정부는 이 문서에서 그동안 일본정부가 한국정부의 인수의사를 확인해 달라는 귀환 희망자에 대해서도 인수할 의사가 있다는 뜻을 명확히 밝혔고, 이후에도 계속 추가 귀환 희망자에 대한 인수의사를 일측에 전달했다.

그러나 그 당시 나호트카 지역에서는 한인들에 대한 출국 취소 사건이 발생했고, 7월부터 시작된 출국허가 신청 결과에 놀란 북한 측의 반발 및 항의로 소련 당국의 태도가 돌변하였다. 그 결과 이에 항의하는 과정에서 도만상 등 사할린한인 약 40여 명이 북한으로 송환되는 사태가 발생했다. 그리고 9월 6일에는 미그 25기의 일본 망명 사건으로 일본과 소련의 관계도 급속히 경색되었다. 소련 극동지역의 국토방공군 소속 빅터 이바노비치 베렌코Viktor Ivanovich Belenko 중위가 미그 25기를 몰고 훈련 도중에 이탈해 홋카이도 하코다테函館공항으로 착륙한 뒤 망명을 요구하였기 때문이다. 이후 베렌코 중위는 미국으로 망명했지만 소련과 일본 관계는 한동안 경색될 수밖에 없었다. 이에 따라 사할린한인 송환문제도 거의 협상이 중단되었다.

다만 이 시기 한국정부는 일본정부에 대해 사할린한인 귀환 문제의 지속적인 추진을 요청하였다. 이에 일본정부는 한국정부에 한국 귀환 희망자 명단을 송부하였고 한국정부는 인수의사를 일측에 전달하는 등 기존의 협력 사무를 계속하여 진행했다. 일본정부 역시 소련 측과의 외상협의 등을 통해 기회가 있을 때마다 사할린한인 문제의 해결을 촉구하였으나 소련 측의 입장 변화는 거의 없었다. 결국 1976년 말 경색된 양국 간의 분위기는 1980년대까지도 이어졌고 그로 인해 사할린한인 귀환 문제도 이렇다 할 성과를 거두지 못했다.

이처럼 1970년대에는 2차례 정도 사할린한인의 일본 출국을 통한 귀환이 실현될 수 있는 기회가 있었음에도 불구하고 결국 이것이 무산된 배경에는 한국·일본·소련 그리고 북한 간의 입장차가 엄존했다. 이 시기에는 일시적이나마 소련 측이 유연한 태도를 보이며 허용 의사를 피력하였고, 일본 측도 '우선 출국 후 일시 일본 체류'를 위해 소련 측과 협의에 박차를 가하는 등의 노력을 기울인 사실을 확인할 수 있었다. 동시에 한국 측이 사할린한인의 모국 귀환에 대해 확실한 입장을 밝히지 않은 채 일본이 받아들이기 힘든 '비용 부담' 즉 '일괄 보상'안을 내세우며 사실상 일본 체류 내지 정착을 목표로 대응했다는 사실 또한 명확히 확인되었다. 비록 마지막 단계에서 한국정부가 보상 요구를 철회하고 본국 귀환 허용 방침을 천명했지만, 이미 소련 측의 태도가 경색된 상황이었으므로 사실상 사할린한인에 대한 한국정부의 정책과 협상전략은 실패한 것으로 볼 수 있다.

1981년 초 한일 외교 당국자들 간의 대화를 통해 당시의 분위기와 양국 간의 인식 및 입장 차이를 확인할 수 있다. 1981년 2월 10일 주일한국대사관의 이재춘 정무과장과 일본 외무성의 오구라 小倉和夫 북동아과장은 다음과 같은 대화를 주고받았다.

> (1) 일측은 이미 귀환 희망자에게 입국허가를 내 준 case도 있으며, 따라서 일본정부에 문제는 없다. 다만 소련정부에 몇 번이나 제의해 오고 있는데도 소련 측으로부터 반응이 없을 따름인 바, 금후에도 계속 노력해 갈 생각이며, 이 문제 해결을 위하여 일·소 접촉뿐만 아니라 다른 방법도 있을지 모르겠다.
>
> (2) 아측은 지금까지 일본정부의 노력은 평가하지만 지극히 인도적인 이 문제가 지금까지 해결되지 못한 점은 유감

스럽다. 일본정부가 귀환 희망자를 일단 모두 귀환시킨 다는 전제 하에 대소 교섭에 임하는 것이 보다 효과적일 것이라 본다. 일본정부의 해결노력을 더욱 촉구하는 바이다.(일부 필자 편집)[63]

1980년대 초반의 상황은 한국과 일본 정부의 인식 차이에도 불구하고 나름대로 일·소 간 협의를 통해 사할린한인의 일본 귀환이 실현 직전까지 논의되었다. 그러나 갑작스런 소련 측의 태도 변화로 인해 소강상태로 접어들었다고 요약할 수 있다.

아이러니컬하게도 이러한 교착상황 또한 소련 측의 입장과 태도가 변화함에 따라 다시 해빙의 기회를 맞게 되었다. 1981년 이후 소련 측의 미묘한 변화가 감지되기 시작하더니 1980년대 후반에는 본격적인 정부 간 대화와 협상이 이루어져 일시 귀국 등의 협의가 가능해졌다. 1981년 11월경 박형주 일가가 최초로 일본에서 가족과 상봉한 뒤 다시 사할린으로 복귀한 사례를 시작으로 점차 그 숫자가 늘어갔고, 마침내 1983년 7월에는 쿠사카와草川昭三 중의원 의원이 사할린 당국과 협의를 통해 일시 일본 방문 및 가족 상봉을 위한 출국 허용 합의를 이끌어냈다. 그 후 1985년 고르바초프 정권이 들어서면서 페레스트로이카로 상징되는 국제정세의 변화라든가 그로 인한 사할린한인 문제의 전개과정은 기존 연구들을 통해 널리 알려진 바와 같다.

소련·북한·국제적십자위원회 ICRC에 대한 인식

▼

이러한 과정 속에서 소련, 북한, ICRC가 과연 어떤 태도와 입장을 견지했는가에 대해서는 각국의 공문서와 기타 1차 사료들이 공개되거나 발굴되어야만 연구가 가능할 것이다. 현재까지 북한 자료는 접근 자체가 불가능하고 구 소련 문서들은 최근 일부가 공개되고는 있으나 사할린한인들에 대한 일반적인 현황 또는 2차 자료가 대종을 이룬다. ICRC의 자료 또한 추가 발굴이 필요한 상황이다. 이에 이 장에서는 1차사료의 제약 상, 당시 한국정부 즉 외무부의 내부 문서를 통해 소련과 북한, ICRC가 사할린한인 문제와 관련해 어떤 태도와 입장을 보여 왔는지를 간접적으로 살피고, 이에 대한 한국정부의 대응양상을 간략히 정리해 보고자 한다.

1) 소련

한국 외무부는 1950년대 이후 1980년대 초까지 사할린한인에 관한 소련정부의 입장과 태도 변화를 다음과 같이 요약하고 있다.

- 공식적으로 사할린에 귀환 희망 한국인이 없다는 태도를 견지.
- 일본의 대소 교섭에 대해 일·소 양국 간의 교섭사항이 아니라고 불응
- 최근 주일소련대사는 "과거에는 사할린 교포를 노동력으로 확보할 필요가 있었으나, 현재에는 그런 필요성은 전혀 없으므로 돌아가고 싶다면 소련으로서는 이를 저지하는 일은 없을 것"이라는 사견을 밝힌 바 있음.

- 그러나 이러한 소련의 태도 완화는 귀환 희망자들의 고령
에 따른 노동력 상실 등으로 더 이상 억류할 필요가 없어
진 것에 기인한 것으로 사료되며, 기본적인 대한 정책 변
경에 의한 것으로는 보이지 않음.[64]

당초 사할린 지역에는 귀환을 희망하는 한국인이 없다는 강경한 입장을 견지하던 소련이 귀환 가능성을 시사한 입장으로 선회하는 것을 확인할 수 있으나, 이것이 곧 한국에 대한 정책 자체를 변경한 것은 아니라는 분석이다.

외무부 문서는 당시 한국인들에 대한 소련의 정책에 대해 주로 국적國籍 취득 및 부여 문제에 초점을 맞추어 관찰했다. 아래 도표는 국적 문제에 관한 소련의 입장을 설명한 것이다.

사할린한인의 국적(國籍) 문제

시기	소련의 입장	비 고
53년 이후	무국적 증명 발급	
54년 이후	소련국적 취득 강요	
54~57년	소련국적 취득 교포 약 20%	1980년대 초 약 40%로 증가
58~64년	북한국적 취득 강요	북한 영사관원들이 선전 및 공포협박으로 북한 국적 강요
68년경	북한국적 취득자 법적지위 격하	1967년도 중·소분쟁 발발과 동시에, 북한이 친중공 노선으로 전환함에 따라 소련 당국에서는 '사할린' 각 지역 조선인민학교에서의 한글교육 금지 및 김일성 초상화를 제거하는 한편 교포들이 재직하고 있는 각급 기관기업소를 순회하면서 북한의 친 중공 노선을 비방하거나 각종 학습금지 등 노골적인 북괴활동을 제한함

시기	소련의 입장	비 고
70년 이후	소련국적 취득자 증가 추세	

2) 북한

외무부 자료에 따르면 북한은 사할린한인에 대해 1973년 10월 11일 다음과 같은 입장을 밝혔다. 첫째, 재사할린 교포문제는 북한의 내정문제이다. 둘째, 일본은 한국에 대한 정치·경제적인 이권을 얻기 위해 한국 송환을 획책하고 있다.[65]

외무부는 사할린한인에 대한 북한의 동향과 관련해 주로 사할린 주재 북한공관에 관한 내용을 정리하였다. 북한은 1957년 주소련영사관에서 사할린에 처음으로 영사관 요원을 파견하였는데, 공관원 3~4명이 1개조로 구성되어 사할린한인의 거주지역을 돌며 북한에 대한 정치선전과 북한 국적 취득을 종용했다고 한다.

1959년부터는 학습조 활동을 전개하였는데 북한 국적을 취득한 한인들을 대상으로 20~80명을 1개조, 4개 반으로 구성했다. 각 조의 활동내용은 선전물인 신문과 잡지, 화보 등을 배포하여 세뇌교육을 실시하고, 주변 지인 등에 북한 국적 전환을 종용하도록 교육했다. 학습조 활동은 1965년에 이르러 최고조에 달했으나, 북한 선전의 허구성이 드러남에 따라 점차 약화되어 1980년대로 접어들어서는 학습조를 탈퇴하거나 기피하는 현상이 나타나고 있다고 보았다.

당시 북한이 주로 선전한 내용은, 김일성 우상화, 한국전쟁의 승리담과 도발책임 전가, 한국 및 미국에 대한 비방, 공산주의 승리의 필연성, 북한국적 취득 종용 및 북한 왕래 유인 등이었다.

사할린한인의 북한 왕래는 1957년부터 시작되었다. 매년 1~2회(부정기) 가량 북한 및 소련 국적 소지자를 대상으로 약 50~60명 정도를 북한에 데려 가 1~2개월(1회당) 정도 만경대 등 김일성 전적지를 답사하고 주요 산업시설을 견학시키며 북한의 발전상을 선전하는 것을 주목적으로 삼았다.

당시 연해주와 하바롭스크 그리고 사할린 등지에는 북한 노동자들이 2개월 또는 7개월 계약으로 건너와 나호트카 주재 북한영사관원의 감독 하에 노동을 하고 있었다. 그러던 중 1979년 8월 12일, 계약 기간이 만료된 노동자 가운데 14명이 귀국을 앞두고 탈주한 사건이 발생해 소련 군대와 경찰이 출동하여 탈주자 전원을 체포했다고 한다.

이처럼 한국정부는 사할린한인에 대한 북한 측의 적극적인 국적 취득 강요 정황을 정확하게 파악하고 있었고, 이에 대한 사할린한인들의 반응과 태도에 대해서도 여러 경로를 통해 대강의 상황을 파악하고 있었다. 다만 현재까지 확인된 자료만으로는 한국정부가 사할린한인의 국내 귀환을 기피한 이유 중의 하나가 사할린한인들에 대한 레드 컴플렉스Red Complex였다고 단정할 수 없지만, 주로 북한 공관의 선전활동과 사상교육, 북한국적 취득 사례를 집중 정리한 것으로 추정컨대, 사할린한인의 국내 귀환 시 북한국적 취득자의 선별과 배제, 용공혐의 등에 주의를 기울이고자 한 것은 부인할 수 없는 사실이었다.

어쨌든 이상의 외무부 자료를 통해 당시 북한이 사할린한인을 상대로 사상개조, 북한국적 취득, 북한 방문 등의 정책과 프로그램을 운용하며 적극적인 영사 관리 내지 재외국민정책을 구사하고자 했다는 사실을 확인할 수 있다.

3) 국제적십자위원회 ICRC

ICRC는 1950년대부터 사할린한인 문제 등의 사안을 조사하기 위한 특사의 방한, 피해자 가족의 신청을 통한 귀환방식의 제의, 소련과 일본정부 및 각국 적십자사와의 협의를 중재하는 등의 노력을 기울였다.

한국정부는 ICRC가 한국 측의 협조 요청에 호의적인 반응을 보이고 있다는 전제 아래, ICRC의 입장을 다음과 같이 정리하였다.[66]

> 첫째, ICRC는 일본 측에 '한국이 (귀환 희망자를)인수한다고
> 확약한 다음에 교섭하라'고 했다.
> 둘째, ICRC는 일본 측에 '사할린한인 전원의 일괄 귀환 교
> 섭보다는 일본 거주 희망자에 대한 귀환 교섭을 먼저
> 개시하는 것이 좋다'는 의견을 피력했다.

실제로 당시 ICRC는 대한적십자사 측에도, '일시에 모든 문제를 해결하기는 어려울 것이므로, 금후 소련 측과 절충하여 우선 가능한 한두 명이라도 송환하는 길을 트도록 하겠다'는 뜻을 밝혀 온 바 있다. 나아가 ICRC는 '한국에 있는 관계 가족들의 집단적인 요청보다 개별적인 요청이 일 추진에 더욱 유효하다'는 견해를 피력하기도 했다. 이러한 의견은 1950년대 후반과 1960년대에 유지해왔던 방식, 즉 한국 내 가족들의 집단귀환 희망 민원을 근거로 소련 측과 협의하던 방식에서 벗어나, 소수의 개별적 요청을 통해 일단 귀환을 성사시켜보자는 방식으로 전환하였음을 보여준다. 결과적으로 1950년대부터 ICRC 측이 제안한 방식은 일·소 간 협의에서 그대로 반영되고 있었다고 할 수 있다.

한국정부
외교적 교섭전략의 문제점

▼

1950년대 사할린한인에 대한 한국정부의 인식과 태도는 매우 소극적, 형식적이었다고 할 수 있다. 국제기구인 ICRC의 개입과 제안, 일본으로 귀환한 사할린한인들의 요구에 마지못해 대응하던 한국정부의 노력은 외교구술서를 보내는 정도였고, 그나마 그 내용은 사할린에 억류중인 한인의 귀환 문제보다는 이미 일본으로 귀환한 한인들의 처우에 관한 것이 중심이었다. 당시 사할린한인에 대한 한국정부의 인식은 일본의 태평양전쟁 발발 직후에 집중된 노무징용자만 초점을 맞추었고, 이들의 모국 귀환에 대해서는 명확한 입장을 밝히지 않은 채 일본으로의 귀환만을 언급했다. 요컨대 한국정부는 사할린한인의 한국 귀환을 바라지 않았다.

1960년대에는 한일 정부 간 협의가 본격화되었다. 하지만 일본 측은 모든 사할린한인의 한국으로의 즉시 귀환을 조건으로 내세운 반면, 한국정부는 이들의 일본 귀환을 주장했다. 수반되는 비용 문제는 부수적인 조건이었다. 한국정부는 일단 일본 귀환을 전제로 하되 만일 일본 귀환 후 한국 귀환을 원할 경우에는 받아들일 수 있는 여지는 남겨두었지만, 이를 비밀로 한다는 방침을 유지했다. 심지어 한국정부는 사할린한인들을 '가급적' '반드시' '상당 기간' '일본에 정착케 한다', '일체의 비용은 일본정부가 부담한다'는 방침과 원칙을 수립하고 이를 일본정부에 요구했다.

1970년대로 접어들자 소련 측은 한국 귀환이 아닌 '일본으로의 일단 출국', 일본 측의 초청, 입국비자, 도항증 등에 의거하여 '일본으로의 일시 출국'을 허용할 수 있다는 입장을 내비쳐 일본과 협의가 급진전되었다. 이때 일본 측은 한국정부에 대해, '일단 일본으로의 귀환을 추진하되, 이들을 차후 한국정부가 모두 받아들인다는 보장을 하라'고 요구하였는데, 한국정부는 이에 대해 시간을 지연하고자 사할린한인들에 대한 '일괄 보상'을 들고 나왔다. 이것은 사실상 일본 측의 요구, 즉 한국으로의 귀환 보장 요구를 지연시키고 일측으로 하여금 '일본 일시 귀국 후, 한국으로의 귀환 포기, 즉 일본 정착을 유도'하기 위한 전략이었다고 볼 수 있다. 한일 정부 간의 오랜 줄다리기 끝에 '일본으로의 일시 출국 및 귀환'이라도 성사시켜야 한다는 대내외의 압박 때문에 결국 1976년 한국정부는 '비용 부담' 즉 '보상문제'를 철회했다. 그러나 이 때는 이미 북한 측의 사할린한인 송환저지 공작과 소련에 대한 압박, 소련 측의 귀환운동 탄압, 일소 간의 갈등이 고조되어 사할린한인 귀환 문제의 협의 가능성은 중단, 무산된 상황이었다.

이처럼 경색된 분위기는 1980년대 초까지 계속되었다. 그 후 극소수 사할린한인이 우여곡절 끝에 일본을 일시 방문하는 계기가 마련되었고, 소련 내부의 변화, 개방정책과 국제정세의 변화에 따라 1980년대 중후반에 접어들어서야 해빙 기류가 나타나기 시작했다. 이후 영주귀국에 이르는 일련의 사태 전개는 주지하는 바와 같다.

이상에서 살펴 본 바와 같이 사할린한인 귀환 문제에 대한 한국정부, 일본, 소련, ICRC의 입장, 태도, 정책은 기존 연구에서 주장한 사실과 유사한 점도 있지만 개중에는 전혀 다른 내막도 존재하였으며, 사안에 따라 평가를 달리해야 할 점들도 있었다.

우선 한국정부가 사할린한인 귀환 문제에 대해 전혀 아무 일도 하지 않았고, 오히려 일본정부의 노력과 대소 협상의 덕을 봤다는 기존의 주장은 자료를 통해 사실과 다름을 확인할 수 있었다. 한국

사할린한인 묘지와 묘비들(2008년)

정부는 소극적이었던 1950년대에 비해 1960년대 이후에는 조용한 방식으로 일본정부를 상대로 구체적이고 상세한 협의를 전개하였다. 또한 정부 부처 간 협의를 통해 지속적인 관심과 노력을 기울여 왔다고 평가할 수 있다. 다만 사할린한인들을 모국으로 귀환시키겠다는 의지가 부족했고, 이들을 남한이 아닌 일본에 정착시키고자 한 방침에 대한 평가는 별도의 논의가 필요한 문제일 듯하다. 어쨌든 1980년대 초까지 한국정부가 사할린한인을 국내로 귀환시키지 않고 일본에 정착시키는 것을 목표로 관련 정책을 검토했다는 점을 공문서를 통해 확인한 것은 나름의 성과였다고 볼 수 있다.

아울러 한국정부의 내부 자료를 통해 사할린한인 귀환 문제에 대한 일본정부의 입장, 한국 정부에 대한 요구 조건, 양 국의 미묘한 신경전, 그리고 소련 측과 협의 전개과정의 내막 등을 공식적으로 확인한 점도 유의미한 성과이다. 특히 1970년대 2차례에 걸쳐 사할린한인의 '일단 일본 출국, 한국 귀환'이 성사될 기회가 있었다는 점과 더불어 그 후 한국·일본·소련 간의 신속한 합의가 지연된 이유를 한국 내부의 상황 속에서 살펴본다면, 한국정부의 '국내 귀환 허용'에 대한 입장 유보 전략과 이를 저지하기 위한 '일시 보상 요구' 전략의 결과였음을 처음으로 확인할 수 있었다.

사할린한인 묘지와 관련자료를 조사하는 필자(2008년)

1 장민구 편저, 『사할린에서 온 편지』, 한국방송공사, 1976 ; 최낙정, 「사할린
   교포의 실태와 송환문제」, 『북한』 1975년 2월호, 251~257쪽.

2 강정하, 「사할린 잔류 한인의 영주귀국을 둘러싼 한·일·러 교섭과정 연구」,
   한림대학교 국제학대학원 석사학위논문, 2001.

3 현무암과 한혜인의 논문에서 사용된 외무부 자료는 『재사할린 교민 귀환문
   제, 1970-73』이다. 한혜인, 「사할린한인 귀환을 둘러싼 배제와 포섭의 정
   치」, 『사학연구』 102호, 2011, 157~198쪽 ; 玄武岩, 「サハリン殘留韓国·朝鮮
   人の帰還をめぐる日韓の対応と認識-1950~70年代の交渉過程を中心に」, 今
   西一, 『北東アジアのコリアン·ディアスポラ―サハリン·樺太を中心に―』, 国立大
   学法人小樽商科大学出版会, 2012. (日本經濟評論社, 『同時代史研究』 3号,
   2010 게재 논문의 재수록본)

4 홍석조, 「사할린잔류 한인귀환에 관련된 제문제점과 대책」, 『정우』 70,
   1988, 118~126쪽 ; 배재식, 「사할린 잔류 한국인의 법적지위의 본질」, 『대
   한변호사협회지』, 1983, 8~13쪽, 배재식, 「잃어버린 인권을 구제하는 길: 재
   사할린 교포의 송환문제」, 『교포정책자료』 32호, 1990, 4~8쪽 ; 지정일, 「사
   할린 거주 한인의 귀환(법적측면)」, 『해외동포』 30, 1988, 14~22쪽.

5 사할린 잔류 한인·조선인 문제 의원간담회 편, 고려대학교 아세아문제연구
   소 편역, 『사할린 잔류 한국조선인 문제와 일본의 정치』, 고려대학교 출판부,
   1994, 65쪽.

6 外務部, 『樺太僑胞關係資料』, 1981.6 ; 外務部, 『樺太僑胞關係資料』,
   1983.1 ; 일제강점하강제동원피해진상규명위원회, 『韓·日 遺骨政策資料
   集』, 2006 ; 외무부 동북아1과, 「1969년, 제3차 한일각료회의」, 1969(미공
   개자료).

7 外務部, 『樺太僑胞關係資料』, 1981. 6쪽, 37쪽(이하, '『樺太僑胞關係資料』,
   1981').

8 『樺太僑胞關係資料』, 1981, 37쪽.

9 金東祚, 『回想30年 韓日會談』, 中央日報社, 1986년 ; 김동조, 『冷戰시대의

우리外交』, 문화일보, 2000; 김용식, 『김용식 외교 33년, 새벽의 약속』, 김
영사, 1993.

10 오일환, 「강제동원 사망자 유골봉환을 둘러싼 한일 정부 간 협상에 관한 소
    고- 1969년, 제3차 한일각료회의를 중심으로」,한일민족문제학회 編, 『한일
    민족문제연구』 제17호, 2009년12월.

11 오일환, 「引揚·送還をめぐる1950年代の日中·日朝交渉に関する研究-交渉戦
    略と交渉理論」, 国際政治経済学博士学位論文, 筑波大学大学院人文社会科
    学研究科国際政治経済学専攻, 2006年度；高崎宗司·朴正鎮 編著, 『帰国運
    動とは何だったのか。封印された日朝関係史』, 平凡社, 2005.

12 Report of Mission Michel & De Weck to ICRC, 23 May 1956, ICRC Ar-
    chives, B AG 232 105-002

13 당시 3국간 인질 및 억류자 문제 등에 관한 협의는 오일환, 「引揚·送還をめぐ
    る1950年代の日中·日朝交渉に関する研究-交渉戦略と交渉理論」, 国際政治
    経済学博士学位論文, 筑波大学大学院人文社会科学研究科国際政治経済学
    専攻, 2006年度 참조 바람.

14 Note Verbale No. PKM-21 from Korean Mission in Japan to the Ministry of
    Foreign Affairs, Japan, August 6, 1957, (外務部, 『樺太僑胞關係資料』, 1983.
    1, 78~79쪽, 이하 '『樺太僑胞關係資料』, 1983').

15 「在日朝鮮人中北鮮帰還希望者の取扱いに関する閣議了解」, 「閣議了解に至
    るまでの内部事情」(1959年2月13日), アジア局北東アジア課編, 『北朝鮮関係
    領事事務』(1959年1月30日) 이상은 金英達·高柳俊男編 『北朝鮮帰国事業関
    係資料集』, 新幹社,1995에 수록；；井上益太郎, 「在日朝鮮人帰国問題の真
    相」, 日本赤十字社, 1956年8月20日, 1956年9月20日, 井上益太郎, 「在日
    朝鮮人の帰国問題はなぜ人道問題であり緊急処理を要するのか,日赤理事会の
    決議について」, 日本赤十字社, 1959年1月30日.

16 『樺太僑胞關係資料』, 1981, 38쪽.

17 Note Verbale from Korean Mission in Japan to the Ministry of Foreign Af-
    fairs, Japan, July(날짜 미상), 1959, (『樺太僑胞關係資料』, 1983, 80~81쪽).

18 이 무렵 외무부 자료에서 여러 차례 언급하고 있는 '재일 한국인 희생자 연합

회'가 박노학 씨 등이 주도한 '화태 귀환 재일 한국인회'의 다른 표현인지, 아니면 전혀 다른 단체인지 여부는 확실치 않다. 또한 '화태억류교포 2천여 명의 명단' 역시 당시 박노학 씨가 수취, 정리하여 1966년경 한국정부에 전달한 7천명의 명부인지, 혹은 1988년 이후 KBS와 대한적십자사, 한국정부 등에 제공된 이른바 '박노학명부'의 초기 형태의 것인지, 아니면 전혀 다른 사람(또는 단체)이 작성한 별개의 명부인지도 확인되지 않는다.

19 강정하, 「사할린 잔류 한인의 영주귀국을 둘러싼 한·일·러 교섭과정 연구」, 한림대학교 국제학대학원 석사학위논문, 2001, 16쪽.

20 박노학명부에 관한 해제로는 일제강점하강제동원피해진상규명위원회 편, 『강제동원명부해제집 1, 강제동원기록총서 1』, 2009, 312~322쪽 참조.

21 『樺太僑胞關係資料』, 1981, 38~39쪽.

22 위의 자료, 39쪽.

23 위의 자료, 23~24쪽.

24 위의 자료, 24~25쪽.

25 위의 자료, 88쪽.

26 위의 자료, 28쪽 ; 외무부, 「사할린교포 귀환촉구 공한」(1969.7.4.), 『樺太僑胞關係資料』, 1983, 92~93쪽.

27 『樺太僑胞關係資料』, 1983, 90~91쪽.

28 위의 자료, 105쪽.

29 외무부 동북아1과 「1969년, 제3차 한일각료회의」, 1969년, 81~82쪽(일련번호 502~503) 외교통상부 지하서고 소장(비공개문서), 이하 동 자료는, 동북아1과 '1969년, 제3차 한일각료회의'(1969년)로 표기함. 제3차 한일각료회의 및 유골봉환 협상에 관해서는, 오일환, 「강제동원 사망자 유골봉환을 둘러싼 한일 정부 간 협상에 관한 소고- 1969년, 제3차 한일각료회의를 중심으로」, 한일민족문제학회 編, 『한일민족문제연구』제17호, 2009년12월 참조.

30 동북아1과 '1969년, 제3차 한일각료회의'(1969년), 82쪽(일련번호 503)

31 위의 자료, 93쪽(일렬번호 514)

32 한국정부가 이 명부를 받은 것은 1966년 6월이었지만, 일본정부에 전달한
    것은 3년이나 지난 1969년 7월이었다. 일본정부가 이 명부를 소련 측에 전
    달한 것은 8월경이었다.

33 『樺太僑胞關係資料』, 1981, 28~29쪽.

34 『樺太僑胞關係資料』, 1983, 47쪽. 이 자료는 같은 제목의 1981년도 자료집
    을 수정·증보한 것인데, 일부 편성과 내용이 변경되었다.

35 위의 자료, 48쪽.

36 위의 자료, 49쪽.

37 위의 자료, 51쪽.

38 위의 자료, 52~53쪽.

39 위의 자료, 53쪽.

40 위의 자료, 55쪽.

41 위의 자료, 56~57쪽.

42 위의 자료, 58쪽.

43 위의 자료, 58~59쪽.

44 위의 자료, 60쪽.

45 위의 자료, 60~61쪽.

46 유철의의 서신(75.7.29), 위의 자료, 61쪽.

47 위의 자료, 62쪽.

48 위의 자료, 63쪽.

49 日本參議院決算委員會(77차)會議錄(3号), 1976.1.22, 国会会議録検索システム(http://kokkai.ndl.go.jp).

50 『樺太僑胞關係資料』, 1983, 65쪽.

51 위의 자료, 69쪽.

52 위의 자료, 18~19쪽.

53 일본 외무성 나카에(中江) 아주국장이 한국 측에 수교한 talking paper (1976.7.5.), 위의 자료, 95~97쪽.

54 일본 외무성 나카에 아주국장이 한국 측에 수교한 talking paper (1976.7.5.), 위의 자료, 97쪽.

55 위의 자료, 29쪽.

56 위의 자료, 30~31쪽.

57 위의 자료, 30~31쪽.

58 위의 자료, 32쪽.

59 정순근 주일공사가 일본 외무성에 수교한 talking paper(1976.8.11.), 위의 자료, 98~99쪽.

60 위의 자료, 72쪽.

61 위의 자료, 72~73쪽.

62 주일한국대사관이 일본 외무성에 수교한 talking paper(1976.10.25.), 위의 자료, 100~101쪽.

63 위의 자료, 77쪽.

64 이하 소련 관련 내용은 위의 자료, 34~39쪽 참조.

65 이하 북한에 대한 내용은 위의 자료, 39~42쪽 참조.

66 이하 ICRC에 관한 내용은 위의 자료, 42쪽, 그리고 공개되지 않은 대한 적십자사 소장 문서철 대한적십자사, 『사할린 관련 일반문서철(1985.1 ~1990.12)』, 1990, 『사할린 관련 일반문서철(社外), (1985.1~1990.12)』, 1990 참조.

제4장

일본:
사할린한인의 귀환문제를
마주해온 방식들

이연식

영주귀국으로
끝나지 않은 전후책임
▼

　　1945년 패전 후 일본정부는 외교권이 박탈됨에 따라 구 일본
제국 내 일본인·비일본인의 송환은 미소 점령당국이 담당하게 되었
다. 소련이 일체의 외교교섭을 거부한 가운데 일본정부는 연합국
총사령부GHQ/SCAP를 통해 1946년 12월 '미소 간 협정'을 이끌어
냄으로써 억류 일본인의 국내 귀환을 실현시켰다. 외교권을 되찾은
1950년대 중반에는 '일소공동선언'을 통해 잔류 포로, 한인과 결
혼한 일본인 여성 및 가족의 귀환이 실현됨으로써 해묵은 억류자
귀환문제에 드디어 마침표를 찍을 수 있었다.

패전 후 코르사코프(구 오도마리, 大泊)에서 귀국길에 오른 일본인들(율리아나 진(Ю. Дин) 저,
『사할린한인 디아스포라(Корейская диаспора Сахалина)』 2015, 74쪽)

그러나 종전 후 귀환 교섭 과정에서 한인의 귀환은 여전히 미제 사안으로 남게 되었다. 이것은 국적 등의 명분으로 포장된 혈통에 따른 차별적인 귀환교섭, 그리고 재일동포와 사할린한인 등 1952년 샌프란시스코강화조약 체결로 인해 일본국적을 상실한 '비일본인'을 일본 영토에서 추방하거나('북송사업') 새로 들이지 않겠다는 차별의식의 결과였다. 또한 이러한 인식과 발상은 1960~1970년대 사할린한인 문제와 관련해 일본정부의 기본적인 정책 방향을 규정하는 토양이 되었다.

1965년 한일조약 체결 후 한국정부가 또 다른 외교교섭 주체로 등장하자 일본정부는 사할린 귀환자의 '한국 정착 보장과 한국정부의 귀환비용 부담'을 전제로 소련과 한인의 귀환문제를 교섭하겠다고 밝혔다. 이것은 1972년 의회질의에서 다나카田中角栄수상의 답변서로 공식화되어 향후 일본정부의 기본방침으로 확립되었다. 다나카 내각은 양국 간 외상회담과 정상회담 등을 통해 적극적인 대소 교섭을 시도하였으나 결국 실패로 끝났다. 주된 이유는 소련 정부가 북한과의 관계 등을 고려해 한인의 '남한 정착'을 배제하고 '일본 정착(수용)'을 전제로 출국 허가를 검토하겠다고 했으나, 일본 정부가 일본은 단지 '경유지 일뿐'이라는 고식적인 방침을 고집했기 때문이었다. 그 결과 외형적으로는 매우 활발한 외교교섭이 이루어진 듯했지만 성과를 거둘 수 없었다. 1976년 일본정부는 이나바稲葉修 법무상의 발언으로 일본 영주희망자의 본국 정착, 귀환 비용의 부분 지원을 긍정적으로 검토하는 등 약간의 태도 변화를 시사했으나 '미그기 망명사건'으로 일소관계가 경색되면서 빛이 바랬다. 그 후로 약 10년 동안 외교적 교섭이 정체된 사이에 사할린재판 등을 통한 시민운동세력의 비판, 이것과 연계된 야당의원의 압박, 그리고 국제인권규약 비준과 난민조약 가입 후 재일동포와 사할린한인의 인권상황과 관련한 국제사회의 따가운 시선 등을 의식해 일본 정부는 한인 희망자의 일본영주귀국을 허가하고 한국 가족과의 임시상봉도 추진하였다. 그러나 1980년대 중반까지 일본정부의 외교교섭은 '사할린한인의 귀환문제는 북·소 간의 문제'라는 소련정부의 오랜 방침이 페레스트로이카와 탈냉전 분위기 속에서 폐기되는 1980년대 말까지 이렇다 할 성과를 거두지 못했다.

이 장에서는 전후 일본정부가 전후책임 문제 가운데 하나인 사할린한인의 모국 귀환문제를 어떤 생각과 태도로 마주해 왔는지를 해부해 보고자 한다.

1945년 종전 후 사할린한인의 귀환문제는 구 일본제국의 팽창과 붕괴, 구 식민지에 대한 미소의 분단점령과 동서냉전, 그리고 남북한의 분단과 대립이라는 여러 요인이 복잡하게 얽힌 가운데 배태되었다. 흔히 한인 1세대의 영주귀국사업은 2010년에 마무리되었다고들 한다. 그러나 일본에서는 여전히 '화태억류한국인귀환소송재판(사할린재판, 1975~1989)'에 이어서 '사할린 잔류 한국·조선인 우편저금 등 보상청구재판'이 2007년부터 시작되어 지금도 진행 중에 있다. 또한 한국에서도 이들의 전후배상과 청구권 문제가 여러 층위에 걸쳐 논의되고 있고, 아울러 영주귀국자의 처우와 관련해 정착지원제도에 대한 보완문제가 끊임없이 제기되고 있다. 그 밖에도 최근에는 사할린에서 사망한 사람들의 국내 유가족 확인과 성묘문제, 그곳에 가족과 친지를 두고 영주귀국한 사람들의 또 다른 형태의 이산문제 등이 진행형 사안으로 부각되고 있다.

궁극적으로 이 복잡한 문제는 일본의 식민지배에서 비롯되었기 때문에 지금까지 관련 연구는 어떤 형태로든 일본의 전쟁책임 및 전후 책임문제를 제기하기 마련이었다. 특히 이 문제가 공론화된 계기가 '사할린재판'이었던 만큼, 국제법 분야에서는 '국적'을 이유로 차별적인 대미·대소 귀환교섭을 추진한 일본정부의 책임을 강하게 제기하였다.[1] 또 정치학과 행정학 분야에서는 사할린한인의 귀환운동을 정책의제 형성과정과 연계해 분석함으로써 새로운 연구방법론을 제시한 바 있고, 1989년 동서 냉전의 붕괴 이후 사할린한인의 영주귀국을 둘러싼 한국·일본·소련 3국간의 정부·비정부 차원의 다각적인 교섭과정을 입체적으로 다룬 연구도 발표되었다.[2] 최근에는 사할린한인 문제를 둘러싼 남북한·일본·소련 4개국의 정책과 대응방식을 종합적으로 비교 고찰하거나, 귀환 교섭의 또 다른 한 축을 담당한 연합국총사령부GHQ/SCAP 문서를 통해 미소 간 교섭과정을 살펴 한인의 모국 귀환이 실패한 외적 원인을 분석하고자 한 연구도 시도되었다.[3] 아울러 비교적 이른 시기부터 사할린한인 문제에 관심을 기울이며 일본에서 직접 귀환 운동을 주도하였거나 지원했던 활동가나 연구자들의 저작이 1980년대 이후 국내에 대거 소개되면서 지금까지도 관련 연구의 기본 참고자료로서 지속적으로 활용되고 있다.[4]

그런데 사할린한인 귀환문제와 관련해 전후 일본정부의 대응 양상을 논할 때 대체로 기존 연구는 이 문제가 직접적으로 배태된 '종전 전후'의 시기와 그로부터 반세기 후에야 비로소 극적으로 이루어진 '영주귀국' 단계에 집중되어 있다. 이에 반해 1960년대에서 1980년대 중반에 이르는 시기는 상대적으로 연구가 빈약한 실정이다. 이 시기는 관련 주제를 통사적으로 다룬 저작 안에서도 대개 소략하게 처리되었다.[5] 이 시기에는 사할린한인 귀환문제와 관련해 각국 정부 레벨의 교섭과 논의는 소강상태에 있었던 반면, 사할린재판을 포함한 민간의 귀환촉진운동은 상대적으로 강하게 부각되었기 때문일 것이다. 그렇다면 이러한 귀환촉진운동단체가 전후 일본의 책임을 정면으로 제기하는 가운데, 과연 일본정부는 이 문제에 어떻게 대응하고 있었는지를 살피는 것도 연구의 공백을 메울 수 있다는 점에서 그 나름의 의의가 있을 것이다.

이에 이 장에서는 위 시기를 중심으로 일본정부가 각기 한국과 소련 정부를 상대로 사할린한인의 귀환문제와 관련해 어떻게 대응하였고, 구체적으로 무엇을 논의하였는지를 살피고자 한다.[6] 이를 위해 현재까지는 비록 학계의 주목을 받지 못했으나, 정확히 이 시기를 다루고 있는 『화태교포관계자료 樺太僑胞關係資料』(외교부, 1983)에 수록된 일본정부의 외교교섭 활동자료들과 일본의회속기록 등을 기본 사료로 삼아 관련 내용을 검토하고자 한다.

사할린한인 문제에 대한 전후 일본정부의 기본 인식틀(1945~1965)

▼

1945년 8월 패전을 전후해 일본정부는 해외 각 공관에 상대국 관헌과 협력해 일본인들이 가급적 현지에 잔류·정착할 수 있도록 유도하라고 지시했다.[7] 왜냐하면 일본정부의 각 부처는 종전 당시 약 700만 명으로 추정되는 해외 일본인들이 일거에 본토로 유입됨으로써 초래될 사회적 혼란과 주택·식량·실업 등 각종 민생문제의 악화를 두려워했기 때문이다.[8] 그러한 점에서 전후 일본정부는 해외 일본인의 귀환과 관련해 본토('내지인') 중심의 정책기조를 유지했다고 볼 수 있다.

일본정부로서는 해외에서 돌아온 일본인의 정착원호도 버거운 과제였지만, 소련 점령 지역에 억류된 일본인의 치안문제와 이들의 조속한 송환문제도 큰 걱정거리였다. 왜냐하면 개전 이래로 소련은 스위스나 스웨덴 등 중립국을 통해 현지에 거류하는 일본인의 생명과 재산을 보호해 달라는 일본정부의 요구를 원천적으로 거부했기 때문이다.[9] 심지어는 도쿄의 연합국총사령부GHQ/SCAP마저도 종전 초기에는 소련을 상대로 한 대리교섭을 거부하였기 때문에 일본정부는 이 문제에 개입할 수 있는 여지가 전혀 없었다.[10] 이처럼 전후 일본정부는 해외에서 밀려들어오는 귀환자에 대한 대책과 더불어 외교권이 박탈된 상황에서 미처 돌아오지 못한 자의 안전한 귀환을 추동해야 하는 심각한 딜레마에 빠졌다.

한편 해외 일본인의 본토 귀환과 억류 문제만으로도 버거운 상황에서 일본정부는 일본본토에 거류하는 구 식민지민과 외국인을 이들의 본국(고향)으로 돌려보내야 했다. 물론 구 일본제국 안에서 일본인과 비일본인의 송환·수용문제는 미소 점령당국의 소관 사항이었다. 그런데 소련은 자국 점령지에 거류하는 일본인 송환에 대

소련에 억류된 일본군 포로들. 소련에 억류된 일본인은 크게 군인·군속, 조선총독부나 화태청 등 식민지배기구의 경찰과 관료군, 그리고 일반 민간인으로 구성되었다. 소련 점령지구인 북한의 경우만 해도 교전 중이던 일본군 포로 외에 많은 청장년층의 일본인 남성이 만주지역의 엔지(延吉)를 거쳐 시베리아, 중앙아시아, 동유럽 등 소련 및 관할지로 끌려갔다.

해 일체의 외교적 교섭을 거부하고 있었고, 나머지 일본 본토와 미군 점령지의 송환문제는 연합국총사령부가 주관하였다. 따라서 일본정부는 결국 후자를 지렛대 삼아 소련점령지에 남은 자국민과 구 식민지민의 송환·억류문제에 관여하고자 했다.[11] 그러한 맥락에서 전후 일본정부가 편찬한 일련의 인양사引揚史(=귀환사) 가운데 'GHQ/SCAP 점령기'에 관한 내용은 일본정부의 다양한 요구와 정보 제공을 기반으로 점령군이 수립한 관련 지령SCAPIN의 형태로 한데 응집되어 있다는 점에 특별히 주목할 필요가 있다.[12] 왜냐하면 이 시기 내용 가운데 패전부터 1952년 샌프란시스코강화조약 체결 때까지 일본인과 한인의 수용·송출에 관한 지령을 살펴보면 당시 일본정부의 의도와 지향을 간접적으로나마 미루어 살필 수 있기 때문이다. 그렇다면 과연 사할린에 남겨진 한인들은 전후 일본에게 있어 어떤 존재로 받아들여졌을까.

선택과 배제의 논리: 혈통·치안·본토 우선주의

▼

외지 거류자의 본국 송환과 관련해 보자면 시기에 따라서는 일견 각기 다른 형태를 띠기도 했지만 본질적으로 그 정책의 핵심은 일본인과 한인의 송환문제를 '혈통'을 기준으로 철저히 차별적으로 다루고자 한 점이다. 한 예로 점령기인 1950년도의 출간물을 보면, 사할린을 비롯한 소련 점령지의 일본인들은 1946년 12월 '소련 점령지구 송환에 관한 미소 간 협정(이하 미소 간 협정)'을 통해 본토로 송환하기로 되었으나, 여전히 많은 일본인이 억류상태에 놓여 있다는 점을 강조하고 있다.

반면에 일본 재류 한인에 대해서는 이들의 송환문제가 전후 일본사회에서 심각한 사회문제로 대두했다는 점을 강조하는 등 철저히 '치안유지' 관점에서 하루 속히 이들을 본토에서 추방하고자 하는 일본정부의 속내를 가감 없이 드러내고 있다.[13] 그럼에도 불구하고 그 어느 곳에서도 1946년 12월 미소 간 협정에서 송환 대상자가 왜 소련 점령지의 일본인 포로와 민간인, 일본에 거류하는 구 북한 출신의 한인으로만 제한되었는지에 대한 설명은 없다. 즉 미소 간 협정을 체결하고도 일본인 송환을 의도적으로 지연하는 소련 측의 문제점과 그로 인해 고통 받는 억류 일본인 사회의 정황만 강조할 뿐, 처음부터 송환의 대상조차 될 수 없었던 사할린한인의 귀환문제는 도외시 되었다.

1955년 일본인 송환이 완료되지 않았음을 소련 측에 증빙하기 위해 홋카이도 민생부에서 작성한 '남화태지구 미귀환자 연명부'(2014년, 홋카이도 전국화태연맹 사무실)

이것은 사할린 거류 일본인의 공식 송환이 완료된 뒤에 편찬한 인양사引揚史에도 그대로 관철되었다. 가령 1948년 외무차관이 각 지방자치단체 단체장에게 해외 미귀환자 조사를 의뢰하였을 때 뿐만 아니라, 1950년 4월 미귀환자가 여전히 남아있을 것으로 추정되는 상황에서 소련 측이 '전범과 환자를 제외한 모든 일본인 포로의 송환은 완료되었다.(厚生省援護局, 1978, 『引揚げと援護三十年の歩み』, 183쪽)'고 발표하자 이 문제를 다급히 유엔총회에 상정했을 때에도 역시 사할린한인 문제를 배제한 이유나 배경에 대한 설명은 없었다.

1958년에는 박노학朴魯學 등 일본인 처를 둔 일부 한인의 일본 입국이 이루어졌다. 하지만 한인과 관련된 주된 관심은 '후기송환'으로 범주화된 재일동포의 북송사업('귀국운동')에만 모아졌다.[14] 1959년부터 1984년까지 북으로 송환된 약 9만 3천만 명 가운데 7만여 명 이상이 1959~1962년 사이에 송환된 것을 보면 당시의 북송 열기를 미루어 짐작할 수 있다.[15] 이처럼 한일협정 체결 이전에 한인 송환의 최대 이슈는 재일동포의 북송문제였기 때문에[16], 비슷한 시기인 1958년 2월 박노학 등은 화태억류자귀환동맹을 결성하고 귀환운동을 개시했지만 별다른 주목을 받지 못했다.[17] 이렇듯 전후 일본사회에서 사할린한인의 귀환운동은 사회적 외면 속에서 일본인 처를 둔 덕분에 일본으로 입국할 수 있었던 일부 한인에 의해 어렵게 시작되었다. 더욱이 이들이 의지하고자 한 곳도 일본정부보다는 한국대표부와 민단 등 일본사회에서 별다른 영향력도 행사할 수 없던 기관이나 단체였으므로 그다지 주목을 받지 못했다.

일본정부 입장에서 보자면 사할린한인은 이미 패전 시점부터 관심의 대상이 아니었다. 이러한 태도는 GHQ점령기에 실시한 재일동포의 외국인등록 조치를 통해 노골화되었고, 샌프란시스코조

1959년 12월 4일 니가타항(新潟港)의 재일동포 북송 환송인파

약 발효 후에는 이들을 공식적으로 '비일본인'으로 간주했기 때문에 이들의 송환문제 자체가 의제화될 수 없었다. 게다가 사할린한인 귀환촉진운동이 시작된 시점은 재일동포 북송사업에서 보듯이 일본정부가 본토에 살고 있던 한인들조차 밖으로 추방하고자 하는 프로젝트를 한창 추진하던 때였다. 당시 일본정부 입장에서는 '사할린의 비일본인(제3국인)이 여전히 미수교 국가인 한국'으로 귀환하는 문제에 굳이 관여할 이유가 없다고 판단하였다. 이렇듯 전후책임에 대한 당시 일본사회의 전반적인 의식수준을 감안할 때 이들의 일본 입국이나 영주 허용은 상상조차 할 수 없는 터무니없는 사안이었다.

또한 일본정부는 패전 후 약 10여 년 동안 소련점령지구 억류자의 귀환교섭 외에도 이미 본토로 돌아온 군인·군속을 비롯해 민간인 귀환자들의 피해보상 요구에 대응하기에도 버거웠으므로 이 문제까지 신경 쓸 여유조차 없었다.[18] 이것은 일본정부가 스스로 사할린한인의 귀환문제를 전후책임의 문제로 인식할 만한 최소한의 내부 동력이나 물적 토대는 물론이고 역사인식의 틀마저도 없었음을 시사한다. 결과적으로 사할린한인의 귀환문제는 1965년 한일조약 체결을 계기로 과거 식민지배와 전후처리에 관한 총체적 논의가 진행되는 가운데 한일 간의 외교적 의제로 서서히 부각되어 갔다고 볼 수 있다.

박노학의 일본 입국과
귀환촉진운동의 확산
▼

1950년대에서 1960년대로 접어드는 과정에서 일본정부가 사할린한인 문제에 대해 정책적으로 대응할 수밖에 없는 환경이 나라 안팎에서 조성되었다. 내부적으로 보자면 일본사회 안에서는 이 문제를 강력히 제기하는 운동세력이 형성되어 갔다. 1956년 하

1956년 10월 일소공동선언에 서명하는 하토야마(鳩山一郎) 일본 총리(좌)와 불가닌(Н.А. Булганин) 소련 각료회의의장(우)

토야마 이치로鳩山一郎 내각기에 일소국교정상화가 이루어짐으로써 소련에 억류된 일본인들이 본토로 돌아오게 되었다. 그 가운데는 조선인을 남편으로 둔 일본인 여성과 가족도 일부 포함되었다. 1957년 8월부터 1959년 8월까지 약 2년 동안 본토로 돌아온 일본인 처는 766명, 그리고 그 조선인 남편과 자식들은 1,541명으로서 도합 2,307명에 달했다. 1958년 일본인 처와 함께 일본에 돌아온 박노학은 잔류 한인의 귀환 촉진을 목표로 화태억류귀환자동맹(뒤에 화태억류귀환한국인회, 화태잔류귀환한국인회, 화태귀환재일한국인회 등으로 개칭. 이하, '한국인회')을 결성하였다.

박노학 등은 한일협정 체결이 가시화된 1965년으로 접어들자 사할린한인과 한국의 가족들 사이에서 서신 왕래를 매개하며 귀환 희망자명부를 작성하기 시작했다.[19] 이 소식이 한국의 『동아일보』와 KBS를 통해 소개되면서 서신들이 쇄도하자, 이를 기초로 박노학

1957년 일본인 처(호리에 가즈코, 堀江和子)의 배우자로서 일본으로 귀환한 후 촬영한 박노학(朴魯學)씨 가족 사진(박노학씨 유가족 소장)

등은 1967년 3월 현재 사할린한인 가운데 무국적자, 소련국적자, 북한국적자를 포함해 약 7천명에 달하는 귀환희망자 명부를 작성할 수 있었다.(한국영주희망자 1,410세대 5,348명, 일본영주희망자 334세대 1,576명) 이 7천명에 달하는 명부는 1969년 8월에 한국정부를 거쳐 일본정부에 전달되었다. 그리고 이것은 다시 소련대사관에 전달되어 비로소 출국희망자의 유무 조사라든가 출국허가 교섭의 구체적 자료로 활용되었다. 특히 소련 측이 상황에 따라 협조할 듯한 태도를 보이다가도 이내 사할린한인의 귀환문제는 '일본과 논의할 성격의 것이 아니다' 라든가, '사할린에는 귀국희망자가 없다'는 등의 주장을 되풀이하는 상황에서 이것은 교섭의 물적 근거로 활용되었다.[20]

한편 이러한 일본사회 내부 동인과 더불어 외부에서는 일본정부를 외교적으로 자극·추동할 수 있는 또 다른 행위주체가 형성되고 있었다. 줄곧 사할린한인 문제에 대해 소극적 자세를 보여온 한국정부가 한일국교정상화 과정을 통해 비로소 교섭 대상국으로 등장하였고, 국제적십자위원회ICRC 또한 각국의 적십자사를 매개로 일정한 영향력을 행사하게 되었다. 이렇게 일본사회 안팎에서 사할린한인 문제를 제기하는 행위주체가 형성되자 일본정부도 이에 대응하는 방식으로 관련 정책을 다듬어갔다. 그러한 점에서 1965년은 전후 일본정부의 사할린한인정책이 일정한 내용을 담아내기 시작한 해라고 볼 수 있다. 그로부터 일소관계의 냉각으로 외교교섭이 정체국면으로 들어가는 1976년까지의 약 10여 년의 기간은 이 문제에 대한 일본정부의 기본방침이 형성된 시기였으므로, 그 사이에 일본정부가 과연 이 문제를 어떤 방식으로 풀어가고자 했는지를 외교교섭 일지를 통해 상세히 살펴보면 다음과 같다.[21]

사할린한인 귀환문제에 대한 일본정부의 외교교섭 일지(1965~1976)

일자	한국과 소련을 상대로 한 주요 교섭내용
1966.3.30	구로다(黑田) 외무성 동북아과장이 오재희 정무과장에게, 1) **한국정부가 사할린한인을 모두 수용**한다. 2) **일본은 송환관련 비용을 지불하지 않는다.** 아울러 **일본 거주 희망자를 받을 수 없다**고 함.
1966.9.10	우시바(牛場) 외무성 심의관이 김영주 차관에게, 1) **선편 제공 등 한국인 송환 경비를 일측이 부담**한다. 2) **한국정부가 이들 한국인을 모두 인수한다**고 함.
1968.1	한국 국회의원 대표단(김정열, 정일형, 차지철)의 방문 때 미키(三木) 외무대신은, **소련이 사할린한인의 한국 귀환에 부정적이지만 노력하겠다**고 함.
1968.4	한국의 진 차관과 기무라(木村) 일본대사의 면담에서, 1) 모든 송환자를 한국이 수용한다. 2) **소요경비는 일측에서 제공한다**는 내용을 재확인.
1968.7.5	국제적십자위원회가 사할린한인 문제 해결을 요청하자 일본정부는, 1) **귀환자의 일본 정착을 반대**한다. 2) 소련은 일본을 경유해 한국에 정착하기 위한 경우 한인의 출국을 불허할 것이라고 함.
1968.8	제2차 한일정기각료회의 공동성명에서, 한인의 조속한 사할린 출경을 위해 노력하겠다고 함.
1968.5.1	국제적십자위원회 갈로핀 총재의 방일에 외무성은, **소련의 출국 허가가 선결요건**이나 소련이 부정적 태도를 보인다고 함.
1969.5.26	한일 외교 동북아과장 면담에서, 한인 송환을 위해서는 정착지를 논하기 이전에 **출국하고자 하는 한인이 있다는 것을 먼저 인식시켜야 한**다고 함.
1969.8.28	일본정부가 주일소련대사에게 **한국에서 건네받은 7천명의 명부를 전하고 이들 귀환에 협조하도록 요청**함.
1971.7.29	주한일본대사관 하시메 참사관이 동북아과장에게 보고하기를, 외무성 동구1과장이 **7천명의 귀환희망자의 출국의사를 조사**하고, 아울러 이들의 **출국을 허가할 의사가 있는지 검토**해 줄 것을 요청했다고 함.

일자	한국과 소련을 상대로 한 주요 교섭내용
1972.1	일소정기각료회의에서 후쿠다(福田) 외상과 그로미코 러시아 외상의 면담에서, **한인의 송환 실현을 요청하자 검토하겠다고 답변**했다고 함.
1972.4.24	외무성 동북아과장이 주일대사관 우문기 정무과장에게, 일본정부는 **그로미코 외상의 답변을 근거로 제2차 일소각료회의에서 실무자 레벨에서 한인문제의 조속한 해결을 요청**할 예정이니, **한국측은 국제적십자를 통해 소련적십자의 협조를 요청하도록 요구**함.
1973.5.15	외무성의 요청으로 일본적십자사 총재가 **소련적십자사 트로얀스키에게**, 일본 측이 일본 입국을 허가한 경우 한인의 출국을 허가한 일이 있는지를 묻자 그러한 일이 있다고 대답함. 아울러 **인도주의적 견지에서 한인 송환에 협조할 뜻이 있냐고 묻자 가능한 범위 내에서 협력할 뜻**을 보임.
1973.7.9	세오(妹尾) 외무성 북동아과장이 우문기 과장에게, 귀환 희망 한인을 1) 자비여행 한국정착, 2) 여비보조 한국정착, 3) 자비여행 일본정착, 4) 여비보조 일본정착으로 분류할 때 1)**부류를 먼저 교섭할 뜻**을 보임.
1973.9	다부치(田淵) 의원의 방소 때 소련 **외무성 극동제2부장 유코시니코프**가 말하길, 1) 한인 가운데 **무국적자의 출국은 자유**이다. 2) 귀국희망자가 7천명이나 되지는 않을 것이다. 3)**행선지가 일본일 경우 출국을 허가할 수 있다**고 함.
1973.10.7.~11	다나카 가쿠에이 수상과 브레즈네프 서기장의 회담에서, **브레즈네프는 귀환희망자가 없다**고 하였으나 다나카는 출국희망자가 있음을 역설하고 향후 외교적 협조를 요청함.
1974.3.18	세오 외무성 북동아과장이 한국측에 통보하기를, 1)귀환희망자 201명에 대해 한국이 인수하겠다고 문서로 통보해주기 바란다. 2) **일본 도착 후 한국으로 귀국하겠다는 의사를 확인한 뒤 인수하겠다는 한국 측 입장에 반대**한다. 3) 일본정부의 여비와 정착금 지원은 어렵다.
1974.10.2	공명당 다케이리(竹入) 위원장이 코시긴 각료회의 의장에게, **귀환자가 희망하는 정착지로 출국을 허가해 줄 것을 요청**하자 1975년 1월 일본수상의 방소 때 의제로 거론하면 검토하겠다고 함.

일자	한국과 소련을 상대로 한 주요 교섭내용
1974.11.4	주소일본대사관에서 소련외무성 제2극동부 차장에게 201명의 귀환희망자 명단과 함께 출국허가를 요청하는 구술서를 제출하자, **한인의 귀환문제는 "일소간의 교섭 대상이 아니다"고 접수를 거부**함.
1975.1.17	미야자와(宮沢)-그로미코 외상회담에서, 1973년 다나카 수상의 방소 때 107가구 408명의 귀환을 약속했으나 현재 귀환자는 2가구에 불과하다며 조속한 선처를 촉구하였다. 이에 **소련 측은 일소간의 문제가 아니라며 거부**함.
1975.6.6	**소련당국이 일본입국 소환 증명서를 받아오면 출국을 허가하겠다는 소문**에 대해 외무성과 영사 이주부 사증실 관계관은, 1)새로운 사실이므로 확인해 보겠다. 2)소환증명서 발급제도가 없으므로 개인 명의의 초청장으로 작성하여 송부하는 것이 좋겠다고 함.
1975.7.28	도만상·신성규 등이 소련당국의 출국허가를 받았다며 일본측에 소환장이나 초청장을 요청하자 외무성은, 1) 개별적으로 **입국 허가**를 한 예정이다. 2) 201명에 대해서는 **단순한 '일본경유' 형태로 15~30일의 체류를 허가**할 것이다. 3) **일본 영주 희망자는 개별 심사**할 예정이다. 4) 귀환희망자가 주소일본대사관에 신청서를 제출하면 **무국적자는 도항증명서를, 소련국적자는 입국사증을 발급할 예정**이라고 답변함.
1975.8.14	외무성이 박노학의 귀환회에게 일본입국증명발급신청서를 보내고, 박노학은 이 신청서와 귀환수속에 필요한 안내서를 작성 송부함.
1975.8.19	소련 당국에 청원한 결과, 한국과 소련은 국교가 없으므로 **한국에 거류하는 딸이나 친족이 초청장과 재정보증서를 작성하여 공증하고, 한국정부가 입국 허가 스탬프를 찍어주면 송환을 허가**하겠다고 함.
1976.1.6	엔도 북동아과장이 방한하여 우문기 과장과 면담하고, **소련이 한국 관련 사항에 관한 논의를 거부하고 있으므로 우선 일본 정착요건을 구비한 일본정착 희망자에게 입국을 허가**하겠다고 함. 이에 따라 5명에게 현재 입국을 허가함.

일자	한국과 소련을 상대로 한 주요 교섭내용
1976.1.10	**일소외상회담 결과**에 대한 미야자와 외상의 설명, 1975년 모스크바에서는 **일본인에 관한 문제가 아니므로 논의할 수 없다고** 하였으나 이번에는 긍정도 부정도 하지 않음.
1976.1.22	참의원 예산위원회에서 다부치(田淵)의원 질의에 이나바(稻葉) 법무대신이 답하기를, **한인을 한국으로 귀환시킨다는 조건을 내세우지 않고 일본이 인수하여 인도적으로 돌려보내겠다**고 함.
1976.1.26	북동아과 다카하시(高橋) 차석의 외무성 입장확인, 1) 일본정부의 입장은 변화가 없으며 **실행 가능한 것부터 추진**하겠다. 2)희망자는 개별적으로 검토해 입국비자를 발급하겠다. 2) **일본 입국 후 희망에 따라 한국귀환을 추진**하는 방법을 검토하겠다고 함.
1976.8.11	정순근 주일공사가 나카에(中江) 아주국장에게 한국정부의 토킹 페이퍼(talking paper)를 건네자, 사할린한인 귀환에 따른 **일본정부의 비용 관련 의무는 한일청구권협정으로 해결되었으므로 비용문제를 일본정부의 의무사항으로 간주하는 것을 반대**함.
1976.10.21	참의원 외무위원회에서 민사당 다부치(田淵) 의원의 질의에 대해 **고사카(小阪善太郎) 외상**은 사할린한인에 대해 정치적, 도의적 책임을 느끼며 이들 송환을 위해 진력을 다해 소련과 교섭하겠다고 대답함.
1977.1.4.~9	엔도(遠藤) 일본 외무성 북동아과장과 이동원 동북아과장의 면담에서, 사할린한인 귀환이 해를 넘겨 지연되어 가족들의 실망으로 한국정부가 난처하다고 하자, **외무성에서는 서류 등 실무준비는 모두 마쳤으나 소련 미그기 망명사건으로 일소관계가 경직되었다고 대답**함.

비고: 외무부, 1983.1,『화태교포관계자료』, 43~76쪽에서 일본정부의 동향만을 발췌.

초기 일본의 외교교섭 기조 및 방침:
일본 정주와 비용 부담의 거부(1966~1975)

▼

　이상의 내용을 시계열적으로 살펴보면 한일조약 체결 이후 1969년 박노학 등이 작성한 귀환희망자 명부가 한국→일본→소련으로 전달된 시기까지의 주된 이슈는 크게 '귀환경비의 지불 주체'와 '귀환자의 수용주체(수용지)'였음을 알 수 있다. 이것은 1966년 구로다 동북아과장과 오재희 정무과장 사이의 면담과정 때부터 확인된다. 일본정부는 이 가운데 귀환비용에 대해서는 간헐적으로 부담할 의사를 시사하기도 하는 등 비교적 유연한 태도를 보인 반면, 한인의 수용에 관해서는 일관되게 부정적 입장을 취했다. 아울러 이 문제와 관련해 소련 측이 한국으로의 송환을 거부하는 상황이 외교상 걸림돌로 작용하고 있음을 지속적으로 주지시키고 있었다.

　이러한 일본정부의 태도는 크게 3가지 중요한 사실을 시사한다. 첫째, 일관되게 일본 정착 내지 영주를 거부한 것은 1950년대 말부터 시작된 재일동포의 북송사업을 통해 보듯이 어떻게든 한인들을 일본 본토에는 거류하지 못하도록 만들겠다는 '순혈주의'가 1960년대 말까지 뿌리 깊이 관철되고 있음을 보여준다. 둘째, 비용 부담을 처음에 완강히 거부한 것은 일본정부도 전체 귀환희망자 규모를 미처 파악하고 있지 못한 상황이었고, 아울러 한일조약 체결로 모든 전후처리 비용문제는 해결되었다고 판단했기 때문이었다. 그 후 간헐적으로 비용 부담을 시사한 것은 전후처리 원칙에 입각한 체류비와 정착비 지원을 뜻하는 것이 아니라, 선편 알선 등 간단한 편의제공 수준의 것을 의미한 것으로 보인다. 셋째, 소련 측의 부정적 태도를 지속적으로 강조한 것은 실제 교섭환경을 반영한 것이기도 하지만, 만일 이 사업이 실패했을 때 일본정부의 책임을 회피하기 위함이었다.

한편 1970년부터 1976년까지의 상황을 보면 외견상 일본정부가 박노학의 '한국인회'라든가 적십자사 등을 제한적으로 활용하기도 하였고, 외상회의나 수뇌회담 등을 통해 여러 층위에 걸쳐 소련과 교섭을 시도한 것으로 보인다. 일본정부는 일단 귀환희망자명부를 바

1973년 정상회담에서 만난 다나카-브레즈네프

탕으로 1971년부터 이들에 대한 출국 허가 의사를 타진하는 한편, 1972년에는 후쿠다-그로미코 외상회담을 통해 한인의 송환 실현을 공식적으로 요청했다. 이에 대한 그로미코의 회답은 '귀환신청이 있다면 소련 법률에 따라 검토하겠다.'는 원론적인 수준의 것이었지만, 이를 근거로 일본정부는 향후 교섭을 활발히 추진하겠다는 의사를 밝혔고, 아울러 한국정부 측에도 적십자사를 활용해 교섭채널을 다양화할 것을 요청하였다. 1973년에는 다나카-브레즈네프 수뇌회담을 통해 사할린에는 귀환을 희망하는 한인이 존재한다는 점을 분명히 하고 이에 대한 소련 측의 협조를 요청하는가 하면, 1974년에는 코시긴 소련각료회의의장에게 정착지와 상관 없이 한인 출국에 협조해 줄 것을 당부했다. 그리고 1975년에는 미야자와-그로미코 외상회담을 통해 다나카 총리의 방소 때 약속한 408명의 출국 조치를 조속히 이행해 달라고 촉구했다.

이처럼 이 시기에는 일본정부가 다양한 채널을 통해 이례적으

로 적극적인 대소 교섭을 추진했으나 소련 측의 태도는 좀처럼 변하지 않았다. 1960년대와 달리 사할린한인 문제를 일본정부가 막상 정식 의제로 상정해 적극적으로 제기해오자 소련정부는 의례적 답변으로 얼버무리거나 실무 레벨의 '립서비스'로 대응하였다. 하지만 사할린에 '귀환희망자는 없다.'는 1973년 브레즈네프의 발언이나, 1974년 주소일본대사관의 출국허가 요청에 대해 이 문제는 결코 '일소 간에 논의할 문제가 아니다.'며 구상서 접수조차 거부한 것에서 보듯이 기본적으로는 부정적 입장을 견지했다.

이 시기에는 이처럼 일본정부가 이례적으로 적극적인 교섭을 시도했지만 정작 소련 측이 부정적 입장을 보였다. 그 이유 가운데 하나는 사할린한인의 정착지가 '한국'이라는 점이었고, 그 이면에는 재일동포의 북송문제나 상호 간첩활동 등으로 한국정부와 극도로 대립하고 있던 북한이 이에 강하게 반발했기 때문이었다.[22] 실제로 1973년 다나카-브레즈네프 회담 직후 북한은 『노동신문』을 통해 즉각적으로 사할린한인의 남한 송환을 반대한다는 뜻을 표명하였다.[23] 결국 이러한 상황에서 일본정부가 교섭효과를 제고하기 위해서는 '일본은 단순히 통과지·경유지'일 뿐이며 모든 귀환자는 한국 측에서 수용해야 한다는 종래의 경직된 태도에서 벗어날 필요가 있었다. 실제로 1973년 다부치田淵 의원의 방소 때 소련 외무성 극동제2부장 유코시니코프가 무국적자의 출국은 자유며, 행선지(정착지)가 일본이라면 출국을 허가할 수 있다고 밝힌 바 있다. 물론 이와 유사한 사례가 말단 기관이나 각 지방 레벨에서는 종종 있었으나 실제로 실현된 적이 거의 없었으므로 그 진의는 상세히 알 수 없다. 그러나 만일 일본정부가 '귀환자를 일본 측이 확실히 책임지겠다.'는 태도만 확고히 보였다면 훨씬 더 교섭이 쉽게 진행될 수도 있었다는 점은 충분히 유추할 수 있다. 바로 이점을 일본정부도 깊이 인지하고 있었기 때문에 1974년만 해도 세오妹尾 외무성 북동아과장은 201명의 귀환희망자를 '한국정부가 반드시 수용하겠다'는 약속을 문서로 보장하라는 등의 고식적인 자세를 보였지만, 1976년 단계에 이르러서는 태도를 바꾸어 현실적으로 일본 영주 희망자라도 우선적으로 다룸으로써 송환 실현 가능성을 제고하고자 하였다.

이렇듯 1970년대에는 일본정부가 교섭채널을 다양화하며 외형적으로 적극적인 태도를 보였지만 1976년까지도 여전히 귀환자의 정착지와 정착비 부담 의무를 둘러싸고 한국정부와 마찰을 빚었다. 또한 사할린한인 문제에 대해 정치적·도의적 책임을 유력 정치인들이 표명하기도 했지만 여전히 '사할린한인을 일본으로는 수용할 수 없다.'는 입장에는 변함이 없었다. 이것은 당시 일본정부와 일본사회의 식민지배에 대한 반성과 전후책임에 대한 의식 수준을 그대로 반영하는 것으로서, 이러한 방관자적 태도가 가뜩이나 경직된 태도를 고집하던 소련과의 교섭을 더욱 어렵게 만들었다고 볼 수 있다.[24]

다나카 가쿠에이田中角栄 수상의 모호한 책임문제 발언

▼

1980년대 말 세계냉전의 붕괴와 동북아 지역의 정치지형 변화로 사할린한인의 영주귀국과 관련해 다국 간의 협의가 급속히 진전되기 전까지 전후 일본정부의 사할린한인 관련 정책의 기본 방침은 위에서 보았듯이 대략 1970년대 초에서 중반에 걸쳐 형성되었다. 이러한 일본정부의 정형화된 대응방식은 1972년 7월 우케다 신키치受田新吉 의원의 질의서에 대한 다나카 수상의 답변서, 그리고 1976년 1월 참의원 결산위원회에서 민사당 다부치 의원 질의에 대한 이나바 법무상의 답변을 통해 매우 상세히 살필 수 있다.

민사당의 우케다 의원은 1950년대부터 재한일본인처의 일본 귀환이라든가 재외 한인의 한반도 귀환문제에 깊은 관심을 가져왔다.[25] 그는 1972년 7월 12일 중의원의장 앞으로 질의서를 제출하였다.[26] 질의 내용은 "종전 이전 징용에 의해 사할린에 거주하게 된 조선인이 현재 1만여 명이 잔류하고 있고, 7천여 명이 고국(대한민국)으로 귀국을 희망하고 있다고 하는데, 이들은 대부분 이십여 년 동안 고국의 가족과 떨어져 살고 있으며 이미 노령기에 접어들었다고 한다. 그러나 현재 대한민국과 소비에트사회주의공화국연방 사이에는 국교가 없으므로 양국은 직접 교섭조차 불가능한 상태로 오늘에 이르고 있다. 따라서 (일본) 정부가 인도적으로 전후처리문제의 해결 차원에서 이들 조선인의 귀국에 대해 무언가 편의를 제공할 필요가 있다고 생각하는데 그러할 용의가 있는가?" 였다.

이에 대해 다나카 수상은 7월 18일 답변서를 제출하였다. 전문은 다음과 같다.

1. 지적한 문제에 대해 일본정부로서도 **인도적 문제로서 실로 동정을 금할 수 없다.** 남사할린이 일본영토였던 당시 그곳으로 보내져 종전 후 현재까지도 사할린에 잔류하고 있는 조선인에게 한국이나 일본으로 돌아갈 기회가 주어지지 않았던 점을 생각할 때, 정부로서도 현재 이 문제에 깊은 관심을 가지고 있다. 이들의 귀환 실현을 위해 가능한 한 노력할 생각이다. 다만 **현재 사할린은**

일본 관할 하에 있지 않으므로 우리 나라가 취할 수 있는 조치에는 한계가 있다.

2. 일본정부로서는 이 문제의 해결을 위해 **먼저 해당 귀환희망자 실태를 명확히 할 필요가 있다고 생각한다.** 이러한 견지에서 소련정부 측에 1969년 8월 한국정부가 제출한 '귀환희망자명부'를 건네주었고, 이 명부에 기초해 출국 희망자의 실태조사방법이라든가, 출국 희망자가 확인되었을 경우 출국허가 가능 여부를 검토하도록 비공식적으로 요청했다. 그 후로 이 건에 대해서는 기회가 있을 때마다 소련정부 측에 배려를 요청하여 왔고 앞으로도 계속 요청할 것이다.

3. 지적 받은 일본정부의 편의제공 문제는 귀환희망자의 실태파악 문제가 해결된 후에야 비로소 다룰 수 있는 문제인데 일단,

1) 일본은 단지 **통과할 뿐이며(경유지일 뿐이며, 通過するのみで)** 전원을 한국으로 돌려보낸다.

2) 귀환에 필요한 **비용은 일체 한국 측에서 부담한다.**

이 두 가지를 일단 기본방침(とりあえずのライン)으로 삼아 외무성과 법무성 등 관계 관청에서 검토하도록 할 것이다.[27]

이것은 종전 이래 한인에 대한 전후 일본정부의 인식과 대응양상을 압축하여 보여준다. 비록 사할린한인의 억류문제를 '인도적 문제'로 인식한다고는 하였지만 내용을 보면 질문의 취지와 다소 동떨어진 답변에 불과했다. 즉 처음부터 남사할린이 일본의 관할지가 아니라는 이유로 외교 교섭에 한계가 있음을 전제로 하고 있다.

이것은 앞서 살펴본 바와 같이 한인의 귀환교섭이 실패했을 경우에 대비하고자 하는 일본정부의 면책론을 전제로 하고 있음을 뜻한다. 제2항에서는 구체적 편의 제공에 앞서 '실태파악'이 필요함을 역설하고 있다. 그런데 이것은 거꾸로 일본정부가 그동안 혈통을 근거로 한 민족차별적인 한인관에 입각해 '실태파악'조차 소홀히 하였음을 뜻한다. 만일 일본정부가 이들에 대해 일말의 책임감을 느꼈다면 앞서 보았듯이 1948년 11월 일본 내 각 지자체에 해외미귀환자 조사를 지시하였을 때라든가, 1950년 4월 소련 점령지의 억류 일본인 문제를 유엔에 상정할 때 분명히 기회가 있었으므로 실태파악과 관련한 최소한의 노력은 기울일 수 있었을 것으로 추정된다. 그럼에도 불구하고 박노학 등의 한인회가 작성한 명부에만 의존해 소련 측에 실태 파악을 요청하겠다고 한 것은 애초부터 식민지배에 대한 반성과는 거리가 먼 행정편의적 관점에서 이 문제에 접근하고 있었음을 보여준다. 그리고 구체적인 편의의 내용도 '일본을 경유지로 제공한다.'는 것 외에는 별다른 점을 찾을 수 없다. 결국 이 답변서는 한일조약 체결로 사할린한인 관련 비용문제는 모두 해결되었으므로 귀환비용도 지불할 수 없고, 소련 측이 일본 정착을 전제로 한다면 무국적자 등의 경우는 출국을 허가하겠다고 간헐적으로 밝혔음에도 불구하고 이것조차 거부하겠다는 태도를 재확인한 것이었다. 바로 이 점이 다나카 내각기에 비록 외형적으로는 활발한 교섭활동을 벌인듯하지만 결국에는 별다른 결실을 거두지 못한 요인 중 하나였다. 특히 이 때는 1976년 소련 미그기조종사의 망명사건이라든가 1979년 아프가니스탄 침공 등으로 인해 일소·미소관계가 1980년대 중반까지 악화일로로 치닫기 이전이었으므로 사할린한인의 귀환 가능성이 비교적 유동적인 시기였다는 점에서 더욱 문제가 된다.[28]

일본 시민운동세력과
야당 의원의 역공
▼

그 후 사할린 지방당국에서는 일본정부의 입국소환증명서(초청장)가 있으면 출국을 허가하겠다는 소식이 들려오는가 하면, 다른 한편으로는 한인의 귀환문제는 일소간의 논의 대상이 아니라는 소련정부 중앙의 부정적 태도가 혼재된 가운데 교섭이 혼선을 빚자 1976년 민사당의 다부치 의원은 외무상·법무상·후생상을 상대로 매우 공격적인 질문을 던졌다.[29] 그는 1972년 박노학 등이 일본의 정치인들을 상대로 한인 귀환문제에 대한 협력을 호소할 때 적극적으로 앞장선 몇 안 되는 인물이었다. 그리고 1973년에는 소련을 방문해 유시니코프를 만나 대국적인 협조를 강력히 요청한 바도 있어 이 문제를 비교적 심도 있게 이해하고 있던 보기 드문 정치인이었다. 그의 질의는 대략 다음과 같은 내용이었다.

1. 1946년 12월 '미소 간 협정' 체결 때 **한인 귀환에 관해 일본정부는 어떠한 의견을** 제시했는가.
2. 사할린한인 대부분은 전시 중에 강제로 연행되었으므로 **원상회복(일본 혹은 고향으로 귀환)시킬 의무가** 일본정부에 있다고 보는가.
3. 1973년 일소우호의원연맹 일원으로 방소하여 소련 외무성 극동부 차장에게 문의하였더니 **한국으로 귀환시킬 수는 없으나, 일본 귀환은 가능하며 그 후 이들이 한국으로 귀환하는 것은 소련이 관여할 바가 아니라고** 하였다. **일본은 이들을 받아들일 자세로 이 문제에 임해왔**

는가.

4. 1972년 7월 12일 민사당 아이다 중의원 질의에 대해 **정부는, "1) 일본정부는 단순히 통과할 뿐이고 전원 한국으로 귀환시킨다. 2) 귀환에 필요한 비용은 일체 한국이 부담한다."고 답변하였다. 이 방침은 여전히 바뀌지 않았는가.**

5. 소련은 한국을 승인하지 않은 이상 **한국 귀환을 전제로 한 한인의 출국을 허용하지 않을 것이다. 일본정부는 이들을 전부 수용할 준비가 되어 있는가.**

6. 일본정부는 **귀환희망자의 정착지가 일본이든 한국이든 받아들일 준비가 되어 있는가.**

7. 일본정부가 귀환자의 정착희망지가 한국임을 전제로 대소 교섭에 나선다면 장애가 따른다. **도의상 모든 귀환희망자를 대상으로 일본정부가 일단 수용할 것임을 전제로 교섭에 임해야 하지 않겠는가.**

8. 원래는 일본과 소련이 강화조약을 체결하여 영토문제를 확정하고 주민의 귀속문제를 결정했어야 하지만 **소련과는 아직 강화조약이 체결되지 않았다. 그런데 샌프란시스코강화조약을 근거로 사할린한인이 일본인이 아니므로 방치한다는 것은 우스운 논리가 아닌가.**

9. 한국 귀환을 희망하는 한인의 대부분이 무국적자이고, 북한적이나 소련적 한인 중에도 생활을 위해 국적을 취득한 것일 뿐 한국 귀환을 희망하는 자가 있다. **무국적자에 대한 책임은 누가 져야 하는가.**

10. 사할린한인 문제는 일소간 전후처리의 중요한 문제로서 북방영토문제도 중요하지만 노령에 이른 사람들이 귀

향에 대한 염원을 이루지 못한 데 대해 일본정부가 책임
을 지고 귀환을 위해 노력해야 한다고 생각하지 않는가.

　　다부치 의원의 질문은 1975년에 시작된 사할린재판, 그리고 이
를 지원하는 실행위원회 활동과 연계 차원에서 다분히 정부 측에
압박을 가하기 위한 의도에서 나온 것이었다. 가령 제2항에서 사할
린한인의 '원상회복' 의무에 관해 물은 것도 이 재판의 영향을 받은
것이다.[30] 그의 질문은 그동안 일본정부가 외교교섭 과정에서 보여
준 문제점들을 날카롭게 짚어내고 있다.

　　먼저 그가 소련점령지구 일본인 송환에 관한 미소 간 협정 체
결 때 일본정부의 태도를 물은 것은 곧 협정체결 주체인 연합국총
사령부에 보고할 때 억류된 한인의 존재를 의도적으로 '누락'한 것
이 아니냐는 뜻이었다. 즉 이것은 식민지배와 전쟁에 대한 책임과
더불어 혈통을 기준으로 한인들을 버린 심각한 전후책임의 문제를
제기한 것이다. 뒤이어 그는 몇 개 항목에 걸쳐 '일본은 경유지일
뿐이고, 모든 비용은 한국정부가 부담한다.'는 방관자적 입장을 취
해온 종래의 방침을 집요하게 비판했다. 즉 그는 일본정부가 1952
년 샌프란시스코강화조약 발효 후 일본국적 상실을 이유로 한인의
일본 입국을 한사코 거부하고자 한 것이 문제이며, 그로 인해 대소
교섭이 더욱 어려움에 처하게 된 사실을 지적하였다. 그가 어떻게
든 사할린한인의 귀환을 실현하기 위해서라면 한국 송환은 추후에
별도로 진행하더라도 일단 일본으로 수용해야 한다고 주장한 것은
1977년 이후 사할린재판의 주요 쟁점이 원고들에 대해, "일본으로
귀환을 가능하게 하는 '수단'으로써의 '일본국적'이라도 인정할 것
을 요구"한 것과도 맞물린 것이었다. 이처럼 그는 각종 법리를 동원
하거나 정황을 핑계로 이들의 귀환문제에 대한 책임을 정면으로 받

아들이지 않고 있는 정부의 근원적 태도를 비판하였다.

미야자와 외무상과 이나바 법무상의 '도의적 책임' 표명

▼

　　다부치 의원의 질의에 대해 미야자와宮沢喜一 외무상은 사할린 한인 문제와 관련해 1975년 1월과 1976년 1월 양국 외상회담을 통해 소련 측에 선처를 요청하였다고 답변했다. 아울러 법적인 문제와 달리 정치적으로는 일본정부가 이 문제와 무관하지 않으므로 향후 일소강화조약 추진과정에서 논의할 문제라고 인식한다며 원론적인 수준에서 답변하였다. 반면에 이나바稲葉修 법무상은 샌프란시스코강화조약에 의해 거주지를 불문하고 한인은 일본국적을 상실하였다. 다만 **강제연행된 사할린한인의 '원상회복'에 대해서는 일본정부도 도의적 책임**이 있다고 생각한다. 따라서 입국신청에 대해 일본정부는 인도적 차원에서 대처할 것이지만 소련의 출국허가라는 또 다른 문제가 남아있다. 이와 관련해서는 **일본을 단순한 경유지로 간주하거나, 한국행을 전제로 하지 않고 일단 일본에서 수용한 뒤 인도적 조치**를 취한다는 생각이라고 밝혔다. 이것은 일단 '정착을 전제로 한 일본입국'을 인정했다는 점에서 1972년 다나카 답변에서 분명 진일보하였다. 물론 실제 내용을 보면 한국영주희망자의 경우 한국의 입국허가 보증이 없는 한 (경유지로서) 일본 입국을 거부하였고, 일본영주희망자의 경우 반드시 종전 이전 일본 거류경력이 있어야 하며, 게다가 일정한 재력을 갖춘 신원보증인이 없는 한 (정착지로서) 일본 입국을 거부했다는 점에서 한계가 있었다. 즉 한국행을 택한 자들에게는 '한국정부의 수용보증'을, 일본행을 택한 자들에게는 '엄격한 자격심사'를 조건으로 내걸었지만, 일단 '경유지·통과지로서의 일본'이라는 고식적인 종래의 인식틀에서 벗어날 수 있는 일말의 가능성을 열었다는 점에서는 일정 부분 평가할 만하다. 문제는 각 행정부서의 실행의지였다.

속절없는 소련의
외교교섭 거부(1976~1983)
▼

1976년 소련의 '미그기 망명사건'을 계기로 일소관계가 얼어붙기 시작하자 사할린한인의 귀환교섭도 이후 약 10여 년에 걸쳐 정체기로 접어들었다. 이를 반영하듯이 1977년 1월 엔도遠藤 외무성 동북아과장은 방한하여 귀환희망자에 대한 서류준비는 거의 마친 상황이지만 미그기 망명사건 이후 일소관계가 악화되었으므로 향후 실효를 거둘 수 있는 환경이 조성되면 기회를 보아 다시 교섭을 추진하겠다는 뜻을 한국 외교부에 전했다. 그 후 약 4년이 지나 1981년 2월 10일 고쿠라小倉 외무성 동북아과장은 주일대사관 이재춘 정무과장을 만나 그 사이 일본 측은 귀환희망자에게 입국허가서를 발급했으나 소련 측으로부터 아무런 반응도 없었다고 전했다.[31]

이렇게 일소간의 교섭이 위기에 봉착하자 1978년 참의원 외무외원회에서는 이에 대한 일본정부의 대책에 관한 질의와 답변이 이

일소관계를 급속히 악화시킨 소련 미그기 망명사건 보도

어졌다. 다부치 의원은 "일본정부가 입국허가를 발급한 자는 113세대, 378명인데 현재 송환자는 왜 3명뿐이냐"고 물었다. 이에 나카에中江 등 외무성 관계자는 소련정부가 출국을 허가하고 있지 않기 때문이며, 그 뒤에는 북한의 강력한 반대가 자리 잡고 있다고 답변했다. 이에 다부치 의원은 국적의 원상회복을 요구하는 '사할린재판'이 진행중인데 귀환희망자에게 일본국적을 부여하는 특혜를 생각해 보았는가 하고 물었다. 즉 '귀환촉진을 위한 수단'으로써 무국적 한인에게 일본국적을 부여하는 것은 어떠한가 하고 물은 것이다. 그러자 미야자키宮崎 과장은 샌프란시스코강화조약으로 사할린한인의 일본국적은 상실되었으며, 현행 국제법상 개인 의사에 따른 귀화 외에는 국적회복 방법이 없다고 답변했다. 즉 중국인, 대만인을 포함해 일본국적을 상실한 많은 사람 가운데 특정 집단에게만 국적 회복을 인정할 수 없다는 논리였다. 다부치 의원이 다시 이 문제를 유엔에 상정하는 것은 어떠하냐고 묻자 소노다園田直 외무상은 소련의 반대로 유엔 상정은 어려우며, 이들에게 일본국적을 부여해 일본으로 수용하는 것은 문제가 없으나 역시 한국 귀국이 문제가 되고 있다며, 일단 일본 영주희망자에게는 일본국적을 부여해도 좋다고 생각한다고 답변했다.[32] 이를 통해 보듯이 대소교섭이 정체되자 일본 내부에서는 사할린한인에게 일본 국적을 부여해 일본으로 정착할 수 있는 방법에 대한 논의가 진행되었다.

한편 같은 날 참의원 사회노동위원회에서 가라타니柄谷道一 의원은, 영화 '망각의 해협'을 보면 일본정부의 책임을 통감하게 된다며 현지조사를 위해 직원을 파견할 용의가 있냐고 물었다. 그러자 사토佐藤 동북아과장은 1978년 1월 외상의 방소 때 확인해 본 결과 북한과의 문제로 난색을 표명하였다며 최근 소련정부의 태도로 미루어 직원 파견은 어렵다고 답변했다. 아울러 현 상태에서는 일본의 인도적 입장을 설득하는 것이 선결과제라고 하였다. 그러자 가라타니 의원은 "1972년 우케다 의원 질의에 대해 정부는 '모든 한인은 한국으로 귀국시키고, 그 비용은 한국측에서 지불한다.'고 답했다. 그런데 그 후 출입국관리국장은 반드시 그것에 구애받지는 않겠다는 취지를 밝혔다. 이것은 결국 사할린한인의 일본 영주를 인정하겠다는 뜻인가. 그리고 후생성은 어떻게 대처할 것인가. 일본인과 동등한 대우를 할 것인가. 후생성은 모든 일을 외무성에 맡기고 그저 뒷짐만 지고 있다. 후생성이 이들을 받아들이고 영주를 인정하겠다고 소련 측과 교섭할 용의는 없는가."하고 물었다. 이에 오자와小沢 후생상은 외무성과 같은 의견이므로 조속히 노력하겠다고 하였고, 고노小野 원호국장은 인도적, 도덕적으로 원호조치를 취할 것이며 필요하다면 일본인과 동등한 대우도 검토하겠다고 밝혔다.[33] 즉 사할린한인의 국적 부여문제와 더불어 인도적 차원에서 이들의 일본영주를 지원하기 위한 방안이 논의되었다.

그 후 약 4년이 지난 1982년 3월 중의원 예산위원회에서 쿠사가와草川昭三 의원은 외무성 관계자에게 사할린한인 문제를 과연 어디까지 파악하고 있는지를 물었다. 후지이藤井 심의관은 소련 측이 여전히 '일소간의 문제'가 아니라는 입장을 견지하고 있다며, 귀환촉진단체 추정에 따르면 약 4만 3천 명이 억류되어 있고, 한국 정부가 제공한 명단에 의하면 약 7천 명이 귀환을 희망하고 있으며, 그 가운데 약 1,500명이 일본영주를 희망하고 있다고 밝혔다. 아울러 현재까지 입국신청자는 438명이며 귀환자는 3명에 불과하다고 답했다. 이와 관련해 오타카大高 출입국관리국장은 현재 한국 귀환을 위해 일본 입국을 신청한 자 376명과 일본 영주를 신청한 35명에게 입국을 허가하였다고 답변했다. 그 가운데 일본귀환 희망자에 대해서는 이전의 일본 거주경력과 신원보증인의 유무 등 입국자격을 심사하였는데 현재 2명은 한국에, 1명은 일본에 귀환했다고 답변하였다. 그러자 '4만여 명 가운데 불과 3명'에 그친 귀환현황을 신랄하게 비판하며 쿠사가와 의원은 적십자사의 활용방안에 대해 물었는데, 스즈키鈴木善幸 총리는 아쉽게도 소련적십자사의 협조는 기대하기 어렵다고 답변했다. 이에 쿠사가와 의원은 만일 일본정부가 1965년 당시 국제적십자위원회의 건의를 받아들였다면 소련 측이 한인들을 출국시킬 의사가 있었을 것이라며, 당시 일본정부가 '이들은 일본인이 아니다.'고 하여 결국 이 지경에 이른 것이 아니냐고 비판했다. 아울러 현재 중국 잔류고아문제가 사회적으로 이슈가 되고 있는데, 이것과 마찬가지로 이 문제 역시 전후처리의 문제라며 고도경제성장에도 불구하고 이에 대한 해결 없이 일본의 선진 정치는 불가능하고 꼬집었다. 이에 다나베田鍋 국무대신은 총리부장관 산하에 심의기관으로서 전후처리문제검토

협의회나 심의회를 개최하고 있으며 예산에도 이 문제에 대한 검토비를 상정했다고 밝혔다.[34]

대소교섭 정체기
일본정부 대응방식의 특징
▼

이상에서 보듯이 사할린한인 문제에 대한 대소교섭이 교착상태에 빠진 1976년도부터 1980년대 초반에 걸쳐 일본의회에서 전개된 논의 내용 속에서 크게 3가지 특징을 살필 수 있다.

첫째, 1975년 사할린재판을 계기로 등장한 '귀환수단'으로써 한인에 대한 일본국적 부여 논의가 의회공간에서 논의되기 시작한 점이다. 이것은 1972년 공적으로 확인된 '일본은 경유지일 따름이며 모든 비용은 한국정부가 부담한다'는 다나카의 답변을 돌이켜 볼 때 일본정부가 이들의 문제를 '전후 일본'의 문제로 끌어안기 위해 한 걸음 다가설 수 있는 여지를 제공했다는 점에 의의가 있다.

둘째, 비록 엄격한 자격심사를 전제로 했지만 사할린한인의 일본 영주문제가 논의되었다. 이것은 북송사업에서 보듯이 이미 거류하고 있던 재일동포조차도 한반도로 추방하고자 한 일본정부가 조건부이나마 이들의 정착을 인정하기 시작했다는 점에서 의미가 있다. 그러나 일본에 마땅한 연고가 없거나 든든한 보증인을 두지 못한 대부분의 귀환희망자들에 대한 배려는 찾아볼 수 없었다.

셋째, 공교롭게도 중국잔류고아문제가 사회적 이슈로 등장하고, 사할린한인에 대한 대소교섭이 위기에 봉착함에 따라 일본사회 안에서 전후처리 문제의 일환으로 사할린한인 문제를 바라볼 수 있는 분위기가 조성된 점이다. 물론 그 배경에는 이 문제를 미디어를 통해 국내외에 공론화한 사할린재판활동이라든가, 유엔인권위 차별방지소위원회에 이 문제를 제기하고 일본적십자사를 움직이는가 하면, 대한변호사협회와 한일간 연대를 모색하는 등 운동의 외연 확대를 도모한 '아시아에 대한 전후책임을 생각하는 모임' 등 일본시민단체의 역할이 주효했다.[35] 상기한 다부치, 가라타니, 쿠사가와 등의 의회 질의도 기본적으로 이러한 시민운동세력의 요구를 의회공간에서 반영한 것이었다.[36] 아울러 일본정부의 태도 변화를 가져온 외부적 요인으로는 바로 이 대소교섭 정체기를 전후해 일본정부가 국제인권규약을 비준하고 난민조약에 가입함으로써 '인권후진국'이라는 국제사회의 따가운 시선을 의식할 수밖에 없게 된 새로운 국제적 외교환경의 변화도 일조하였다.[37]

의원간담회의 결성과정이
시사하는 교훈

▼

1970년대 중반부터 사할린한인 귀환운동을 이끌어 온 인물 가운데 하나인 오오누마大沼保昭가 이 문제의 해결을 위해 결심한 마지막 선택지는 '사할린 잔류 한국·조선인문제 의원간담회(약칭 의원간담회)'의 결성이었다.[38] 결과적으로 1987년 의원간담회 결성은 외교적 교섭이 꽉 막힌 상황에서 물꼬를 트는 결정적 계기가 되었다. 일단 자민당에서 폭넓은 인맥을 자랑하는 하라 붐베에原文兵衛(회장)를 비롯해 북한에 영향력을 발휘할 수 있는 사회당의 이가라시 고조五十嵐廣三(사무국장)를 중심으로 138명의 의원을 규합했기 때문에 관계 부처인 외무성과 법무성 등을 강하게 압박할 수 있었다. 또한 교섭대상국인 남한, 북한, 소련 등을 설득할 수 있는 의원들이 적절히 포진되어 각국마다 다른 형태를 띠고 있던 장애물들을 하나씩 걷어낼 수 있었다.

의원간담회의 주요 멤버였던 하라 붐베에 의원(상좌)이 1995년 아시아여성기금 이사장으로서 무라야마 총리(상우)로부터 각료들의 모금을 전달 받는 모습, 이가라시 고조 의원(하좌)이 무라야마 총리(하우)와 식사하는 모습(하)

1987년 12월에는 이가라시를 중심으로 실무자소위원회를 발족시켜 업무 처리와 관련해 일본적십자사와 관계부처를 실질적으로 장악할 수 있었다. 1988년에는 법무대신이 갱신 가능한 1년 단위의 체류허가를 언명함으로써 사할린한인의 일본 영주귀국이 사실상 가능해졌고, 일본에서 이루어지는 사할린한인과 한국 가족의 상봉을 지원하기 위한 가족재회비 5,800만엔이 상정되어 향후 예산을 바탕으로 한 본격적인 사업추진의 길이 열렸다. 1989년에는 소련 측이 한국을 방문지로 한 출국을 허가하기 시작하였고, 한국적십자사와 일본적십자사의 공동사업체가 발족해 대규모 한국방문도 가능해졌다. 그 결과 1990년 2월에는 120명의 사할린한인이 전세기편으로 서울을 방문하게 되었다. 이로써 1980년대 중반부터 일본에서 일회적으로 이루어지던 사할린한인과 한국 가족의 상봉이 한국 고향방문으로 이어졌고, 나아가 2010년에 종료된 한인 1세의 영주귀국사업으로 발전할 수 있었다.

이렇듯 일본의원간담회 발족을 계기로 일본정부가 사할린한인 귀환과 관련해 적극적인 사업을 추진할 수 있었던 데는 1980년대 중반부터 등장한 고르바초프-셰바르드나제로 상징되는 소련 지도부의 신외교노선, 그 후로 가속화된 세계적인 탈냉전 상황, 1988년 서울올림픽 참가를 기점으로 급속히 개선된 한소관계 등 더 이상 북한이 사할린한인에 대해 기득권을 주장할 수 없는 일련의 환경변화가 크게 작용했다. 특히 서울올림픽은 사할린한인 사회에도 큰 파장을 던져 북한국적자들은 앞 다투어 고향방문을 위해 무국적 여권을 얻고자 했다.[39]

사할린한인 문제에 대한 전후
일본정부 대응의 문제점
▼

이처럼 1987년을 기점으로 사할린한인의 영주귀국문제가 급물살을 타게 된 맥락을 되짚어 보면 거꾸로 이 책에서 살핀 1945년 종전 이래로 이 문제의 해결이 지지부진할 수밖에 없었던 원인과 일본정부의 대응이 지닌 문제점을 쉽게 발견할 수 있다.

첫째, 사할린한인 귀환문제에 관한 전후 일본정부의 기본방침이 '일본은 경유지일 뿐이며, 모든 비용은 한국 측이 부담한다.'는 것이라고 할 때, 그러한 발상의 뿌리는 종전 직후부터 가시화된 혈통을 기준으로 한 차별적 귀환원호태도에 있었다. 즉 일본정부가 독자적인 귀환원호정책을 추진할 수 없었던 점령체제 아래서 이루어진 1946년 미소 간 협정에서 소련점령지구 한인이 송환대상에서 제외된 것은 일본정부가 이들에 관한 적절한 정보를 연합국사령부에 제공하지 않았기 때문이었다.[40] 또한 1950년대 중반 일본이 주권을 회복하고 이끌어낸 일소공동선언과 그에 따른 억류 일본인의 귀환과정을 보더라도 일본정부가 운운하는 '국적'이란 사실상 '혈통'이었다. 조선인과 결혼한 일본인처와 가족들은 분명히 일본국적에서 제외되었으나 1958~1959년에 일본으로 돌아온 것이 이를 뒷받침한다. 남성 중심의 호적법으로 인해 결혼과 더불어 '비일본인'이 된 '일본인 처' 덕분에 일본으로 탈출할 수 있었던 박노학과 같은 '한인'에 의해 일본정부에 대한 비판활동과 귀환촉진운동이 시작된 사실이야말로 역사의 아이러니였다.

둘째, 소련은 냉전체제 아래서 북한의 입장을 옹호할 수밖에 없었고, 북한은 사할린한인에 대해 강력한 재외교민정책을 추구하던 상황이었으므로 이들의 귀환문제는 '조소간의 문제'라는 것이 소련정부의 공식적인 입장이었다. 따라서 소련 측은 사할린한인의 남한 정착을 전제로 한 출국을 허가할 수 없는 입장임을 밝혔음에도 불구하고 일본정부가 '일본은 경유지일 뿐'이라는 태도로 교섭에 임했기 때문에 이것은 원천적으로 실패할 수밖에 없었다. 다나카 내각이 그토록 전례 없는 활발한 교섭을 시도했음에도 불구하고 별다른 성과를 올리지 못한 것은 바로 이러한 태도 때문이었다. 그리고 그러한 당당한 태도는 이들이 사할린에 거류하게 된 역사적 경위와 일본정부가 마땅히 져야 할 책임의 깊이를 깨닫지 못했기 때문에 가능했다.

셋째, 역설적이게도 대소교섭이 정체기를 맞게 된 1976년부터 그 이후로 약 10년 사이에 1972년 다나카 수상의 답변보다 그나마 진일보한 논의가 의회공간에서 이루어졌다. 이것은 일본정부의 자각에 따른 것이라기보다는 사할린재판을 계기로 확산된 전후처리와 전후책임에 대한 일본사회 전반의 인식변화, 그리고 이에 호응한 일부 정치인의 신랄한 비판에 따른 수동적 성격의 변화였다. 1976년 이나바 법무상의 발언은 바로 그 전형을 보여준다. 아울러 이러한 일본사회 내부의 압박보다는 국제인권규약 비준과 난민조약 가입에 따라 경제력에 걸맞는 '인권선진국'이 되어야 한다는 정치적 부담과 재일코리안의 차별적 인권상황 등을 이유로 한 따가운 국제사회의 시선이 일본정부의 변화를 추동한 더욱 강력한 힘이었다. 그 결과 일본정착을 전제로 한 사할린한인의 영주귀국 논의도 이루어질 수 있었다.

넷째, 전후 일본정부의 사할린한인 귀환문제에 대한 인식 속에는 본질적으로 한인 등 구식민지민을 일본열도에 들이지 않겠다는 순혈주의가 관통하고 있음을 확인할 수 있다. 이것은 비슷한 시기에 이루어진 북송사업에서도 확인된다. 즉 식민지배와 관련해 일본의 과거 치부를 들먹이고, 전후 반정부운동의 핵심집단이며, 게다가 일본의 복지예산마저 축내는 빈한한 집단을 어떻게든 일본에서 내몰겠다는 것이 북송사업과 관련한 일본의 의도였다고 볼 때, 단지 공간만 다를 뿐 본질적으로 이들과 똑같은 상황의 사할린한인을 일본영토로 받아들인다는 것은 상상할 수도 없는 일이었다.

다섯째, 사할린한인 귀환촉진운동은 시민운동의 방향과 활동방식과 관련해 중요한 시사점을 던져준다. 1987년 오오누마 그룹이 산파역을 자처함으로써 가능했던 의원간담회의 결성과 활동방향은 일련의 장애요소를 제거할 수 있는 중요한 헤드쿼터로 작용했다는 점에 주목할 필요가 있다. 즉 그 이전까지는 비록 다부치 의원이나 쿠사가와 의원이 시민운동세력과 호응해 일본정부의 형식적인 교섭방식이나 업무추진 태도를 비판하기는 했지만, 당시 의회 내에서는 1987년의 의원간담회와 같은 네트워크가 구축되지 못했다. 특히 여당 내에서 강력한 리더십을 발휘할 인물과 더불어 각 장애요소를 허무는 역할을 떠맡을 인물들을 적절히 규합하고자 하는 노력과 발상이 시민운동세력에게 부족했기 때문에 일본정부를 강력히 압박할 방법이 없었다. 그러한 점에서 1987년 이후 오랜 시민운동 경험과 전문적인 식견을 바탕으로 오오누마 그룹이 보였던 운동방식과 성과는 여타 전후보상운동에도 시사하는 바가 컸다고 할 수 있다.

주

1   정인섭, 「재사할린한인에 관한 법적 제문제」, 『국제법학회논총』 제66호,
    1989 ; 노영돈, 「사할린한인에 대한 일본의 법적 책임」, 『교포정책자료』 35,
    1990 ; 노영돈, 「사할린한인에 관한 법적 제 문제」, 『국제법학회논총』 제37
    권 2호, 1992.

2   김성종, 「사할린한인동포 귀환과 정착의 정책과제」, 『한국동북아논총』 40
    집, 1996 ; 김성종, 「사할린한인동포 귀환의 정책의제화 과정 연구」, 『한국
    동북아논총』 50집, 2009; 김성종, 「정책옹호연합모형을 통한 정책변동과정
    분석: 사할린 동포 영주 귀국 사례」, 『한국동북아논총』 53집, 2009 ; 강정
    하, 「사할린 잔류 한인의 영주귀국을 둘러싼 한-일-러 교섭과정 연구」, 한림
    대학교 국제기구학과 석사학위논문, 2001.

3   한혜인, 「사할린한인 귀환을 둘러싼 배제와 포섭의 정치」, 『사학연구』 102
    호, 2011 ; 황선익, 「사할린지역 한인 귀환교섭과 억류」, 『한국독립운동사연
    구』 43호, 2012.

4   三品英彬 저/김종필 역, 『사할린의 한: 나의 조국 일본을 고발한다』, 인간,
    1982 ; 김경득, 「사할린 재판보고」, 『마당』, 1982, 98~102쪽 ; 김경득, 「일
    본에서의 재사할린 한국인 귀환운동의 경위와 현 단계」, 『대한변호사협회
    지』 88호, 1983, 14~18쪽 ; 三田秀淋, 『切り捨てられた四万三千人』, 三一
    書房, 1981 ; 李恢成, 『サハリンへの旅』, 講談社, 1989 ; 角田房子, 『悲しみ
    のサハリン: 戦後責任の背景』, 新潮文庫, 1997 ; 大沼保昭, 『サハリン棄民』,
    1992, 中公親書(한국어판, 오노누마 마사아키 저/ 이종원 역, 『사할린에 버려
    진 사람들』, 청계연구소, 1993) ; 高木健一, 『戦後補償の論理』, れんが書房新
    社, 1994(다카키 겐이치 저, 최용기 역, 1995, 『전후보상의 논리』, 한울) ; アナ
    トーリー・クジン, 『沿海州・サハリン 近い昔の話：翻弄された朝鮮人の歷史』, 凱
    風社. 1998.

5   그러한 점에서 최근 외교사료를 기초로 1950년대부터 1970년대 중반까지
    한일·일소 간 외교 교섭과정을 실증적으로 추적한 현무암의 글은 주목할 만
    하다. 그는 특히 사할린 잔류 동포로 하여금 희망과 절망을 동시에 안겨준
    1970년대의 한일 간 외교교섭을 동태적으로 분석하고자 했다. 玄武岩, 「サハ
    リン残留韓国·朝鮮人の帰還をめぐる日韓の対応と認識 – 1950~1970年代の
    交渉過程を中心に –」, 今西一, 『北東アジアのコリアン·ディアスポラ サハリン·
    樺太を中心に一』, 国立大学法人小樽商科大学出版会, 2012. (日本経濟評論

社, 『同時代史研究』 3号, 2010 게재 논문의 재수록본)

6　동북아역사재단 연구지원과제 보고서, 『사할린한인 문제: 연구시각, 자료 및 쟁점』(공동연구자: 노영돈·방일권·이연식, 2012)과 동북아역사재단 연구지원 과제 보고서, 『사할린한인 문제를 둘러싼 한·러·일 3국의 입장: 귀환을 중심으로』(공동연구자: 방일권·오일환·이연식, 2013)의 내용 가운데 필자가 담당한 일본정부의 대응 관련 내용만을 발췌해 정리한 것이다. 따라서 러시아의 대응과 관련 내용은 방일권, 관련 소송과 국제법적 검토는 노영돈, 한국정부의 대응과 기타 관련국과의 교섭과정은 오일환의 논저를 참조하기 바란다. 아울러 사할린한인 관련 선행연구와 자료에 관해서도 이미 상기 보고서와 공동 연구자들의 개별 논저에서 누차 분담해 상세히 다룬 바 있으므로, 여기서는 이 책의 내용과 직접적으로 관련된 것만 언급하기로 한다.

7　厚生省社会援護局援護50年史編纂委員会, 『援護50年史』, ぎょうせい, 1997, 28쪽.

8　물론 전후 일본정부 안에서도 해외 일본인의 본토 귀환에 관해서는 관계 부처마다 각기 다른 입장이 공존했다. 가령 외무성의 경우는 국가의 외교 능력은 물론이고 해외 교민보호와 관련한 정부의 책임문제가 노골적으로 드러나는 미귀환자나 억류자 문제에 신경을 곤두세웠다. 반면에 후생성이나 내무 관계 관료들은 이들의 유입으로 인한 치안과 민생문제 악화, 그리고 이들의 응급구호를 비롯한 사회복지 차원의 재정적 부담을 우선적으로 고려했다. 또한 법무성의 경우는 이들의 재외재산 처리와 해외 체류자의 국제법적 지위, 재산 상실에 대한 국가배상 책임의 유무, 귀환자 가운데 장기부재지주 등의 재산권 행사 제한조치 등에 골몰했다. 이처럼 해외 일본인의 본토 귀환에 관해서는 각기 입장과 관심사가 달랐지만 이들의 유입이 초래할 행정적·사회적 부담에 대한 우려는 궤를 같이 하였다.

9　東郷外務大臣発在瑞典岡本公使宛電報, 「日ソ間利益保護事務に関する件」, 1945.8.14, 在瑞典岡本公使発重光外務大臣宛電報, 1946.9.8, 「在ソ邦人安否調査並に日ソ間利益保護事務に関する件」, 重光外務大臣発在瑞典岡本公使宛電報, 1945.9.10,

10　連合国総司令部発帝国政府宛覚書, AGO91-4号, 1945.9.17

11　竹前栄治 解説·竹前栄治·今泉真理 訳, 『GHQ日本占領史 - GHQ占領史序説-』 1, 日本図書センター, 1996, 14쪽과 高野和基 解説·訳, 『GHQ日本占領史 -占領管理の体制-』 2, 日本図書センター, 1996, 32쪽 참조.

12 引揚援護庁, 『引揚援護の記録』, 1950 ; 厚生省援護局, 『続引揚援護の記録』, 1955 ; 厚生省援護局, 『続続引揚援護の記録』 1963 ; 厚生省, 『引揚げと援護三十年の歩み』, ぎょうせい, 1978 ; 厚生省社会援護局援護50年史編纂委員会, 『援護50年史』, ぎょうせい, 1997.

13 引揚援護庁, 『引揚援護の記録』, 1950의 30쪽과 55~56쪽. 참고로 전후 소련 본토에만 국한해 보아도 총 24개국, 약 420만 명에 달하는 포로가 억류 중이었다. 그 가운데 일본인은 약 57만 명에 달했다고 한다. 成田龍一, 「引揚げと抑留」, 『岩波講座 アジア·太平洋戦争』, 2006, 191쪽

14 厚生省援護局, 『引揚げと援護三十年の歩み』, ぎょうせい, 1978의 167쪽과 183쪽. 재일동포의 '북송'은 논자에 따라 '귀국사업', '귀국운동' 등으로 부르기도 한다. 그런데 이 문제는 적어도 1965년 한일조약 체결 이전 국면에서는 물론이고, 귀국사업이 퇴조기에 접어든 1960년대 후반까지도 사할린한인의 귀환문제와는 결코 뗄 수 없는 길항관계에 놓여 있었다는 점에 주목할 필요가 있다. 이 책의 연구 범위와 논지 전개를 고려할 때 이 문제는 별도의 지면을 통해 심도 있게 다루어야 할 듯하다. 다만 여기서는 일본정부가 재일동포의 추방의도를 일본과 북한의 적십자사, 그리고 국제적십자사를 끌어들여 '인도주의'와 '거주지 선택의 자유'라는 인류 보편의 명분으로 포장했듯이, 화태귀환재일한국인회 등의 귀환자 단체도 역시 사할린한인의 귀환문제에 좀처럼 응하지 않으려고 하는 일본정부와 한국정부를 상대로 똑같은 방식으로 압박하고자 했음을 지적하고자 한다. 고도의 정치적 레토릭이 동원된 상기 명분은 일본, 한국, 북한이 모두 자국의 국익에 따라 '더블 스탠더드(double standard)'라는 비판을 감수해가며 공공연히 구사하였다. 아무튼 이 문제는 사할린한인의 귀환문제와 항상 상충하며 대극에 놓인 중대 사안이었던 만큼 별도의 심도 있는 고찰이 필요할 듯하다. 다만 여기서는 이 북송문제와 사할린한인의 귀환문제야말로 한반도의 양 정권이 해외동포의 '전취'와 '방치'라는 극단적으로 상반된 정책을 국익 또는 체제경쟁을 명분으로 얼마나 폭력적으로 구사했는지를 보여주는 대표적인 사례라는 점만을 부기해 둔다.

15 森田芳夫, 1996, 『数字が語る在日韓国·朝鮮人の歴史』, 明石書店, 180쪽.

16 주지하듯이 재일동포의 북송은 한일회담이 진전되는 가운데 대일 교섭력을 강화하고 이들을 전후복구사업의 지렛대로 삼으려 한 북한의 의도, 상대적으로 재일동포에 무관심했던 남한의 재외교민정책을 축으로 전개되었다. 하지만 또 다른 한 축에는 분명 정치적·경제적으로 부담스런 집단인 한인을 종전 이래로 줄곧 추방하고자 한 일본정부의 정치적 의도가 작용하였다. 북한

의 의도와 관련해서는 박정진, 「북한의 대일 접근과 조선인 북송(귀국)문제」, 『북한연구학회보』 제15권 1호, 2011 참조. 아울러 일본의 외교적 의도와 북송 추진의 역사적 배경에 관해서는 오일환, 「일본의 남북한 이중외교」, 한국현대사연구회 편, 『근현대사강좌』, 1998과 이연식, 「1950-1960년대 재일한국인 북송문제의 재고」, 『전농사론』 제7집, 2001 참조.

17 오오누마 야스아키 저, 이종원 역, 1993, 『사할린에 버려진 사람들』, 청계연구소, 57~59쪽.

18 이연식, 2010, 「전후 해외귀환자에 대한 한일 양국의 지원법 비교연구」, 동북아역사재단, 『근현대 한일관계의 제 문제』, 160~164쪽.

19 角田房子, 1997, 『悲しみのサハリン: 戦後責任の背景』, 新潮社, 78~79쪽.

20 오오누마, 앞의 책, 73쪽.

21 이를 위해 이 책에서는 한국 외무부에서 발간한 내부자료를 활용하고자 한다. 이 자료는 오일환이 외교통상부 외교정책자료실에서 새로 발굴한 것으로서 서지 사항은 외무부, 『화태교포관계자료』, 1983.1로 되어 있다.

22 조정남, 「북한의 사할린한인정책」, 『민족연구』 8, 2002, 6~8쪽.

23 "재사할린 조선인 문제는 조선민주주의인민공화국만이 관계되는 문제로 일본의 지배층은 사할린 조선인 동포에 대해서 어떤 권한도 자격도 가지고 있지 않다. 사할린 동포를 남조선으로 송환시키려는 일본 지배층의 책동은 조선민주주의인민공화국에 적대하는 정책을 나타내는 것이다. 이러한 정치적인 음모는 실현 불가능한 망상에 지나지 않는다."조정남, 위의 논문, 9쪽.

24 물론 그 이면에는 일본으로 입국한 사할린한인을 본국으로 수용하겠다는 의사 표명을 보류하거나, 가급적 일본에 정착하기를 바랐던 한국 정부의 태도가 연동하고 있었다. 그 배경에는 공산권 동포의 본국 귀환을 꺼리던 반공주의에 입각한 경계의 정서, 현실적으로 이들이 본국에 정착했을 때 이들을 지원할 재정이 부족했던 한국의 열악한 경제상황 등이 작용했다. 실제 정부의 유관기관 회의록을 보면 당장 이들이 귀국할 경우 배급할 식량이라고는 밀가루밖에 없던 한국의 경제상황을 지적하며, 만일 사할린 귀환자가 그곳에서 생활했을 때보다 한국에서의 생활수준이 못하다고 느꼈을 때 한국정부가 떠안게 될 부담 등을 우려한 의견도 심심찮게 대두하였다. 더욱 자세한 한국정부의 대응은 이 책의 제3장 오일환의 글을 참조하기 바란다.

25 衆議院,『海外同胞に関する特別委員会』(2号, 1951. 1.27) ; 衆議院,『内閣委員会』3号(1970.12.8) ; 衆議院,『内閣委員会』3号(1971.11.10) 속기록.

26 이 서한의 정식 명칭은「徴用により樺太に居住させられた朝鮮人の帰国に関する質問主意書」(외교부, 앞의 자료집, 117쪽)

27 외교부, 위의 자료집, 118~119쪽.

28 오오누마는 이 답변에 대해, "패전 직후 귀환하지 못한 한인은 일본정부 입장에서는 '자국이 연행한 일본인'이었으나 이들의 존재를 연합국총사령부에 알리지도 않았고, 오로지 혈통적으로 일본인만의 송환을 요구함으로써 한인들을 버렸던 어두운 과거를 무시하고 있다."고 지적했다. 결국 다나카의 답변은 1952년 샌프란시스코조약 발효와 더불어 이들의 국적이 상실되었으므로, 이들 전원을 한국이 받아들이고 그 비용도 부담하라는 것이었다고 비판한 셈이다. 오오누마, 앞의 책, 95쪽.

29 이하 질문과 답변 내용은 参議院,『決算委員会』(3호, 1976. 1.22) 속기록.

30 사할린한인의 원상회복과 '기능적 국적론'에 관한 해석은 오오누마, 앞의 책, 125~128쪽.

31 외교부, 앞의 자료집, 74~77쪽.

32 参議院,『外務委員会』(15호, 1978.4.18) 속기록.

33 参議院,『社会労働委員会』(9호, 1978.4.18) 속기록.

34 衆議院,『予算委員会第一分科会』(4호, 1982.3.8) ; 衆議院,『予算委員会』(19호, 1982.3.9) 속기록.

35 高木健一 저, 최용기 역,『전후보상의 논리』, 한울, 1995, 103~109쪽 ; 오오누마, 앞의 책, 141~145쪽.

36 예를 들어 일본변호사회는 당시 "소련의 태도가 1976년 이후 경색된 배경에는 일본정부의 잘못된 법적·외교적 대응이 자리 잡고 있다."며 즉각적인 귀환 희망자의 실지조사, 소련과 귀환교섭의 재개, 귀환 희망자에 대한 무조건 입국 허가를 주장하였다.

37 New York Times, 1977.2.27, 「Tokyo Group Seeks to Aid Koreans Held by Soviet Since World War Ⅱ」 ; 「朝日新聞」 1981.11.23 「樺太棄民と日本の責任」

38 오오누마, 앞의 책, 제8장 「사할린 잔류 한국조선인 문제 의원간담회」 참조.

39 角田房子, 앞의 책, 203~204쪽의 서울올림픽 이후 인식 변화 참조.

40 GHQ는 종전 초기부터 일본정부 외에도 구 화태 소재 탄광에서 일본 본토 탄광으로 전환배치된 이른바 이중징용자의 탄원서라든가, 일본 재류 조선인 단체가 상신한 탄원서를 통해서도 사할린한인의 귀환문제를 인지하고 있었다. 실제로 종전 직후 GHQ의 참모본부인 G-3가 이들의 남한 귀환에 대한 주한미군정의 입장을 타진한 바 있다. 전하는 바에 따르면 당시 주한미군정은 월남민과 해외 귀환자들로 인해 남한의 치안문제와 민생문제가 악화되고 있다며 반대의 뜻을 표했다고 한다. 이에 관해서는 이미 주한미군정의 G-2 보고서를 분석한 일련의 글에서도 언급한 바 있는데, 당시 하위 점령기구였던 주한미군정의 반대로 GHQ가 한인의 귀환에 소홀히 임했다고 보기는 어렵다. 이것보다는 오히려 1946년 12월 미소 간 협정을 전후한 시기의 상황 변화라든가, 1947~1948년 세계냉전의 심화과정과 일본 점령당국의 '역코스' 추진 등 전반적인 점령정책의 변화 속에서 일본정부가 과연 한인의 송환과 관련해 어떤 정보를 제공하였는지, 그것이 GHQ의 한인문제 인식과 대소 송환협상에 미친 영향은 무엇인지를 더욱 실증적으로 밝힐 필요가 있다. 이에 관해서는 별도로 다루고자 한다.

사할린한인은 식민지배와 남북분단, 그리고 동서 간의 냉전이라는 시대의 비극을 강제동원과 반세기에 걸친 집단억류라는 극단적 형태로 체험한 집단이었다. 역사적으로 이러한 집단이 발생한데에는 이들을 제국의 확장을 위해 동원하고도 전쟁책임과 전후책임을 회피한 일본, 인도주의적 비난 속에서도 이들을 억류한 소련, 그리고 점령기간 동안 남한과 일본의 대리교섭자로서 조기에 한인의 송환문제를 마무리했어야 할 미국, 그리고 남북 분단과 세계냉전의 강력한 자장 속에서 민족문제를 함께 현명하게 풀어내지 못한 남북 정권 모두 내용과 맥락은 다르지만 일정한 '책임'이 있다. 그럼에도 불구하고 당사국들은 때로는 진영논리로, 또 다른 국면에서는 근대 이래 서로 상충했던 국익의 논리로 '변명 아닌 변명'을 일삼으며 사할린한인을 역사의 희생양으로 삼았다. 문자 그대로 그것은 이해 당사국들의 '책임과 변명'이 빚어낸 희대의 '집단 인질극'이었다.

그 가운데 우리가 이 시점에서 반드시 짚고 넘어가야 할 대목이 있다. 그것은 사할린한인의 절대 다수가 남한 출신임에도 불구하고 한국정부가 줄곧 이들에게 이념적 잣대를 들이대며 1970년대 중반까지 이들의 남한 정착을 꺼린 사실이다. 이것은 분명 이유를 막론하고 재외동포에 대해 '국가'의 책임을 다하지 못했다는 비판으로부터 자유로울 수 없는 태도였고, 여타 관계국의 책임 소재와 별개로 진지하게 우리를 되돌아봐야 할 부분이다. 이것과 함께 되짚어볼 문제는 한국정부는 여전히 사할린한인 집단이 체험한 역사적 경험의 맥락과 이들을 둘러싼 현실적 여건 등을 총체적으로 이해하지 못하고 있다는 점이다. 즉 한국정부는 한반도 남단의 대한민국이라는 '일국사관', 진부한 '민족사관', '원격지 내셔널리즘', '변형된 이념의 잣대' 등에 기초해 이들을 바라보고 있기 때문에 21세기에 파생된 새로운 문제들에 제대로 대응하지 못하고 있다.

단적인 예로 이 문제는 1965년 한일회담 의제에서 배제되었기 때문에 굳이 복잡한 국제법적 논리를 들먹이지 않아도 명백히 이들의 전후보상 및 배상문제는 미해결 상태로 남아 있다. 따라서 이 문제의 해결은 뒷짐만 진 채 각 개인에게 미룰 것이 아니라 어떤 방식으로든 국가가 개입해 해결하려는 의지를 가시적으로 보여야만 한다. 또한 1990년 한소수교 이후 1992년 춘천 '사랑의 집' 입주로 영주귀국사업이 시작되었다. 2000년도에는 안산에 '고향마을'이라는 대단위 정착단지가 조성되었고, 전국적으로 22개 단지에 4천 명 이상이 생활하고 있어 '1945년 8월 15일' 이전 출생자를 대상으로 한 1세들의 영주귀국 사업은 2010년에 외견상 마무리되었다. 그러나 '사할린한인 문제'는 결코 '영주귀국'만으로 해결되지 않았다. 예를 들어 사할린에 두고 온 가족들과의 왕래, 한국사회와 문화에 대한 재교육, 기존 주민과의 소통을 통한 사회적 통합, 생활지원과 관련해 기존의 한국 노령자와의 형평성 문제 등 영주귀국자의 처우와 사후관리를 둘러싸고 다양한 문제가 제기되고 있다. 또한 1세들의 영주귀국으로 인한 제2의 가족 이산문제 해소, 무국적자 2세의 국적 확인, 사할린에 안장된 무연고 사망자의 국내 유족 확인과 성묘·이장문제 등이 여전히 현재진행형 과제로 우리 앞에 남아 있다.

한편 이 문제를 발전적으로 해결할 수 있도록 정책 수립의 학문적 근거를 제공해야 할 학계 역시 해외의 연구성과를 간간히 소개하고는 있지만 기본적으로 '일본이 강제로 동원했고, 소련이 귀국을 막았다'는 종래의 선험적인 논의 수준에서 크게 벗어나지 못하고 있다. 그 결과 이 문제의 원점인 한인의 동원실태라든가, 종전 후 소련 치하의 생활실태는 여전히 베일에 쌓여 있다. 그러한 점에서 소략하나마 러시아, 일본, 한국의 공문서와 외교문서를 통해 이 문제를 둘러싼 3국의 입장과 대응과정을 정리함으로써 연구의 공백을 메우고자 한 이 책의 발간은 이제 국내 연구가 질적으로 새로운 단계를 지향할 수 있도록 일정한 방향성을 제공했다는 측면에서 그 나름의 의의를 찾을 수 있을 듯하다.

하지만 이것은 어디까지나 첫걸음에 불과하다. 우리는 아직도 사할린한인 문제의 원점인 조선에서의 동원 실태조차 파악하지 못하고 있다. 그나마 다행인 것은 최근 들어 사할린 현지 자료를 통해 한인의 동원 및 거류 실태, 종전 후부터 영주귀국 이전까지의 한인사를 폭넓게 조망할 수 있는 원사료 수집사업이 정부 및 유관기관을 통해 이루어지고 있다는 점이다. 2004년에 발족한 한국 정부 위원회는 2005년과 2009년에 사할린 현지출장을 통해 직접 피해신고 접수를 받는 과정에서 보험증서, 수첩, 통장, 증권, 국채증서, 신분증명서, 도항 소개장, 서신 등의 개인자료를 수집하였다. 또한 사할린주역사기록보존소Государственный исторический архив Сахалинской области(일명 '기아소', ГИАСО, 소련시대 구 명칭은 '가소'ГАСО)를 방문해 조선인의 성명, 출신지, 소속, 거주 경위 등 상세한 개인정보를 살필 수 있는 자료의 존재를 확인함으로써 2010년 이래로 현지 출장을 통한 예비자료 수집사업sampling을 추진하였다. 그밖에도 위원회는 '사할린재판'을 이끌었던 화태억류귀환자동맹 회장 박노학이 1958년부터 약 30년 동안 수집한 사할린 억류한인의 서신(2~3만통 추계분 가운데 약 1,500통)과 이를 바탕으로 작성한 귀환희망자

사할린 고르노자봇스크(구 나이호로, 内幌)의 한인이 박노학씨에게 보낸 서신

명부 등을 수집했고[1], 이어서 대구의 중소이산가족회, 대한적십자사, 한국방송공사(사회교육방송)의 소장 자료 현황도 정리하였다.[2]

그리고 상기 위원회 외에 국가기록원에서도 국외사료 수집사업을 실시한 바 있다. 국가기록원의 경우는 2010년 이후 기아소와 협의를 통해 1930~1960년대 사할린한인의 노동 상황 및 경제상황 관련 보고문서(35철, 459매), '민족별, 연령별, 교육수준별 사할린지역의 인구조사자료' 및 1940~1960년대 한인신문사 『레닌의 길로』 관련 자료(37철, 475매)를 수집했다. 기타 기록물로는 화태귀환재일한국인회에서 재일한인역사자료관에 기증한 명부류, 고향방문 및 이산가족 상봉 사진자료, 피해보상 재판자료, 귀환운동 관련 신문기사 스크랩 등 4,417건을 수집하였고, 중소이산가족회에서도 유사 자료 1005철, 12,970건을 수집하였다. 그러나 당시 민간단체에서 이관 받은 자료는 출처가 불문명하거나 분류가 쉽지 않아 활용도가 크게 떨어진다.[3]

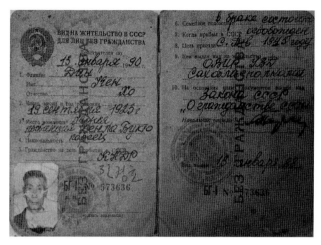

한인 무국적자의 거주증명서

　이렇게 볼 때 정부 위원회가 2014년도에 기아소 등 사할린 현지 기관 소장 10개 기록군, 15,560개 문서철을 대상으로 총 열람면 수 65,500매(이 가운데 복사 수집 이관 분은 10,000매)의 자료수집 용역을 실시한 것은 기존의 국내 자료 현황을 고려할 때 여타 기관의 사업과는 질과 규모 면에서 차원을 달리하는 획기적인 사업이었다.[4] 따라서 구술 채록 등 새로운 자료의 수집과 더불어 기존에 수집해온 이들 자료의 내용과 특성을 분석하고, 다양한 활용방안에 관해 고민할 필요가 있다. 이를 위해서는 우리보다 한 발 앞서 이들 자료를 정리한 일본의 사례를 꼼꼼히 살필 필요가 있다.

　기아소 자료는 원래 소련군이 노획 후 하바롭스크, 블라디보스토크, 모스크바 등지로 옮겨 보관하던 것을 1962~1963년에 '비공개문서'로 지정해 사할린으로 다시 이관한 것이다. 소련 붕괴 후 이들 자료가 공개되자 1990년대 전국가라후토연맹全国樺太連盟은 훗카이도 개척기념관의 연구자들을 파견해 여러 차례 예비 조사를 실시한 뒤 일본어 문헌의 목록화 작업을 추진하였다.[5] 그리고 이어서 2000년에는 오부치小淵 국제교류기금 펠로우십 프로그램을 통해 연구자들을 유학생으로 현지에 장기간 파견해 제일 먼저 기아소에서 열람 가능한 모든 일본어 문서를 대상으로 보완 목록화 작업을 추진하고 자료의 세부 관리현황까지 정리하도록 하였다. 뿐만 아니라 러일 간의 연구교류 확대를 도모해 북방연구의 거점 대학인 오타루상과대학 및 홋카이도대학의 북방자료실과 슬라브·유라시아 연구센터, 홋카이도 도립도서관의 북방자료실, 하코다테시립도서관·왓카나이시립도서관 등이 소장하고 있던 사할린 관계 사료군도 크게 확충함으로써 관련 연구의 활성화를 뒷받침했다.

우리도 식민기구로서 화태청의 대 한인정책, 치안유지기관으로서 현지 경찰조직의 한인 감시통제, 그리고 사할린 소재 기업 및 작업 현장의 노동환경과 처우 등을 종합적으로 고찰하고자 한다면 이 화태청자료에 대한 분석을 빼놓을 수 없다. 그렇다면 적어도 사료 인프라라는 측면에서 볼 때 사할린한인의 동원 및 거류실태를 원사료를 통해 계통적으로 밝힐 수 있는 새로운 연구환경을 얼마든지 조성할 수 있다는 점이 확인된 셈이다. 하지만 이것은 어디까지나 가능성의 영역일 뿐이다. 관련 연구는 여전히 사료 접근의 번거로움과 방대한 사료 분량으로 인하여 개인이 단시간에 성과를 내기가 어렵다. 만일 사할린 현지와 원활한 자료 협조관계가 이루어져 국내 사료 인프라가 더욱 안정적으로 구축되고, 이것을 효율적으로 활용할 수 있는 아카이브 시스템이 마련되어 공동연구가 활성화되면 아마도 다음과 같은 분야에서 이전의 선행연구와는 질적으로 다른 차원의 성과를 올릴 수 있을 것으로 기대된다.

1. 화태청자료는 최근까지 국내에서 활용된 기존 자료의

사료비판 작업에 크게 도움이 될 것이며, 양 자료군을 결합하면 어느 한쪽 자료만으로는 접근하기 어려웠던 새로운 연구 주제도 시도할 수 있을 것이다.

2. 화태청 자료는 불완전한 기존의 (피동원자)명부자료라든가, 구술자료 등의 비문헌자료를 상호 검증할 수 있는 잣대로 기능함으로써 제한된 사료로 인해 왜곡되었던 역사상을 더욱 객관적이고 풍부하게 복원할 수 있는 기반이 될 것이다.

3. 특정 주제에 따라 선별적으로 활용된 사료들의 상호 관련성을 총체적으로 밝힘으로써 각 연구에서 채택한 사료의 맥락과 의미를 보다 선명히 밝힐 수 있을 것이다.

4. 주로 영주귀국문제 등의 특정 주제라든가, 일본을 상대로 한 법리 및 정치외교적 차원의 책임 공방에 치중해온 기존의 연구관행에서 벗어나, 현지 식민당국의 자료를 통해 사실을 학문적으로 복원하고 기술함으로써 사할린한인 문제에 대한 효과적 정책 대응을 가능하게 할 것이다.

5. 남사할린이라는 단위 지역에서 이루어진 한인의 동원 실태를 밝힘으로써 향후 일본 본토, 만주·중국, 동남아시아, 남양군도 등지와 비교 연구의 가능성을 열어줄 것이다.

6. 일제강점기 한인을 송출한 한반도의 조선총독부 문서와 이들을 수용한 화태청 문서를 연계 분석하고, 이것을 다시 일본 중앙정부의 전반적인 식민지·점령지 정책의 변화와 함께 고찰한다면 한인들이 일본제국의 틀 안에서 사할린으로 동원된 경위를 더 큰 그림 속에서 완결된 형태로 밝힐 수 있을 것이다.

7. 기아소 소장 자료 안에는 구 화태청 자료 외에도 종전 후부터 지금까지 소련 당국이 생산한 관련 후속자료가 공존하므로 사할린한인의 이주와 동원, 종전과 집단억류, 영주귀국과 제2차 가족이산에 이르는 사할린한인사를 통사적으로 기술할 수 있는 원사료 체계 구축에도 도움이 될 것이다.

　다만 이러한 새로운 연구의 가능성을 효율적으로 뒷받침하기 위해서는 국내 유관기관의 보다 합리적인 자료수집과 더불어 자료의 활용 가능성을 고려한 개방적인 열람 및 아카이브 관리 시스템의 정비가 요구된다. 자료 수집과 관련해 보자면 그동안 정부 위원회는 동원 피해자의 판정을 위해 명부류 등 주로 '개인정보'가 포함된 사료를 중심으로 사업을 추진했으나, 이제는 상기한 바와 같이 사할린한인의 '동원-거류-억류-귀환·잔류' 전반에 걸쳐 사료구축의 완결성을 지향하는 방향으로 사업의 방점을 수정할 필요가 있다. 또한 1990년대 일본이 그러했듯이 수집처 소장 자료에 대한 이해 결핍으로 인해 수집 목적과 상관없는 자료를 수집하거나 애써 수집한 자료의 맥락을 파악하지 못하는 오류가 반복되고 있다. 따라서 향후에는 장기적인 전망도 없이 간헐적으로 반복되었던 단발성 실적 위주의 사업은 지양할 필요가 있다. 그리고 가장 시급한 일은 2014년 마지막으로 대규모 자료수집사업을 수행한 정부 위원회가 2016년에 폐지된 상황이므로, 이 자료를 이관해 열람 서비스를 제공할 기관을 신속히 선정해 하루 빨리 많은 연구자들과 시민들이 활용할 수 있도록 시스템을 정비할 필요가 있다. 모쪼록 향후 국내의 사할린 관련 연구가 더욱 활성화되기를 바라며 글을 맺고자 한다.

주

1   대일항쟁기 강제동원 피해조사 및 국외 강제동원 희생자 등 지원위원회, 『강제동원명부 해제집』 제2권, 2013, 84~93쪽.

2   대일항쟁기 강제동원 피해조사 및 국외 강제동원 희생자 등 지원위원회, 앞의 책 부록II-2, 82~84쪽.

3   김솔아, 「사할린한인 관련 역사기록물의 체계적인 관리방안 연구: 국가기록원 컬렉션 수집 및 분류·기술을 중심으로」, 숙명여대 문헌정보학 석사논문, 2012, 36~39쪽.

4   대일항쟁기강제동원피해조사 및 국외강제동원희생자등지원위원회, 『2014년도 사할린한인 기록조사 용역 성과보고서』(연구책임자: 손영훈), 2014.12, pp.10~11.

5   矢野牧夫 外, 「'樺太'のソ連邦領土編入に関する資料 - サハリン州公文書館の調査から」, 『北海道開拓記念館研究紀要』 24, 1996 ; 全国樺太連盟, 『サハリン州公文書館所蔵日本関係文書件名目録』, 2000 ; 이연식, 「화태청 자료를 통해 본 일본제국의 사할린한인 동원실태 연구」, 『일본사상』 제32호, 2017.6, 163~165쪽 참조.

| 참고문헌 |

1. 원사료

長澤秀, 『樺太庁警察部文書 戦前朝鮮人関係警察資料集』 1-4巻, 緑陰書房, 2006.
樺太元泊村長, 「管内状況報告書」, 1947.5
樺太協会, 『樺太引揚同胞の現況』, 1945.10.25
在外同胞援護会, 『殘溜同胞と南樺太』, 1946.1.25,
外務省(內部文書), 「終戦前後における樺太半島方面陸軍部隊の消息」, 1946.12,
外務省管理局總務部北方課, 『樺太情報』, 1947.1.20,
外務省, 「第二次樺太引揚邦人に対する米軍の調査に関する件: 覚書」, 1947.1
「樺太」委員会 編, 樺太抑留朝鮮人問題資料集」, 宋斗会の会, 2005,
외무부 동북아1과, 「1969년, 제3차 한일각료회의」, 1969(미공개자료)
외무부, 『樺太僑胞關係資料』, 1981.6
_____ , 『樺太僑胞關係資料』, 1983.1
일제강점하강제동원피해진상규명위원회, 『韓·日 遺骨政策資料集』, 2006
대한적십자사, 『사할린 관련 일반문서철(1985.1~1990.12)』, 1990
_____ , 『사할린 관련 일반문서철(社外), (1985.1~1990.12)』, 1990

2. 국내 논저

강정하, 「사할린 잔류 한인의 영주귀국을 둘러싼 한-일-러 교섭과정 연구」, 한림대학교
　　　국제기구학과 석사학위논문, 2001.
김민영, 「사할린한인의 이주와 노동, 1939-1945」, 『국제지역연구』 4권 1호, 2000,
김성종, 「사할린한인동포 귀환의 정책의제화 과정 연구」, 『한국동북아논총』 50호, 2009
_____ , 「사할린한인동포 귀환과 정착의 정책과제」, 『한국동북아논총』 40호, 2006.
김솔아, 「사할린한인 관련 역사기록물의 체계적인 관리방안 연구: 국가기록원 컬렉션 수
　　　집 및 분류·기술을 중심으로」, 숙명여대 문헌정보학 석사논문, 2012
김윤미, 「근로보국대 제도의 수립과 운용」, 부경대 석사논문, 2007.
_____ , 「총동원체제와 근로보국대를 통한 국민개로」, 『한일민족문제연구』 14, 2008.
노영돈, 「사할린 韓人에 대한 日本의 法的 責任」, 『교포정책자료』 35호, 1990.
_____ , 「사할린한인 우편저금등 보상청구 소송」, 『한민족공동체』 16호, 2008.
대일항쟁기강제동원피해조사 및 국외강제동원희생자지원위원회, 『위원회 활동 결과보고
　　　서』 부록 II-2, 2016.
박광현, 「'재일'의 심상지리와 사할린」, 『한국문학연구』 47, 2014.

방일권,「한국과 러시아의 사할린한인 연구-연구사의 검토」,『동북아역사논총』38호, 2012

_____,「이루어지지 못한 귀환: 소련의 귀환정책과 사할린한인」,『동북아역사논총』46, 2012.

배재식,「사할린 잔류 한국인의 법적지위의 본질」,『대한변호사협회지』, 1983.7

_____,「잃어버린 인권을 구제하는 길: 재사할린 교포의 송환문제」,『교포정책자료』32호, 1990.1

사할린 잔류 한인·조선인 문제 의원간담회 편,『사할린 잔류 한국조선인 문제와 일본의 정치』, 고려대학교 아세아문제연구소 편역, 고려대학교 출판부, 1994

일제강점하강제동원피해진상규명위원회 편,『강제동원명부해제집 1, 강제동원기록총서 1』, 2009

사할린주 한인 이중징용광부 유가족회 편,『사할린주 한인 이중징용광부 피해자 유가족 회보』, 2002.

송진숙,「1965년 한일청구권협정의 적용과 해석에 관한 연구」, 고려대학교 법학과 석사 학위논문, 2012.

오일환,「전후 한인 유골 국내봉환을 위한 일본인 유골 수습·송환에 관한 연구」,『한일민 족문제연구』24, 2013.

_____,「引揚·送還をめぐる1950年代の日中·日朝交渉に関する研究-交渉戦略と交渉 理論」, 国際政治経済学博士学位論文, 筑波大学大学院人文社会科学研究科 国際政治経済学専攻, 2006年度

윤지영,「무국적 사할린 동포의 대한민국 국적 확인 소송 판결의 내용 및 의의 -서울행 정법원 2014. 6. 19. 선고 2012구합26159 판결-」,『사할린 토론회 자료집』 (2014.11.4. 민주사회를위한변호사모임 토론회 자료집), 11-20, 2014.

이상록,「디아스포라(Diaspora)를 국민국가로 회수하지 않기: 국사편찬위원회 수집 사할 린한인 구술 자료를 중심으로」,『구술사연구』제6권 2호, 2015,

이승희,「식민지 시기 재일조선인에 대한 일본 치안당국의 인식」,『한일관계사연구』44, 2013.

이연식,「1950-1960년대 재일한국인 북송문제의 재고」,『전농사론』제7집, 2001

_____,「사할린한인 귀환문제에 대한 전후 일본정부의 대응」,『동북아역사논총』46호, 2014.

_____,「전후 해외 귀환자에 대한 한일 양국의 지원법 비교연구」, 동북아역사재단,『근현 대 한일관계의 제 문제』, 2010.

_____,「해방 직후 우리 안의 난민 이주민 문제에 관한 시론」,『역사문제연구』35, 2016

_____,「종전 후 한일 양국 귀환자의 모국 정착과정 비교 연구」,『한일민족문제연구』31

호, 2016

_____, 「화태청(樺太庁) 자료를 통해 본 일본제국의 사할린한인 동원 실태 연구」, 『일본사상』 32호, 2017

이재혁, 「일제강점기 사할린의 한국인 이주」, 『한국시베리아연구』 제15권 1호, 2011

일제강점하강제동원피해진상규명위원회 편, 『강제동원명부해제집 1』, 2009.

일제강점하강제동원피해진상규명위원회 편, 『강제동원명부해제집 2』, 2013.

장민구 편저, 『사할린에서 온 편지』, 한국방송공사, 1976

_____, 「사하린의 한국인들」, 『북한』 56호, 1976년 8월호

_____, 「사할린(화태)억류동포실태에 관한 연구」, 동국대학교 행정대학원 석사학위 청구논문, 1977

장석흥, 「사할린 지역 한인 귀환: Repatriation of Koreans from Sakhalin, G-3 REPATRIATION 자료」, 『한국근현대사연구』 43호, 2007.

전성현, 「일제말기 경남지역 근로보국대와 국내노무동원」, 『역사와 경계』 95, 2015.

정근식·염미경, 「사할린한인의 역사적 경험과 귀환문제」, 한국사회학회 사회학대회 발표문, 1999.

정인섭, 「재사할린한인에 관한 법적 제 문제」, 『국제법학회논총』 34권 2호, 1989.

정하미, 「'사할린연구'의 전개와 '화태' 자료: 인구조사와 가라후토청 경찰자료를 중심으로」, 『일본학보』 94, 2013

정혜경, 「1944년 일본 본토로 전환배치된 사할린의 조선인 광부」, 『한일민족문제연구』 17호, 2009

_____, 「전시체제기 화태 전환배치 조선인 노무자 관련 명부의 미시적 분석」. 『숭실사학』 22, 2009

지정일, 「사할린 거주 한인의 귀환(법적측면)」, 『해외동포』 30호, 1988.12

최경옥, 「사할린 동포의 한국과 일본에 있어서의 법적지위」, 『헌법학연구』 18권 4호, 2012.

한혜인, 「사할린한인 귀환을 둘러싼 배제와 포섭의 정치」, 『사학연구』 102, 2011.

허광무, 「사할린 경찰기록과 일본지역 조선인 노무자 – 강제동원 노무자를 중심으로」, 『사할린한인기록물을 통해 본 일제하 재외한인사회 – 2016년도 한일민족문제학회 정기학술대회』, 2016.12

황선익, 「사할린지역 한인 귀환교섭과 억류」, 『한국독립운동사연구』 43, 2012.

3. 일본어 논저

全国樺太連盟, 『樺太沿革·行政史』, 全国樺太連盟, 1978.

厚生省援護局, 『引揚と援護三十年の歩み』, ぎょうせい, 1978.

三田英彬, 『棄てられた四万三千人』 三一書房, 1981.

北海道新聞社, 『祖国へ』, 北海道新聞社出版部, 1988.

北原道子, 「'朝鮮人第五方面軍留守名簿'にみる樺太·千島·北海道部隊の朝鮮半島出身
　　　軍人」, 『在日朝鮮人史研究』 36, 2006.

宣一九, 『サハリンの空に流れる歴史の木霊』, 韓日問題研究所, 1990.

高木健一, 『サハリンと戦後責任』, 凱風社, 1990.

大沼保昭, 『サハリン棄民 : 戦後責任の点景』, 中公新書, 1992.

_____, 『東京裁判から戦後責任の思想へ』, 東信堂, 1987.

山村正雄, 『生きて祖国へ』 6券 -悲憤の樺太-』, 国書刊行会, 1981.

矢野牧夫 外, 「'樺太'のソ連邦領土編入に関する資料 - サハリン州公文書館の調査から」,
　　　『北海道開拓記念館研究紀要』 24, 1996.

新井佐和子, 『サハリンの韓国人はなぜ帰れなかったのか―帰還運動にかけたある夫婦
　　　の四十年』, 草思社, 1997.

長澤秀, 「戦時下南樺太の被強制連行朝鮮人鉱夫について」, 『在日朝鮮人研究』 16,
　　　1986.

井澗裕, 「資料 サハリン州公文書館の日本語文書」, 『アジア経済』 44巻 7号, 2003

半谷史郎, 「サハリン朝鮮人のソ連社会統合 ―モスクワ共産党文書が語る1950年代半
　　　ばの一断面―」 (北海道大学スラブ研究センタ - ロシア史研究会大会 発表文),
　　　2004.

成田龍一, 「引揚げと抑留」, 『岩波講座 アジア·太平洋戦争 4: 帝国の戦争体験』, 岩波書
　　　店, 2006.

若槻泰雄, 『戦後引揚げの記録』, 時事通信社, 1991

三木理史, 『国境の植民地·樺太』, 塙書房, 2006.

崔吉城, 『樺太朝鮮人の悲劇: サハリン朝鮮人の現在』, 第一書房, 2007.

崔吉城 外, 『ロシア·サハリンにおける日本植民地遺産と朝鮮人に関する緊急調査研究』,
　　　科研課題(1441015) 研究成果報告書, 2004,

玄武岩, 「サハリン残留韓国·朝鮮人の帰還をめぐる日韓の対応と認識-1950~70年代の
　　　交渉過程を中心に」, 同時代史学会同, 『時代史研究』, 2010年(今西一, 『北東ア
　　　ジアのコリアン·ディアスポラ-サハリン·樺太を中心に-』, 国立大学法人小樽商
　　　科大学出版会, 2012에 재수록)

4. 러시아어 논저 및 자료

ГАРФ(GARF: Государственный архив Российской Федерации):
- Ф. 5446: Постановления Совета министров СССР
- Ф. 9526: Фонд управления Уполномочного Совета министров СССР по делам репатриации

ГИАСО(GIASO: Государственный исторический архив Сахалинской области):
- Ф. 53: Сахалинский областной совет народных депутатов
- Ф. 171: Управления по гражданском делам

Крюков Д.Н. Гражданское управление на Южном Сахалине и Курильских островах в 1945 – 1948 гг. // *Краеведческий бюллетень*, 1993. No. 1. С. 3–44.

Бок Зи Коу. Корейцы на Сахалине. Южно-Сахалинск. 1993.

Дин Ю.И. Проблема репатриации корейцев Южного Сахалина в 1945–1950 гг. // *Вопросы истории*. Вып. 8. М., 2013, С.72–81.

Ким И.П. Политическое, социально-экономическое и демографическое развитие территорий, присоединенных к Российской Федерации после завершения второй мировой войны (Восточная Пруссия, Южный Сахалин, Курильские острова). 1945 – первая половина 1949 года. Диссертация на соискание ученой степени кандидата исторических наук. Южно-Сахалинск, 2010.

Ким И.П. Репатриация японцев с Южного Сахалина в послевоенные годы // Вестник Российского государственного университета им. И. Канта. 2009. Вып. 12. С. 26–30.

Кузин А.Т. Исторические судьбы сахалинских корейцев. Монография. В трех книгах. К. 2. Интеграция и ассимиляция (1945–1990 гг.). Южно-Сахалинск: издательство «Лукоморье», 2010.

_____, Исторические судьбы сахалинских корейцев. Монография. В трех книгах. К. 2. Интеграция и ассимиляция (1945–1990 гг.). Южно-Сахалинск: издательство «Лукоморье», 2010. с. 72.

_____, Проблемы послевоенной репатриации японского и корейского населения Сахалина // *Россия и АТР*. 2010. No. 2. С. 76–83.

Пак Сын Ы. Проблемы репатриации сахалинских корейцев на историческую родину // Сахалин и Курилы: история и современность. Материалы региональной научно-практической конференции (27–28 марта 2007г.). Южно-Сахалинск: Издательство Лукоморье, 2008. С. 277–287.

_____, Репатриация сахалинских корейцев на родину: история и проблемы // Режим доступа: http://www.dvd-sakhalin.ru /?pg=2&type= 2& page=0

Пак Чон Хё. Сахалинская область и корейцы после окончания Второй мировой войны // Уроки Второй мировой войны и современность. Материалы международной научно-практической конференции, посвященной 65-летию окончания Второй мировой войны, 2 – 3 сентября 2010 г. Южно-Сахалинск, 2011.

Подпечников В.Л. О репатриации японского населения с территории Южного Сахалина и Курильских островов // *Вестник Сахалинского музея*. Южно-Сахалинск. 2003. №. 10. С. 257–260.

● 저자 프로필 ●

1. 이연식(李淵植, YI YEONSIK, 문학박사 Ph.D.)

- 서울시립대학교 및 대학원 졸업(한일관계사, 동아시아 인구이동)
 「해방 후 한반도 거주 일본인 귀환에 관한 연구」, 서울시립대 박사논문, 2009

- 1999~2001, 문부성 초청 국비유학, 국립도쿄가쿠게이대학교(国立東京学芸大学) 일본연구과
- 2002~2013, 서울시립대학교, 고려대 행정대학원, 서울시인재개발원 등 출강
- 2001~2003, 교육부 한일역사공동위원회 제3분과(근현대사) 한국 측 간사
- 2004~2008, 국무총리실 일제강점하강제동원피해진상규명위원회 연구위원
- 2008~2011, 서울특별시사편찬위원회 전임연구원
- 2014~현재, 일본소피아대학교(日本上智大) 외국인초빙연구원(KAKEN Foreign Fellow Faculty), 아르고인문사회연구소 선임연구원

○논저

『타이헤이마루사건 진상조사보고서』, 일제강점하강제동원피해진상규명위원회, 2006
『日韓歷史共通教材 ‒ 日韓交流の歷史』, 明石書店, 2007(공저)
『근현대 한일관계의 제 문제』, 동북아역사재단, 2011(공저)
『帝国の崩壊とひとの再移動』, 勉誠出版, 2011(공저)
『조선을 떠나며』, 역사비평사, 2012(단독)
『帝国以後の人の移動』, 勉誠出版, 2013 (공저)
『近代の日本と朝鮮』, 東京堂出版, 2014(공저)
『朝鮮引揚げと日本人』, 明石書店, 2015(단독)
『국역 경성부사 1-3권』, 서울시사편찬위원회, 2012-2014(공역)
『태평양전쟁사 1』, 채륜, 2017(공역)
「해방 직후 우리 안의 난민·이주민 문제에 관한 시론」, 『역사문제연구』 35호, 2016
「종전 후 한일 양국 귀환자의 모국 정착과정 비교 연구」, 『한일민족문제연구』 31호, 2016
「화태청 자료를 통해 본 일본제국의 사할린한인 동원실태 연구」, 『일본사상』 32호, 2017

2. 방일권(邦一權, BANG ILKWON, 문학박사 Ph.D.)

- 한국외국어대학교 및 대학원 졸업(서양사, 러시아사)
- 상트페테르부르크 러시아 학술원 역사연구소 박사

  К.П. Победоносцев и распространение церковно-приходских школ в 1884-1904 гг, (포베도노스체프와 교회교구학교의 확산, 1884-1904, 2000년도)

- 2000~2017, 한국외대, 경기대, 청주대 등 출강
- 2005~2009, 국무총리실 일제강점하강제동원피해진상규명위원회 연구위원
- 2009~2017, 한국외국어대학교 중앙아시아연구소 연구교수
- 2014~현재, 아르고인문사회연구소 선임연구원

○ 논저

『검은 대륙으로 끌려간 조선인들』, 일제강점하강제동원피해진상규명위원회, 2006(공저)

『러시아 문화에 관한 담론』 1-2, 나남, 2011(공역)

『강제동원을 말한다: '제국'의 끝자락까지』, 선인, 2011(공저)

『사할린한인 관련 자료 조사와 분석』, 동북아역사재단, 2013(단독)

『극동 러시아 한인사회 실태조사』, 중앙아시아연구소, 2013(공저)

『오호츠크해의 바람: 산중반월기』, 선인, 2013(편역)

『사할린한인의 동원·억류·귀환 경험』, 국사편찬위원회, 2015(공저)

『태평양전쟁사 1』, 채륜, 2017(공역)

「중앙아시아 각국의 러시아 디아스포라: 형성과 변화」, 『러시아·몽골』, 대외경제정책연구원 전략지역심층연구 논문집 3, 2012

「한국과 러시아의 사할린한인연구 - 연구사의 검토」, 『동북아역사논총』 38호, 2012

「러시아 지역 사할린한인 기념 공간의 현황과 과제」, 『한일민족문제연구』 26호, 2014

「제정러시아 한인 사회와 정교학교 교육」, 『재외한인연구』 36호, 2015

3. 오일환(吳日煥, OH ILWHAN, 국제정치학박사 Ph.D.)

한국외국어대 일본어학과 학사, 한국정신문화연구원 정치학 석사, 박사과정 수료
일본 츠쿠바대학(筑波大学) 박사
「引揚·送還をめぐる1950年代の日中·日朝交渉に関する研究-交渉戦略と交渉理論」, 2006

- 대한민국국회 국방위 및 정보위 정책비서관
- UN University Joint Graduate Courses(UNU-JGC) 국제분쟁과정 수료
- 국무총리실 일제강점하강제동원피해진상규명위원회 전문위원
- 현재 ARGO인문사회연구소 대표연구위원, 중앙대학교 대학원 및 광운대학교 외래교수

○ 논저

『한국전쟁의 수수께끼』, 가람기획, 2000(공저)

『재외동포사 총서 11, 일본 한인의 역사(하)』, 국사편찬위원회, 2010(공저)

『국역 경성발달사』, 서울시사편찬위원회, 2010(공역)

『강제동원을 말한다. 명부편 제1권 - 이름만 남은 절규』, 선인, 2011(공저)

『국역 경성부사 제3권』, 서울시사편찬위원회, 2014(공역)

『전후 일본의 역사문제』, 논형, 2016(번역)

『태평양전쟁사 1』, 채륜, 2017(공역)

「1950年代 在中日本人 引揚問題를 둘러싼 中日間 협상-3단체방식의 형해화과정을 중심으로」, 『한일민족문제연구』 제12호, 2007.

「강제동원 사망자 유골봉환을 둘러싼 한일 정부 간 협상에 관한 소고- 1969년, 제3차 한일 각료회의를 중심으로」, 『한일민족문제연구』 제17호, 2009

전쟁과 평화 학술총서 II-1

책임과 변명의 인질극
사할린한인 문제를 둘러싼 한·러·일 3국의 외교협상

1판 1쇄 펴낸날 2018년 5월 10일

지은이 이연식·방일권·오일환(ARGO인문사회연구소)

펴낸이 서채윤 펴낸곳 채륜
책만듦이 김승민 책꾸밈이 이한희

등록 2007년 6월 25일(제2009-11호)
주소 서울시 광진구 자양로 214, 2층(구의동)
대표전화 02-465-4650 팩스 02-6080-0707
E-mail book@chaeryun.com Homepage www.chaeryun.com

이 도서의 국립중앙도서관 출판예정도서목록(CIP)은 서지정보유통지원시스템 홈페이지(http://seoji.nl.go.kr)와 국가자료공동목록시스템(http://www.nl.go.kr/kolisnet)에서 이용하실 수 있습니다. (CIP제어번호 : CIP2018011577)

채륜서(인문), 앤길(사회), 띠움(예술)은 채륜(학술)에 뿌리를 두고 자란 가지입니다.
물과 햇빛이 되어주시면 편하게 쉴 수 있는 그늘을 만들어 드리겠습니다.